dumont taschenbücher

Andreas Mäckler

1958 in Karlsruhe geboren. Studium der Kunstgeschichte, Neueren deutschen Literatur und Geschichte in Marburg. Preis der Paul-Dierichs-Stiftung, Kassel 1977. Im DuMont Buchverlag bereits erschienen: *Was ist Kunst...?* (DuMont Taschenbücher, Band 197).

Was ist Liebe ..?

1001 Zitate geben 1001 Antworten

Andreas Mäckler (Hrsg.)

DuMont Buchverlag Köln

CIP-Titelaufnahme der Deutschen Bibliothek

Was ist Liebe . .? 1001 Zitate geben 1001 Antworten/
Andreas Mäckler – Erstveröff. – Köln: DuMont, 1988
(DuMont-Taschenbücher; 215)
ISBN 3-7701-2221-6
NE: Mäckler, Andreas [Hrsg.]; GT

Erstveröffentlichung

Satz und Druck: Rasch, Bramsche
Buchbinderische Verarbeitung: Bramscher Buchbinder Betriebe

Printed in Germany ISBN 3-7701-2221-6

Inhalt

Herzlichst meinen Eltern.

Dank sei dem Bibliothekszentrum Haßfurt, besonders Cordula Kappner, die mit viel Zuneigung und Hilfe diesem Kompendium nahe war.

Die fürstliche Herberge aus der Renaissance, Schloß Friesenhausen, ermöglichte ein konzentriertes Arbeiten in schöner Umgebung. Merci Herrn Dr. Wolfgang von Eichborn und seiner Familie.

Immer gut beraten war ich bei ihr: Ellen Waschescio.

Sehr viel Hilfe und schöne Zeiten kamen von Christiane. Für Karola, Sebastian und Christian.

Einleitung

Das Wort ›Liebe‹ ist nicht eindeutig bestimmten anderen damit zusammenhängenden Begriffen und Aussagen zuzuordnen. Unersättlich nimmt eine große Gemeinde daher jede Äußerung auf, die zum Thema Liebe gemacht wird, vielleicht auch in der Hoffnung, den eigentlichen Sinn des Wortes zu begreifen.

Spannende Liebesromane und -geschichten, Liebesbriefe, amouröse Klagelyrik, Philosophien über die Liebe, religiöse Bücher, Erbauungsschriften – die Aufzählung dessen, was über und im Namen der Liebe veröffentlicht wurde und in Zukunft erscheinen wird, ließe sich unendlich fortsetzen. Es gibt viele Redewendungen, die im täglichen Leben verwendet werden, über deren eigentliche Bedeutung jedoch selten genauer nachgedacht wird, so daß sie beinahe formelhaft erscheinen: Gottes Liebe, christliche Liebe, geistige Liebe (Agape), sinnlich-körperliche Liebe (Eros), Liebe zum Menschen als Nächstem (Caritas), Mutter-Vater-Bruder-Schwestern-Liebe, Liebe zur Kunst (z. B. als des Menschen Werk), unsterbliche Liebe gar zum Geld, zum Hund usw. Die Liste ließe sich endlos fortsetzen, ohne daß zwei Diskussionspartner sich auf einen gemeinsamen Nenner einigen könnten. Spätestens in dem Moment, wenn die Auseinandersetzung auf das Grundsätzliche zurückgeführt wird, scheiden sich die Geister an der Frage »Was ist Liebe?«

Phantasievoll ausgeschmückt, wenn auch im Kern ziemlich einseitig sind die Lösungsvorschläge, die die Medien (Buch, Zeitschrift, Film, Funk) für diese Frage anbieten. Sie alle bauen auf dem menschlichen Bedürfnis nach Zuwendung und Gemeinsamkeit auf. Gemessen an den fiktiven Großtaten und edlen Charakteren jener literarischen Protagonisten müssen die Menschen in der Wirklichkeit allerdings zu blassen, uninteressanten Versagern werden, die den Erfordernissen eines von Liebe getragenen und erfüllten Lebens kaum gerecht werden können.

Nicht nur aus diesem Grund gehen die Meinungen sogar darüber, ob Liebe etwas Gutes, Erstrebenswertes ist oder nur eine weitere Möglichkeit, Mitmenschen auszunutzen und zu unterdrücken, auseinander. Ein Beispiel unter vielen ist der Begriff der »ehelichen Liebe« – obwohl sie vielleicht manchen das große Glück gebracht hat, ist die Ehe seit der Antike eine umstrittene Institution: »Die Ehe schenkt dem Mann nur zwei glückliche Tage: / den, an dem er die Braut in sein Bett, / und den, an dem er sie in ihr Grab legt.« (Palladas, ca. 500–400 v. Chr.)

Auch andere – leistungsbezogene – Abhängigkeitsverhältnisse werden oft mit dem Stichwort Liebe verschleiert, das Verhältnis zwischen Herrn und Sklaven ist wohl das eklatanteste Beispiel dafür. Auch Opferbereitschaft für eine bestimmte ideologische Überzeugung oder eine Arbeit, die hauptsächlich anderen zugute kommt, wird oft mit Liebe gleichgesetzt.

Die vorliegende umfangreiche Zitatensammlung beschränkt sich auf die Frage »Was ist Liebe?« Die Antworten, aus vielfältigem Quellenmaterial ausgewählt, wurden verschiedenen Lebens- und Erfahrungsbereichen zugeordnet. Sehr schnell zeigt sich, daß eine allgemeingültige Definition des Begriffes nicht möglich ist. Die Frage »Gibt es überhaupt Liebe?« soll in diesem Zusammenhang ausgeklammert bleiben. Auch wenn wir davon ausgehen, daß der Begriff Liebe mit Inhalt zu füllen ist, bleibt das Problem kompliziert genug.

Um eine weitere Beschäftigung mit dem Thema zu erleichtern, sind im Anhang alle Quellen genannt, die für diese Sammlung herangezogen wurden. Ein Anspruch auf Vollständigkeit kann nicht erhoben werden – die Liebe ist über alle endgültigen Erfassungsversuche erhaben.

Es sei der individuellen Rezeption überlassen, aus den Theorien, Appellen usw. individuelle Perspektiven zu entwickeln und diese nach bestem Können zu realisieren.

Andreas Mäckler

Liebe als vereinigende Kraft

Liebe gilt seit der Antike als einer von vielen Gründen für Menschen, sich miteinander zu verbinden, bestimmte Tätigkeiten auszuüben oder nach materiellen Gütern zu streben.

Der zunächst abstrakte Begriff von Liebe als vereinigender Kraft läßt sich durch verschiedene (Wunsch-)Bilder verdeutlichen: der in sich ruhende, sich selbst liebende Mensch; die von Liebe zusammengehaltene Familie; der Versuch, auch durch Appellieren an die Liebesfähigkeit die Menschen zum Volk und schließlich zur Menschheit zu vereinigen.

Neben diesen gesellschaftlichen Aspekt tritt der theologische, die Verbindung transzendentaler Kategorien mit individueller Akzeptanz oder Ablehnung: Man kann sagen, der Glaube nimmt mit der Liebe zu . . .

Ob sie auch hält, was von ihr versprochen wird . . .?

1 *Platon (427–347 v. Chr.)* . . . Liebe ist die Sehnsucht nach der Ganzheit, und das Streben nach der Ganzheit wird Liebe genannt.

2 *Helmut Kuhn (1899)* Liebe ist Vereinigungsmacht – vis unitiva.

3 *Kolosser 3,14* Über alles aber ziehet an die Liebe, die da ist das Band der Vollkommenheit.

4 *Ahmad Ghazzali (1058–1111)* Die Liebe ist das Band der Verknüpfung. Sie hat Verbindung nach beiden Seiten. Wenn ihr Verhältnis zum Liebenden hin zustande kommt, ist sie eine zwangsläu-

fig beidseitige Verknüpfung, die selber Voraussetzung für die Einheit ist.

5 *Dante Alighieri (1265–1321)* Die Liebe ist bei wahrer und aufmerksamer Betrachtung nichts anderes als eine geistige Vereinigung der Seele mit ihrem Gegenstande. Zu dieser Vereinigung drängt die Seele von Natur aus schnell oder langsam, je nachdem sie frei oder gebunden ist.

6 *Bernhard Hanssler (1907)* Die Liebe ist die Wurzel und die Krönung aller Wirklichkeit, das ist Dantes erstes und letztes Wort.

7 *Franz von Baader (1765–1841)* Liebe ist das allgemeine Band, das alle Wesen im Universum an- und ineinander bindet und verwebt.

8 *Gustav Landauer (1870–1919)* Die Liebe ist darum ein so himmlisches, so universelles und weltumspannendes Gefühl, ein Gefühl, das uns aus unseren Angeln, das uns zu den Sternen emporhebt, weil sie nichts anderes ist als das Band, das die Kindheit mit den Ahnen, das uns und unsere ersehnten Kinder mit dem Weltall verbindet.

9 *Franz von Baader (1765–1841)* Die Liebe selber ist ein Kind der in Liebe sich Verbindenden.

10 *Zacharias Werner (1768–1823)*
Die Lieb: 'nen Blitzstrahl, der, in zwei gespaltet,
Zwei halbe Herzen trifft, die vormals Eines,
Sie neu vereint, in einer Flamme reinigt.

11 *Friedrich Halm (1806–1871)*
Was ist denn Liebe, sag?
Zwei Seelen und ein Gedanke,
Zwei Herzen und ein Schlag.

12 *Novalis (1772–1801)* Liebe ist ein Produkt der Wechselreizung zweier Individuen – daher mystisch und universell und unendlich ausbildsam, wie das individuelle Prinzip selbst.

13 *Friedrich von Schlegel (1772–1829)* Liebe ist universelle individuelle μ[mythische] φυ[physische] Hist[orische] Verbindung.

14 *Bettina von Arnim (1785–1859)* Die Liebe ist ein inniges Ineinandersein; ich bin nicht von Dir getrennt, wenn es wahr ist, daß ich liebe.

15 *Niklas Luhmann (1927)* Die Liebe selbst ist ideal und paradox, sofern sie die Einheit einer Zweiheit zu sein beansprucht.

16 *Bettina von Arnim (1785–1859)* Liebe ist Überströmen in die Seligkeit.

17 *Diotima* Denn Liebe ist Überfluß, Überströmen, Überfülle, die verklärend von ihrem Reichtum abgibt, – seelisch ebenso wie leiblich »abgibt« und »überströmt«.

18 *Paul Tillich (1886–1965)* Liebe ist der Drang nach der Einheit des Getrennten. Wiedervereinigung hat zur Voraussetzung die Trennung dessen, was essentiell zueinander gehört.

19 *Friedrich von Schlegel (1772–1829)* Die Einheit d[er] Organisation ist nicht eine vernünftige und wechselzweckige, sondern *Liebe* ist Wurzel und Kern.

20 *Georg Wilhelm Friedrich Hegel (1770–1831)* Wenn man sagt: Gott ist die Liebe, so ist es sehr groß, wahrhaft gesagt, aber es wäre sinnlos, dieß nur so einfach als einfache Bestimmung aufzufassen, ohne es zu analysiren, was die Liebe ist.

Denn die Liebe ist ein Unterscheiden Zweier, die doch für einander schlechthin nicht unterschieden sind. Das Gefühl und Bewußtseyn dieser Identität ist die Liebe, dieses außer mir zu seyn: ich habe mein Selbstbewußtseyn nicht in mir, sondern im Andern, aber dieses Andere, in dem ich nur befriedigt bin, meinen Frieden mit mir habe – und ich bin nur, indem ich Frieden in mir habe; habe ich diesen nicht, so bin ich der Widerspruch, der auseinandergeht – dieses Andere, indem es eben so außer mir ist, hat sein Selbstbewußtseyn nur in mir und Beide sind nur dieses Bewußtseyn ihres Außersichseyns und ihrer Identität, dieß Anschauen, dieß Fühlen, dieß Wissen der Einheit – das ist die Liebe.

21 *Charles Baudelaire (1821–1867)* Was ist die Liebe? Das Bedürfnis, aus sich herauszugehen.

22 *Friedrich Nietzsche (1844–1900)* Was ist die Liebe? Ein Bedürfniß, aus sich hinauszugehen.

23 *Clemens von Brentano (1778–1842)* Liebe ist ein unwiderstehlicher Hang, alle Persönlichkeit aufzuheben.

24 *Johann Wilhelm Ritter (1776–1810)* Liebe – herausgetretner innerer Erhaltungsakt des Individuums.

25 *Otto Weininger (1880–1903)* Liebe ist stets hinauswollend, transcendent, weil sie der Ungenügsamkeit des an die Subjektivität gefesselten Subjektes entstammt.

26 *Josef Stürmann (1906–1959)* Liebe ist die geistige Form der personalen Dynamis, aufgrund derer das geistig Seiende im geistigen Sein ist und mit dessen Wertträgern geistig korrelational kon-veniert.

27 *José Ortega y Gasset (1883–1955)* Die Liebe ist vielleicht der höchste Versuch, den die Natur macht, um das Individuum aus sich heraus und zu dem anderen hinzuführen. Im Wunsch suche ich, den Gegenstand zu mir zu ziehen, in der Liebe werde ich zu ihm hingezogen.

28 *Christoph Wulf (1944)* Die Liebe ist ein Ergebnis der Einbildungskraft, die die Gespaltenheit zu überwinden sucht.

29 *Sören Kierkegaard (1813–1855)* Aber Liebe zum Nächsten, das ist Liebe.

30 *Christoph Wulf (1944)* Liebe: »Die innige Zuneigung eines Wesens zu einem anderen« (Grimmsches Wörterbuch). In der Liebe wird eine Bindung an einen anderen Menschen gesucht, der nicht austauschbar, sondern einmalig ist bzw. sein soll. Liebe ist ein Gefühl um seiner selbst willen. So lautet wenigstens der Anspruch an die Liebe der Eltern zu den Kindern und an die Liebe Gottes zu den Menschen im Christentum.

31 *Theodor Bovet (1900–1976)* Liebe ist nur möglich, wenn aus der Einheit eine Zweiheit geworden ist, diese zwei einander aber noch so nahe sind, daß zwischen ihnen eine Brücke geschlagen werden kann.

32 *Gerhard Kiefel (1924)* Die Liebe ist die Brücke, die uns zusammenführt.

33 *Helmut Santner*
Selig, wer Liebe empfängt.
Selig, wer Liebe schenkt.
Liebe ist die Brücke von Mensch zu Mensch.
Ohne sie ist alles nichts.

34 *Friedrich Nietzsche (1844–1900)* Die Liebe ist die Gefahr des Einsamsten, die Liebe zu Allem, wenn es nur lebt.

35 *Zenta Maurina (1897–1978)* Liebe ist Heilung und Wunde, Heimkehr und Abschiedsweh. Liebe heißt, sich gegenseitig die letzte Einsamkeit abnehmen.

36 *Franz Sawicki (1877–1952)* Die Liebe ist schließlich das Glück und der Trost unseres Lebens. Wer nur sich selbst sucht, wird auch nur sich selbst finden, und er wird vereinsamen. Die Seligkeit liegt in der Liebe.

37 *Reinhold Ruthe (1927)* Liebe ist auch Überwindung von Einsamkeit.

38 *Heinrich Frieling (1910)* Liebe ist Verlangen nach Erlösung. Verlangen nach dem anderen und Erlösung von der quälenden Einsamkeit des Geschlechts.

39 *Andreas Domke (1958)* Liebe ist, wenn du trotzdem alleine sein kannst.

40 *Diotima* Bedenke! Die Liebe ist dem Wesen nach Zweisamkeit, die zur vollkommenen, restlosen Einheit an Leib und Seele strebt.

41 *Sören Kierkegaard (1813–1855)* Liebe ist nicht eine fürsichseiende Eigenschaft, sondern eine Eigenschaft, durch die oder in der du für andere bist.

42 *Khalil Gibran (1883–1931)* Liebe ist der Schleier zwischen Liebenden.

43 *Louis Evely* Ich bin nicht sentimental, wenn ich von der Liebe rede. Ich glaube, daß die Liebe etwas ist, das gemeinsame Bande und eine gemeinsame Geschichte schafft, daß nichts euch so aneinander bindet, wie das, was ihr miteinander erlitten, erlebt, geliebt und erfahren habt.

44 *Erich Fromm (1900–1980)* Liebe ist grundsätzlich unteilbar: man kann die Liebe zu anderen Liebes-»Objekten« nicht von der Liebe zum eigenen Selbst trennen.

45 *Vladimir Solov'ëv (1853–1900)* Die Wahrheit als lebendige Kraft, die vom inneren Wesen des Menschen Besitz ergreift und ihn wirklich aus der falschen Selbstbehauptung herausführt, heißt Liebe. Die Liebe als wirkliche Aufhebung des Egoismus ist die wirkliche Rechtfertigung und Rettung der Individualität. Die Liebe ist größer als das vernünftige Bewußtsein, aber ohne dieses könnte

sie nicht wirken als innere, rettende Kraft, die die Individualität erhöht, sie aber nicht aufhebt.

46 *Arsenij Gulyga* Die Liebe ist für Solov'ëv nicht nur ein subjektives Erleben, sondern ein aktives Eindringen ins Leben. Wie die Gabe der Rede nicht darin besteht, daß man überhaupt spricht, sondern darin, daß man durch das Wort einen Gedanken wiedergibt, so besteht die wahre Bestimmung der Liebe nicht in einfachen Erfahrungen des Gefühls, sondern in dem, was sich dank dieser Erfahrung vollzieht, im Werk der Liebe, in der Verwandlung der sozialen und natürlichen Umwelt.

47 *Helmut Kuhn (1899)* Die Liebe, obzwar sie ganz Liebe für den Anderen ist, ist doch Genuß meiner eigenen, des Liebenden Liebe, und durch solche Selbstvergewisserung kann sie sich keinesfalls als wahre Liebe legitimieren.

48 *Ahmad Ghazzali (1058–1111)* Die Liebe ist ein wundersamer Spiegel für den Liebenden als auch für den Geliebten, sowohl zur Betrachtung seiner selbst als auch zur Betrachtung des Geliebten als auch zur Betrachtung anderer.

49 *Luc de Clapiers Marquis de Vauvenargues (1715–1747)* Die Liebe ist heftiger als die Selbstliebe, denn man kann eine Frau lieben, obgleich sie uns verachtet.

50 *Joséphin Peladan (1859–1918)* Liebe ist die Projektion einer Persönlichkeit, die ihr Spiegelbild in einer anderen sucht, ein sinnliches, seelisches oder geistiges Spiegelbild.

51 *Paul Valéry (1871–1945)* ...denn im höchsten Grad ist die Liebe eine Willenskraft, das Wesen zu erschaffen, das sie zu ihrem Gegenstand gemacht hat.

52 *Friedrich Hebbel (1813–1863)* Ein Mensch spiegelt sich im andern: Liebe.

53 *René Allendy (1889–1942)* Liebe ist gefährlich für die Disziplin, und dies um so mehr, als sie – im Gegensatz zum Hunger, der durch beliebige Nahrungsmittel gestillt werden kann – sich auf ein ausgewähltes, ganz bestimmtes Ziel versteift.

54 *Luc de Clapiers Marquis de Vauvenargues (1715–1747)* Liebe ist nicht so empfindlich wie Eigenliebe.

55 *Friedrich Hebbel (1813–1863)* Liebe ist darum so schön, weil sie vor Selbstliebe schützt.

56 *Ivan Sviták (1925)* Liebe ist die Wahrheit und Lüge der Selbstliebe.

57 *Luc de Clapiers Marquis de Vauvenargues (1715–1747)* Die Liebe ist nicht so feinfühlig wie die Selbstliebe.

58 *Friedrich Siegmund-Schultze (1888–1969)* Die Liebe ist nichts Abstraktes, sondern hat ganz persönlichen Charakter, persönlich im Ursprung, persönlich in den Wegen, persönlich im Ziel.

59 *Nathaniel Branden* Die Liebe ist der höchste und intensivste Ausdruck der Einstufung »für mich«, »gut für mich«, »nützlich für mein Leben«. (In der Person des geliebten Menschen finden wir außergewöhnlich viele jener Züge und Eigenschaften, die wir als dem Leben – so wie wir es sehen und erfahren – angemessen und damit als für unser eigenes Wohlergehen und Glück am erstrebenswertesten empfinden.)

60 *Paul Helwig* Natürlich muß dieser Gedanke seine Geltung aus praktischen Gründen verlieren: Liebe ist eine ganz und gar individuelle Sache, eine Frage der persönlichen Neigung, die nicht durch die Erwägung von objektiven Glücksmöglichkeiten gelenkt werden kann.

61 *David Herbert Lawrence (1885–1930)* Die Liebe ist mannigfaltig, sie ist nicht nur von einer Art. Da gibt es die Liebe zwischen

Mann und Frau, die himmlische und die irdische. Da ist die christliche Liebe: »Du sollst deinen Nächsten lieben wie dich selbst!« Und da ist die Gottesliebe. Doch stets ist die Liebe ein Vereinigen.

62 *Erich Fromm (1900–1980)* Liebe ist die produktive Form der Bezogenheit zu anderen und zu sich selbst. Sie zeichnet sich aus durch Verantwortungsgefühl, Fürsorge, Achtung und Erkenntnis und den Wunsch, daß der andere Mensch wachsen und sich entfalten möge. Sie ist der Ausdruck von Vertrautheit zwischen zwei Menschen unter der Voraussetzung, daß die Persönlichkeit beider unangetastet bleibt.

63 *Alois Hicklin (1931)* Liebe ist auch nicht einfach Verschmelzung, wenn auch die Möglichkeit zu menschlicher Nähe durchaus zur Liebe gehört.

64 *Jill Tweedie* Wenn Liebe die Verschmelzung der gesamten eigenen Persönlichkeit mit dem geliebten Menschen bedeutete, wären wir Venus in Person. Aber Liebe ist nichts von alledem, und das unbestimmte Andere, was sie ist, das können wir nicht gut, und gegenwärtig sind wir auch zu mangelhaft dafür gerüstet, dieses Etwas zu geben.

65 *Hans Rotter (1932)* Die Liebe ist um des anderen willen von uns verlangt. Sie muß deshalb auch um des anderen willen gegeben werden. Echte Liebe sucht im Geliebten nicht nur sich selbst, sondern eben das Du.

66 *René Allendy (1889–1942)* Die Liebe ist für die Seele, was die Nahrung für den Körper ist: ein Mittel, Form zu gewinnen, sich zu festigen, sich zu bereichern, die eigene Individualität zu finden, um schließlich dieser Individualität, die uns im All isoliert, wieder zu entfliehen; endlich ist sie die Stimme, die uns in den Kosmos zurückruft. Die Liebe ist kein Zustand, sie ist eine Bewegung. Man kann sagen, daß sie die Funktion ausübt, zu einigen: Zuerst sichert sie den inneren Zusammenhalt des Ich (die kleine Synthese), dann

die Beziehung des Ich zur Umwelt; schließlich seine entgültige Verschmelzung mit dem All (die große Synthese).

67 *Paul Helwig* Liebe ist danach die Kraft und hat die Tendenz, eine Einheit wieder herzustellen.

68 *Paul Tillich (1886–1965)* Liebe ist der Drang nach Wiedervereinigung des Getrennten. Sie setzt voraus, daß es etwas gibt, das wiedervereinigt werden kann, etwas, das relativ unabhängig ist und für sich stehen kann. Manchmal hat man die Liebe der völligen Selbsthingabe gepriesen und sie die Erfüllung der Liebe genannt.

69 *Peter Lauster (1940)* Liebe ist Anerkennung der Ganzheit, ist Vertrautheit mit der Gesamtheit.

70 *Christiane Schäfers (1958)* Liebe – die Metamorphose im Du.

71 *Martin Buber (1878–1965)* Liebe ist Verantwortung eines Ich für ein Du: hierin besteht, die in keinerlei Gefühl bestehen kann, die Gleichheit aller Liebenden, vom kleinsten bis zum größten und von dem selig Geborgnen, dem sein Leben in dem eines geliebten Menschen beschlossen ist, zu dem lebenslang ans Kreuz der Welt Geschlagnen, der das Ungeheure vermag und wagt: *die Menschen* zu lieben.

72 *Vladimir Solov'ëv (1853–1900)* Jeder äußere Akt oder jede äußere Tatsache ist an sich ein Nichts; die Liebe ist etwas nur dank ihrem Sinn oder ihrer Idee, als Wiederherstellung der Einheit oder Ganzheit der menschlichen Persönlichkeit, als Schaffung einer absoluten Individualität.

73 *Louis Evely* Denn jede Liebe ist eine Erfahrung der Gottesliebe, und weil die Liebe das einzige ist, das verewigt werden kann, ist sie auch die Erfahrung, in der alle, die wirklich geliebt haben, einander wiederfinden und einander erkennen.

74 *David Herbert Lawrence (1885–1930)* Liebe ist das Glück der Welt. Aber Glück ist nicht alle Erfüllung. Liebe ist ein Zusammenkommen. Doch ein Zusammenkommen kann es nicht geben ohne ein Gegenstück, das Auseinanderstreben. In der Liebe vereinen sich alle Dinge in einem Einssein aus Freude und Lob. Sie können sich aber nicht vereinen, wenn sie nicht vorher getrennt waren. Und wenn sie sich im Einssein zu einem vollen Kreis gerundet haben, können sie in der Liebe nicht weitergehen. Das Fortschreiten der Liebe hat sich in diesem Augenblick erfüllt, wie die Flut auf ihrem höchsten Stand; was folgen muß, ist ein Zurückfluten.

75 *Pierre Teilhard de Chardin (1881–1955)* Es handelt sich mit anderen Worten darum, uns zu lieben – denn die Liebe ist ohnehin ihrer Definition nach der Name, den wir dem »inter-zentrischen« Tun geben. Die Liebe ist ihrer Natur nach die einzige Energie der Synthese, deren differenzierendes Wirken uns superpersonalisieren könnte.

76 *Karl Neumann (1939)* Auch für das moderne Bewußtsein ist die Liebe vis unitiva, Vereinigungskraft, die das Getrennte zusammenfügt, Selbstverwirklichung, ermöglicht durch die Erfahrung des Selbst des anderen Menschen – jetzt allerdings aus der Perspektive des jeweiligen Weltentwurfs des autonomen Individuums, in dem die Themen der Tradition des abendländischen Liebesdenkens nur mehr in subjektiver Brechung nachklingen.

77 *Martin Luther King jr. (1929–1968)* Ich habe entdeckt, daß die Liebe das höchste Gut ist. Sie steht im Mittelpunkt des Alls. Die Liebe ist die große vereinende Kraft des Lebens.

78 *Emil Brunner (1889–1966)* Die Liebe ist die Einheit des Wollens, des Erkennens und des Fühlens, der einzige Totalakt der Person.

79 *Kim Amani (1966)*
Liebe ist, wenn man etwas findet, das nie verloren war.
Etwas, das man kennt und einem doch fremd ist.
Es ist ganz neu und immer wieder gleich.

Solange man es hat, beherrscht es einen
und wenn man es nicht mehr hat,
so hat man es doch nicht verloren
und wird es auch nie wieder verlieren.

80 *Wörterbuch der Philosophischen Grundbegriffe (1955)* Liebe (gr. *philía,* *Eros, **agápē,* lat. *ạmor*), mhd. *liebe* gegen ahd. *luba,* got. *lubô,* urverwandt mit lat. *lubens* ›gern‹, und mit Lob, geloben, *Glaube zu der idg. Wurzel *leubh-, lubh-* ›begehren, gutheißen‹ gehörig. Mhd. *liebe* ist zunächst ›Wohlgefallen, Freude‹, später ›Liebe‹, mhd. *minne* (von der idg. Wurzel *men-* ›(ge)denken‹, daher eigentl. ›(liebevolles) Gedenken‹, verdrängend. Gegensatz: *Haß.

L. ist nicht nur, was noch im Worte ansichtig, das Streben nach Vereinigung mit einem Bejahten, Gewünschten: dieses Streben selbst erwacht aus einem nicht weiter ableitbaren ursprünglichen Einssein mit dem Gewünschten.

81 *Bhagwan Shree Rajneesh* Liebe ist keine Bindung. Liebe verbindet – aber es ist keine Bindung.

82 *Erich Fromm (1900–1980)* Liebe ist nicht in erster Linie eine Bindung an eine bestimmte Person. Sie ist eine Haltung, eine Charakterorientierung, welche die Bezogenheit eines Menschen zur Welt als Ganzem und nicht nur zu einem einzigen »Objekt« der Liebe bestimmt.

83 *Hans von Hattingberg (1879–1944)* Liebe ist Freiheit der Neigung des Herzens. Zugleich aber ist die Neigung nicht Liebe, die wir jeden Augenblick zurücknehmen können. Liebe ist Seligkeit der Bindung.

84 *Reinhold Ruthe (1927)* Liebe ist auch Freundschaft.

85 *Friedrich von Schlegel (1772–1829)* Freundschaft ist partiale Ehe und Liebe ist Freundschaft von allen Seiten und nach allen Richtungen, universelle Freundschaft.

86 *Christian Morgenstern (1871–1914)* Die Liebe ist das Mittel zum Werden des Kindes, aber die Freundschaft ist das Mittel zum reif und süß Werden deiner selbst.

87 *Zenta Maurina (1897–1978)* Liebe ist Lebenserfüllung, wenn Freundschaft sie durchleuchtet, wenn das Gefühl der Zugehörigkeit so stark ist, daß es das Eigentliche, das Wesentliche am Menschen herausliebt, wie man aus einer spröden Schale den süßen Kern einer Nuß herausschält.

88 *Bhagwan Shree Rajneesh* Liebe kann niemals eine Bindung sein; Liebe ist eine »Verbindung aufnehmen«. Liebe ist ein endlos dahinströmender Fluß, der keinen Schlußpunkt kennt. Liebe bedeutet: ewige Flitterwochen.

89 *Allessandro Piccolomini (1508–1578)* Die Liebe ist eine Entsprechung der Seelen und hat ein anderes Ziel und gehorcht anderen Gesetzen als die Ehe. Daher sollte man die Geliebte nicht zur Frau nehmen.

90 *Italienisches Lied aus Apulien*
Die Liebe ist eine Kette,
Die nicht zerspringt.
Wenn man heiratet
Oili oila.

91 *Diotima* Denn die Liebe ist, in sich, Freiheit – die Ehe ist Gebundenheit, und sei sie nur die ganz äußerliche des gemeinsamen Wohnsitzes oder der gemeinsamen Wohnung.

92 *Adam Müller (1779–1829)* Die Liebe ist die Verbindung werdender Menschen, die Ehe aber vollendeter.

93 *Friedrich von Schlegel (1772–1829)* Liebe ist universelle Freundschaft, und Freundschaft ist abstracte Liebe, partiale Ehe.

94 *Sören Kierkegaard (1813–1855)* Liebe ist eine Leidenschaft des Gefühls, aber in diesem Gefühl soll der Mensch sich doch zuerst, sogar bevor er sich zum Gegenstand der Liebe verhält, zu Gott verhalten und dadurch die Forderung lernen, daß Liebe des Gesetzes Erfüllung ist. Liebe ist ein Verhältnis zu einem anderen Menschen oder zu anderen Menschen, aber sie ist keineswegs und darf keineswegs sein eine eheliche, eine freundschaftliche, eine bloß menschliche Übereinkunft, ein wenn auch noch so treuer und zärtlicher Zusammenhalt zwischen Mensch und Mensch.

95 *Hans Rotter (1932)* Liebe ist immer Antwort auf den Anspruch eines Menschen.

96 *Irenäus Eibl-Eibesfeld (1928)* Liebe ist individualisierte Partnerbeziehung, und ein ständiger Partnerwechsel widerspricht dem.

97 *Reinhold Ruthe (1927)* Liebe ist auch Treue.

98 *Honoré de Balzac (1799–1850)* Liebe ist eine Blume, deren Same der Wind herweht und der blüht, wo er hinfällt. Es ist ebenso lächerlich, einer Frau darüber zu zürnen, daß sie uns nicht liebt, als mit dem Schicksal zu hadern, uns rote und nicht schwarze Haare gegeben zu haben. In Ermangelung der Liebe gibt es Freundschaft. Freundschaft ist das Geheimnis des Ehelebens! Man kann darunter leiden, nicht geliebt zu werden, aber man darf es nicht merken lassen, sonst ist es, als verlöre man die Hälfte des Reichtums, der uns bleibt, aus Verzweiflung, die erste Hälfte verloren zu haben.

99 *Volkmar Sigusch (1940)* Als zentraler Wert bestimmt Liebe über das Geschehen. Wer sie hat, ist zu allem berechtigt. Sie ist die Moral schlechthin. Ihr Herkommen ist ebenso unklar wie ihre Stimmung irrational. Es geht zu, wie wenn Naturgesetze am Ruder wären. Hat sich Liebe einmal in ihr eigenes Recht gesetzt, findet sich die vordem beschworene Freizügigkeit im Unrecht wieder. Jetzt wird Treue gefordert. Doch die Liebe ist fast so punktuell und kurzfristig und unzuverlässig wie der sexuelle Reiz. Geht sie wie-

der, darf der, der sie besaß, sein Gerede von dem ganzen Menschen und dem ganzen Leben mit ihr vergessen.

100 *Diotima* Die Liebe – und nicht etwa nur die Ehe – ist der große Moloch, der beide Menschen fordert, aber meist nur einen, den schwächeren, erhält.

101 *Bhagwan Shree Rajneesh* Die Ehe ist eine Plastikrose; Liebe ist eine echte Rose.

102 *Peter Lauster (1940)* Die Liebe ist von der Institution Ehe unabhängig, sie hat mit Heirat nichts zu tun.

103 *Alex Comfort (1920)* Eine Heirat zwischen zwei rivalisierenden Schauspielern, von denen jeder den anderen rücksichtslos herauszubringen sucht, ist nicht Liebe. Die Beziehung zwischen einer Prostituierten und einem zufälligen Kunden, bei der sich aus Gründen, die beide nicht ganz begreifen, echte Zärtlichkeit und Achtung einstellt, ist es.

104 *Ernest Bornemann (1915)* Wir haben uns bei der Partnerwahl geirrt. Ich habe die falsche Frau geheiratet, du den falschen Mann. Die Wahl war falsch. Die Liebe aber ist niemals falsch. Wie hält man die Illusion der Liebe aufrecht?

105 *Christiane Schäfers (1958)* Liebe ist Entlarvung fadenscheiniger Autonomie; ist immer Verlust eigener Grenzen und somit grenzenlos.

106 *Francesco Alberoni* Aber die Liebe ist nicht dazu da, um Kinder zu verlieren, um jemanden umzubringen. Sie ist nicht geschaffen, um jemanden leiden zu lassen. Die Liebe ist die Basis einer neuen Gemeinschaft, eines glücklichen Zusammenlebens, in dem sich alle respektieren sollten.

107 *Ivan Sviták (1925)* Die Liebe ist die einzige Kommunikation einzigartiger freier Menschen; daher sind es nur Wahrscheinlichkeiten, die man von der Liebe gültig behaupten kann.

108 *Josef Rattner (1928)* Damit sollte klar geworden sein, daß Liebe eine soziale Aufgabe ist.

109 *Stendhal (1783–1842)* Die Liebe ist das Wunder in unserer Zivilisation. Bei den wilden oder barbarischen Völkern begegnet man nur einer tierischen Liebe rohester Art.

110 *Karl Neumann (1939)* Liebe – das menschheitsgeschichtliche und individuelle Kulturproblem.

111 *Andreas Domke (1958)* Liebe ist eine zivilisatorische Suchterscheinung.

112 *Ed Wheat* Liebe ist eine Kunst, die ich erlernen und der ich mich ganz verschreiben muß.

113 *Oscar Wilde (1854–1900)* Liebe ist wundervoller als Kunst.

114 *Diotima* Jawohl, die Liebe ist ein Kunstwerk; wer nicht daran arbeitet, dem bleibt einer roher Block in Händen. Wer sie nicht meistert, kann sich nicht wundern, wenn Pfuscharbeit dabei herauskommt.

115 *Erich Fromm (1900–1980)* Liebe ist ein Aspekt dessen, was ich als die produktive Orientierung bezeichnet habe: die tätige und kreative Bezogenheit des Menschen zu seinem Mitmenschen und zu sich selbst und zur Natur.

116 *Bhagwan Shree Rajneesh* Liebe ist eine zarte Kunst und nicht etwas, was man wirklich machen kann.

117 *Erich Fromm (1900–1980)* Liebe ist zwangsweise eine Randerscheinung in der heutigen westlichen Gesellschaft, und das nicht

sosehr, weil viele Tätigkeiten eine liebevolle Einstellung ausschließen, sondern weil in unserer hauptsächlich auf Produktion eingestellten, nach Gebrauchsgütern gierenden Gesellschaft nur der Nonkonformist sich erfolgreich gegen diesen Geist zur Wehr setzen kann.

118 *Volkmar Sigusch (1940)* Liebe ist nicht einfach da wie die Begierde. Sie muß ständig, ununterbrochen, unermüdlich erlernt, erarbeitet, in Beziehung gehalten werden – als der Versuch zweier Menschen, einander jene Bedürfnisse zu befriedigen, die lebensgeschichtlich verbogen und gesellschaftsgeschichtlich zum Unding geworden sind.

Ich weiß: Mitmenschliches unter den herrschenden Lebensbedingungen suchen, heißt objektiv, das gesellschaftliche Unding Liebe immer wieder in seiner seelischen und sozialen Zwangsgestalt errichten, als verdinglichtes. Der hiesigen Gesellschaftsformation ist Liebe wesensfremd.

Liebe als Gottesliebe

Es erscheint ebenso müßig, über das Entstehen, den Ursprung der Liebe zu diskutieren, wie es sinnlos ist, die Herkunft Gottes, mit dem sie schon frühzeitig in Zusammenhang gebracht wurde, klären zu wollen. Beiden Phänomenen ist kaum beizukommen, wenn man nicht bereit ist, Religionen wie Christentum, Islam, Buddhismus anders als vom naturwissenschaftlichen Standpunkt aus zu betrachten und auch verschiedene Methoden der Mystik als irrational ablehnt.

Das Christentum dagegen räumt der Liebe eine zentrale Position ein, u. a. indem es sie mit der Vorstellung von einem persönlichen Gott zur Gottesliebe verbindet. Ihrem Wesen nach gilt sie nun als Liebe Gottes zu seinen Geschöpfen, die den Menschen zugute kommt.

119 *Mong Dsi (ca. 372–ca. 289 v. Chr.)* Liebe ist der höchste göttliche Adel und der Menschen friedliches Heim.

120 *1. Johannes 4,7f.* Geliebte, lasset uns einander lieben, denn die Liebe ist aus Gott, und jeder, der liebt, ist aus Gott geboren und kennt Gott. Wer nicht liebt, der kennt Gott nicht, denn Gott ist die Liebe.

121 *Franz von Baader (1765–1841)* Die Liebe ist und war, wie Johannes sagt, bei Gott, als er die Welt und den Menschen schuf; als aber der Mensch fiel, ging sie von Gott aus und kam als erlösendes Wort in die Welt.

122 *Abū Saʿīd ibn Abi 'l-Ḫayr (967–1049) zugeschrieben* Die Liebe ist das Netz Gottes, das heißt die Schlinge, in der Gott Menschen fängt.

123 *Ahmad Ghazzali (1058–1111)* Die Liebe, was ist sie? Sie ist der Bau des heiligen Jerusalem auf absoluter Lauterkeit und Reinheit. Sie ist fern von Beiwerk und von Mangelhaftigkeiten und frei von Anteilhabe, denn ihr Anfang ist Er liebt sie . . .

124 *Marsilio Ficino (1433–1499)* Die Liebe ist bildendes und erhaltendes Prinzip des Alls.

125 *Martin Luther (1483–1546)* Die Liebe ist ein Bild Gottes und nicht ein totes Bild noch auf Papier gemalet, sondern ein lebendig Wesen in göttlicher Natur, die da brennet voll alles Guten.

126 *Therese von Avila (1515–1582)* Jede Liebe ist eine Art Gleichnis.

127 *Angelus Silesius (1624–1677)*
Die Lieb ist unser Gott, es lebet all's durch Liebe;
Wie selig wär ein Mensch, der stets in ihr verbliebe.

128 *Friedrich Heinrich Jacobi (1743–1819)* Liebe ist vorbildende schöpferische Kraft, d. h. nicht schaffend nach einem Ideal, sondern schaffend das Ideal.

129 *Friedrich von Schlegel (1772–1829)* Die erste Zahl = Liebe = I

130 *Franz Marc (1880–1916)* Die Liebe ist das Primäre . . .

131 *Novalis (1772–1801)* Gott ist die Liebe. Die Liebe ist das höchste Reale, der Urgrund.

132 *Bettina von Arnim (1785–1859)* Ach die Liebe ist eine Gabe Gottes; selig wer doppelt erndtet, was er gesäet, und immer wieder säet, was er erndtet, und immer die Fülle hat und nie genug.

133 *Angelus Silesius (1624–1677)* Die Lieb ist unser Gott, es lebet all's durch Liebe.

134 *Gottfried Wilhelm Leibniz (1646–1716)* Ist doch Liebe der Affekt, der uns Freude finden heißt an den Vollkommenheiten dessen, was man liebt, und es gibt nichts vollkommeneres, nichts herrlicheres als Gott.

135 *Angelus Silesius (1624–1677)*
Die Lieb ist Feuer und Wasser

Die Lieb ist Flut und Glut; kann sie dein Herz empfinden,
So löscht sie Gottes Zorn und brennt hinweg die Sünden.

136 *Friedrich von Schlegel (1772–1829)* Liebe ist das dunkle Licht, und das Positive im Menschen.

137 *Bettina von Arnim (1785–1859)* Die Liebe ist eine Metamorphose der Gottheit.

138 *Angelus Silesius (1624–1677)*
Die Lieb ist ein Magnet

Die Lieb ist ein Magnet, sie ziehet mich in Gott,
Und was noch größer ist, sie reißet Gott in Tod.

139 *Friedrich von Schlegel (1772–1829)* Die Liebe ist der Funke d[er] Gottheit durch d[en] das Universum zur Natur wird; . . .

140 *Friedrich von Schiller (1759–1805)* Liebe also – das schönste Phänomen in der beseelten Schöpfung, der allmächtige Magnet in der Geisterwelt, die Quelle der Andacht und der erhabensten Tugend – Liebe ist nur der Widerschein dieser einzigen Urkraft, eine Anziehung des Vortrefflichen, gegründet auf einem augenblicklichen Tausch der Persönlichkeit, eine Verwechselung der Wesen.

141 *Bettina von Arnim (1785–1859)* Das ist aber das große Geheimnis, daß die Liebe himmlischer Wille ist, Allmacht, der nichts versagt ist.

142 *Angelus Silesius (1624–1677)*
Die Lieb ist das Gewicht. Ist's wahr, daß wir Gott lieben,
So werden wir von ihr stets hin zu Gott getrieben.

143 *Bettina von Arnim (1785–1859)* Die Liebe ist das All. Der Geist ist einsam, weil die Liebe alles allein ist. Die Liebe ist nur für den, der ganz in ihr ist.

144 *Friedrich von Schlegel (1772–1829)* Liebe ist schon individueller, irdischer χ [chaotisch] = Unvollendung.

145 *Johann Gottlieb Fichte (1762–1814)* Die Liebe ist der Grundbestandteil des Menschen; diese ist da, sowie der Mensch da ist, ganz und vollendet, und es kann ihr nichts hinzugefügt werden; denn diese liegt hinaus über die fortwachsende Erscheinung des sinnlichen Lebens und ist unabhängig von ihm.

146 *Caroline von Wolzogen (1763–1847)* Liebe ist ein Funken der Gottheit im Menschen; er erläutert, befestigt, erhöht unser ganzes Wesen.

147 *Bettina von Arnim (1785–1859)* Gewiß ist die Liebe auch eine Frage an Gott, und der Genuß in ihr ist eine Antwort von dem lieben Gott selbst.

148 *Friedrich von Schiller (1759–1805)* Liebe ist die Leiter, woran wir emporklimmen zur Gottähnlichkeit.

149 *Friedrich von Schiller (1759–1805)* Liebe ist ein Herabsteigen, da die Achtung ein Hinaufklimmen ist.

150 *Sören Kierkegaard (1813–1855)* Liebe ist der Grund, Liebe ist der Bau, Liebe erbaut. Erbauen ist das Erbauen der Liebe, und Liebe ist es, die erbaut.

151 *Knut Hamsun (1859–1952)* Die Liebe ist Gottes erstes Wort, der erste Gedanke, der durch sein Gehirn glitt. Als er sagte: Es werde Licht! ward es Liebe. Und alles, was er geschaffen hatte, war sehr gut, und er wollte nichts davon wieder ungeschehen machen. Und die Liebe ward der Ursprung der Welt und die Beherrscherin der Welt; aber alle ihre Wege sind voll von Blumen und Blut, Blumen und Blut.

152 *Die Mutter (des Sri Aurobindo Ashrams)* Liebe ist eine der großen Kräfte des Weltalls; sie besteht in sich selbst, unabhängig von den Gegenständen, in denen, durch die hindurch und für die sie sich in einer immer freien Bewegung offenbart . . .

153 *Louis Evely* Die Liebe ist eine schöpferische Kraft, und sie ist nur aufrichtig, sie kommt nur an die Wahrheit heran durch die schöpferische Macht, die sie auf den anderen ausübt. Außerhalb der Liebe gibt es keine Wahrheit über einen Menschen. Die Liebe allein ist Licht.

154 *Khalil Gibran (1883–1931)* Liebe ist ein Wort des Lichtes, geschrieben von einer Hand des Lichtes, auf einer Seite des Lichtes.

155 *Rudolf Steiner (1861–1925)* Erkenntnis ist die geistigste, Liebe die schönste Form selbstloser Hingabe. Denn Liebe ist ein wahrhaftes Himmelslicht in dem Leben der Alltäglichkeit.

156 *Hans-Joachim Iwand (1899–1960)* Die Liebe ist erst das Licht in der Welt, durch das ich den Nächsten finde.

157 *René Allendy (1889–1942)* Die Liebe ist der erste Durchblick, der dem Menschen zeigt, daß er zugleich sein Nächster ist, der ihn ahnen läßt, daß er auch das All ist. Deswegen empfindet er,

wenn die Liebe geglückt ist, eine unaussprechlich heitere Entfaltung; die Liebe ist das »Tor zum Himmel«.

158 *Hugo von Hofmannsthal (1874–1929)* Liebe ist Trance: Welt höheren Instinktes.

159 *Gustav Teichmüller (1832–1888)* Die Liebe ist also nichts Zufälliges, das möglicher Weise bloß hier oder da realisiert würde, sondern metaphysische Natur aller Wesen.

160 *Heinrich Frieling (1910)* Wenn es einen Zweck auf Erden gibt, so ist es einer: die Liebe. Sie ist der Abglanz des Himmels auf Erden; und sie allein vereint die beiden Welten: die Pole des Geistes und des Stoffes, selbst Gott mit dem Teufel. Daher ist die Liebe auch jenseits von Gut und Böse; sie ist schön, wahr und heilig. Denn sie gebiert das Schöne, beweist durch sich selbst und ihre Frucht die Wahrheit des Seins und heiligt den Leib, den Gott setzte.

161 *Brihadaranjaka Upanischad* Die Liebe ist der Aspekt des Göttlichen, der es auf sich genommen hat, diesen ewigen Gegensatz zu überbrücken, und die verborgene Kraft der Liebe ist es, der in der Ausfaltung des Weltalls diese Aufgabe obliegt.

162 *Johannes Hirschberger (1900)* Liebe ist darum der Schlüssel für Sinn und damit zugleich für den Ursprung der Welt, einfach deswegen, weil alles Seiende über sich hinausweist.

163 *Bernhard Welte (1906–1983)* Die Liebe ist zwar zunächst bewegt von der Qualität des Seins, aber so bewegt, ist sie dann ebenso sehr bewegend und seinsschöpferisch, indem sie die eigentliche Qualität des Seins, von der sie bewegt wird, allererst in ihrer Fülle hervorgehen läßt.

164 *Helmut Kuhn (1899)* Denn Liebe ist Freude – eine Freude am Sein, die nur im hellen Licht des Verstehens glückt. Liebe erst läßt das Sein sein.

165 *Walter-Gerd Bauer* Die Liebe ist göttlichen Geschlechts.

166 *John Henry Kardinal Newman (1801–1890)* ... was die Liebe selbst betrifft, so lieben wir nicht etwa deshalb, weil wir glauben, denn auch die Teufel glauben, aber ohne zu lieben ... Die Ursache unserer Liebe liegt nirgendwo anders als in ihr selbst; wir lieben, weil es unsere Natur ist, zu lieben, und sie ist unsere Natur, weil Gott, der Heilige Geist, sie zu unserer Natur gemacht hat. Die Liebe ist die unmittelbare Frucht und der Erweis der Wiedergeburt.

167 *Jack H. Holland* Liebe ist die Manifestation des unendlich vollkommenen Geistes. Liebe ist die Kraft, die den Menschen zur Harmonie mit seinem eigenen Ich, mit seinen Mitmenschen, mit seiner Umwelt führt. Liebe ist »Geist von seinem Geiste«. Sie ist der Weg zu Gott, denn Gott ist die Liebe.

168 *Friedrich von Schlegel (1772–1829)* Die Liebe ist der IndifferenzPunkt, der Kern in uns.

169 *Theodor Bovet (1900–1976)* Die Liebe ist in unserer Mitte! Das ist die wichtigste und die allersicherste Botschaft aller Zeiten. Sie ist für uns ganz besonders wichtig, weil wir alles andere im Überfluss haben, in der Liebe aber abgebrannt sind. Die Liebe ist in unserer Mitte: zwischen Mutter und Kind, zwischen Mann und Frau, zwischen uns und dem Nächsten – wenn Jesus diese Mitte ist.

170 *Gabriel Marcel (1889–1973)* Die Liebe ist das Leben, das die Mitte aufgibt, die Mitte wechselt.

171 *Julien Freund* Die Liebe ist der Mittelpunkt der Privatsphäre.

172 *Anne Philipe* Die Liebe: Eine Quelle, Ursprung einer Quelle, die Welt wird fruchtbar, sie ist Staunen, Gefühl des Wunderbaren und zugleich des schon Vertrauten, eine Rückkehr ins verlorene Paradies, die Versöhnung von Körper und Geist, die Entdeckung

unserer Kraft und unserer Hinfälligkeit, die Bindung an das Leben und dennoch die Gelassenheit dem Tode gegenüber, eine auf ewig offenbarte Gewißheit, dennoch unbeständig und fließend, die täglich neu erobert werden muß.

173 *Sören Kierkegaard (1813–1855)* Es ist eben die Liebe; Liebe ist der Ursprung aller Dinge, und im geistigen Sinne ist die Liebe des Geisteslebens tiefster Grund.

174 *José Ortega y Gasset (1883–1955)* Von unseren inneren Erlebnissen ist die Liebe das fruchtbarste; sie ist es so sehr, daß sie zum Symbol aller Fruchtbarkeit geworden ist.

175 *David Herbert Lawrence (1885–1930)* Und die Liebe ist ein Reisen, ein Fortschreiten, ein Tempo des Zusammenkommens. Liebe ist die Kraft der Schöpfung.

176 *Peter Lauster (1940)* Die Liebe ist schöpferisch, und sie findet im richtigen Moment das Richtige.

177 *Max Rößler* Denn: die Liebe ist schöpferisch.

178 *José Ortega y Gasset (1883–1955)* Liebe ist die ewige Lebensspenderin, die Schöpferin und Bewahrerin des Geliebten.

179 *Else Lasker-Schüler (1876–1945)* Liebe ist aus unserer Liebe vielfältig erblüht.

180 *Sören Kierkegaard (1813–1855)* Zu einem Liebesverhältnis gehört das Dreifache: der Liebende, der Geliebte, die Liebe; aber die Liebe ist Gott.

181 *Johannes Müller (1864–1949)* Die Liebe heiligt den Menschen, denn sie beseelt ihn mit heiliger Glut in allen Fasern seines Wesens. Sie erfüllt ihn mit Leben, das nicht von dieser Welt ist, und macht ihn zum Organ und Werkzeug Gottes. Jesus schließt in der Bergpredigt das Gebot der Liebe mit den Worten: »auf daß

ihr vollkommen seid, wie euer Vater im Himmel vollkommen ist.« Wir begreifen es jetzt: Liebe ist der Weg zur göttlichen Vollkommenheit.

Die Liebe macht den Menschen aufrichtig und wahrhaftig, denn sie erfüllt ihn mit einem lauteren guten Willen, der wahrhaftig und redlich sich äußert, wie es ihm ums Herz ist, und sich rückhaltlos gibt, wie er ist. Ihr ist jede Täuschung, Verhüllung, Hinterhältigkeit, Berechnung und Vorsicht einfach unmöglich. Alles, was die Liebe fühlt, denkt und sagt, ist echt, denn sie ist ursprüngliches Empfinden der Seele in unmittelbarer Äußerung.

182 *August Adam (1888–1965)* Die Liebe ist jene heilige Dreieinheit, die von Gottes Dreifaltigkeit als dem ewigen Feuerbrande ausgeht, die Seele des Menschen innerlich umgestaltet und darin heilige Glut entzündet, die ringsum ihre Wärme verbreitet.

183 *Johannes Müller (1864–1949)* Nur die Liebe schafft aus dem Chaos eine neue Welt. Denn die Liebe ist erlösende, wiederherstellende, verjüngende Lebenskraft, ist fruchtbare Vereinigung, ist der schöpferische Hauch Gottes.

184 *Ernesto Cardenal (1925)* Die unverfälschte Substanz unseres Wesens ist Liebe. Wir sind ontologisch Liebe. Und auch Gott ist wie ein einziger Liebesschrei, eine unendliche Leidenschaft und ein unendlicher Durst nach Liebe. Unsere einzige Daseinsberechtigung ist die Liebe.

185 *August Adam (1888–1965)* Die Liebe ist die stärkste Sehnsucht des Menschen, und Gott selbst legte dieses Sehnen in das Herz des Menschen als den machtvollsten Antrieb, der ihn über alle geschöpfliche Liebe hinweg unersättlich zum Zielpunkt alles Seins führen, ja zwingen soll, zur ewigen, unendlichen Liebesfülle in Gott.

186 *Adrienne von Speyr (1902–1967)* Die Liebe ist da; die Liebe zum Herrn; die Antwort auf seine Liebe. Und diese Liebe ertüchtigt uns, das Ungelegene wie das Bevorzugte zu tun. Nicht mehr

auszuwählen, weil wir den Weg des Herrn gewählt haben, den Weg der Liebe.

187 *Thomas Ohm (1892–1962)* Die Liebe ist außerdem die einzig richtige Antwort auf Gottes Liebe. Diese Liebe kann sich aber der Mensch nicht selbst schaffen.

188 *Ferdinand Krenzer (1921)* Das Wort »Liebe« ist abgegriffen. Es muß heute für alles Mögliche herhalten. Menschen lieben Brahms oder Hunde, sie lieben Gemütlichkeit oder ihre »Lieblings«-Speise, sie lieben Kinder, und sie lieben den Ehegatten. Jedesmal ist etwas anderes damit gemeint. Nichts wäre nun falscher, als diesen verschwommenen Begriff ins Unendliche zu steigern und zu meinen, das sei nun die Liebe Gottes. Um anzudeuten, daß diese etwas wesentlich anderes ist, sagt Johannes nicht: »Gott liebt«, sondern: »Gott ist Liebe«. Liebe ist sein Wesen, seine Eigenart. Er liebt aus sich selbst heraus, selbst wenn es an uns nichts Liebenswertes mehr gibt.

189 *Reinhold Ruthe (1927)* Liebe ist Gnade, Liebe ist die personifizierte Liebe Gottes, die in unsere Welt gekommen ist.

190 *Rudolf Steiner (1861–1925)* Die Liebe ist also nicht stückweise hereingekommen in die Welt, sondern es strömt die Liebe als eine Gabe der Gottheit herein in die Menschheit.

191 *Hans-Joachim Iwand (1899–1960)* Liebe ist nichts anderes als das Ringen darum, daß die Größe der Gnade Gottes nicht geschmälert werde.

192 *Erich Przywara (1889–1972)* Es ist keine Frage deines Gebetslebens, kein Rätsel deiner Seelentiefe, keine Qual deiner Herzenskämpfe, wofür die Liebe dir nicht Antwort, Lösung und Tröstung gäbe. Die Liebe ist die Sicherheit unseres Lebens, weil wir in der Liebe an Ihn rühren, der das einzig Wirkliche und Beständige ist.

193 *Bernhard Welte (1906–1983)* Zuweilen ist die Liebe dem Menschen einfach fern.

194 *Gerhard Friedrich (1908)* Liebe ist nicht etwas Statisches, sondern sie ist in der Hoffnung auf Gott ausgerichtet, und die Hoffnung bleibt, weil alle Erfüllung nicht im Menschen, auch nicht in dem erlösten Menschen, sondern allein in Gott liegt.

195 *Gérard Bélanger* Die Liebe ist Gemeinschaft mit dem Sein als Selbstsein, als einmaliges, nicht mittelbares Da-Sein; und das so gesehene Sein ist Teilhabe an Gott, Verbundenheit mit dem Sein, Präsenz des Absoluten.

196 *Johannes Müller (1864–1949)* Liebe ist also eine elementare Lebensäußerung aus der letzten Tiefe unsers Seins, kein Trieb süchtiger Instinkte unsrer sinnlich-geistigen Menschlichkeit. Sie ist Überschwang der Seele, ein Außersichgeraten und Sichergießen des quellenden Lebens in uns, das nicht von dieser Welt ist. Sie ist Selbsthingabe und Lebensmitteilung, aus sich Herausgehen, Übergehen, Eingehen in das, was sie ergreift. Liebe ist also ein elementarer, ursprünglicher Vorgang, ein inneres Muß, das über den Menschen kommt, eine Naturgewalt seines himmlischen Wesens, eine Lebensäußerung Gottes aus seinen menschlichen Sprossen und der Kreislauf des göttlichen Lebens durch seine menschlichen Organe, die schöpferische Glut und Bewegung Gottes, aus der alles stammt, die zur Vollendung seines Werkes aus Menschen entspringt.

197 *Lew Nikolajewitsch Tolstoi (1828–1910)* Liebe ist Gott. Liebe ist bloß die Anerkennung dessen, daß Gott nicht Fleisch ist, nicht Leidenschaft, nicht Egoismus, nicht Bosheit. (zweifelhaft.)

198 *Johannes Müller (1864–1949)* *Die Liebe macht nichts vor.* Sie ist schöpferische Ausstrahlung der lebendigen Wahrheit, Überquellen des Herzens in der ganzen unbewußten Unmittelbarkeit eines elementaren Dranges. Alles absichtliche, berechnete, gemachte Gehabe und Getue ist nicht in der Liebe. Denn sie ist

eine naive Äußerung der göttlichen Gnade, die sich um so mächtiger offenbart, je schwächer und unfähiger sich der Mensch fühlt, je unmöglicher ihm alle eigenen Machenschaften sind.

199 *Johann Peter Hamm (1909)* Liebe ist der Wesenszug aller Heiligkeit.

200 *Günther Küchenhoff (1907)* Die Liebe ist nach ausdrücklicher und natürlicher Offenbarung Eigenschaft Gottes und Pflicht des Menschen. Sie ist überhaupt die Urkraft von Gott, Welt und All, der Sinn von Welt und All.

201 *Thomas Ohm (1892–1962)* Die Liebe ist ein unerschöpfbarer Born der Freude und Kraft. Das größte, was geschaffen wurde, hat die Liebe zur Ursache und zum Beweggrund. Das gilt besonders von der Gottesliebe.

202 *August Adam (1888–1965)* Die Liebe ist das lodernde Feuer, das im jugendlichen Herzen die Kraft zu allem Idealen entfacht; die Energiequelle, die in Gott über alle Mauern springt.

203 *Manfred Lay (1946)* Die Liebe ist Gott selbst. Sie hat in ihm ihren Ursprung und ihre Quelle. So wie ein Fluß erst zur Ruhe kommt, wenn er ins Meer einmündet, so bleibt Liebe immer unterwegs, bis sie heimkommt zu Gott.

204 *Heinrich Schlier (1900–1978)* Die Liebe ist ja auf der Suche nach Gott und auf der Suche nach dem Nächsten, obwohl sie und gerade weil sie von Gott schon gefunden ist und ihn auch schon gefunden hat.

205 *Martin Luther King jr. (1929–1968)* Wir können Gottes Kinder sein. Die Liebe ist das Mittel dazu.

206 *Günther Küchenhoff (1907)*
Gottes Sinn ist die Liebe.
Und die Liebe ist der Sinn der Welt.

207 *Kindervers*
Liebe ist die größte Gottheit,
Liebe ist 'ne Religion.

208 *Ivan Sviták (1925)* Die Liebe ist die dramatische Verwandlung des Menschen in einen Gott, die Verwandlung durch den anderen. Wo es sie nicht gibt, existieren nur verschiedene Formen der Lust.

209 *Henry Miller (1891–1980)* Ja. Und in jeder Hinsicht. Denn sie (Anm.: die Liebe) ist manchmal Gott und Teufel zugleich. Sie verkörperte, sie verkörpert die ganze Skala.

210 *Thomas Ohm (1892–1962)* Die Liebe ist notwendig als das, was den Menschen heiligt.

211 *Bernhard Hanssler (1907)* Doch die Liebe ist nicht nur die Substanz des Menschen, sie ist auch das Wesen Gottes. Liebe ist nicht bloß das ethische, sie ist auch das religiöse Grundphänomen.

212 *Jean Mouroux* Die Liebe ist uns Geist und Fleisch. Daß sie trotz allen widersprechenden Vorurteilen geistig ist, ist ohne weiteres einsichtig. Sie ist nur zwischen Personen möglich, sie ist Freiheit, sie ist Freude – dies alles aber sind Züge, die dem Geist eignen.

213 *Cesare Pavese (1908–1950)* Die Liebe ist die billigste der Religionen.

214 *Bernhard Welte (1906–1983)* Liebe ist das entscheidende christliche Grundwort dort, wo es um das Verhältnis des Menschen zu seinem Mitmenschen geht.

215 *Lothar Dithmar (1958)* Liebe ist eigentlich immer nah dran, zu einer Kreuzigung auszuarten. Aber das hatten wir doch schon mal . . .

216 *Diotima* Denn die Liebe ist zwar auch Caritas, das heißt Barmherzigkeit, aber immerhin kein Wohltätigkeitsverein.

217 *Adam Weyer (1928)* Liebe ist das Abbild der uneigennützigen und ewiggültigen und unerotischen Liebe Gottes zur Menschheit und Christi zur Kirche.

218 *Jack H. Holland* Liebe ist das Fundament der Botschaft Jesu.

219 *Bernhard Welte (1906–1983)* Die Liebe ist nach dem Neuen Testament zuallererst das Geschenk von Gott, weil Gott uns zuerst geliebt hat.

220 *Jean Mouroux* Die Liebe ist jedoch eine zu mächtige Kraft, der Trieb zu heftig, die Gefühle zu treulos, als daß diese Geburt und dieses Heranwachsen nicht noch besonders von der Gnade und von Christus durchwirkt werden müßte.

221 *Jack H. Holland* Liebe ist für das Christentum und das Christsein von grundlegender Bedeutung. Nichts anderes wird in den Quellen der christlichen Lehre nachdrücklicher betont, eindringlicher gefordert und enthusiastischer gepriesen. Wo ist die Liebe in unserer Welt geblieben?

222 *Karl Adam (1876–1966)* Gewiß, es ist wahr: Die Liebe ist das Wesen des Christentums.

223 *Hans-Joachim Iwand (1899–1960)* Liebe ist der Kampf darum, daß das Evangelium offen bleibt, und nicht irgendwelche moralischen, rassischen, aus dem Sein des Menschen gewonnenen Bedingungen davor gebaut werden.

224 *Helmut Kuhn (1899)* Der Satz »Gott ist die Liebe« bedeutet dann, seitenverkehrt gelesen, »die Liebe ist Gott« – und damit war der Weg frei zum Libertinismus des Geistes und zu blasphemischer Parodie.

225 *Heinrich Scholz (1884–1956)* Und wenn nun die Gottheit das Wesen ist, das ein Vaterunser vernimmt, so kann sie nicht mit der Liebe als solcher identisch sein; denn die Liebe ist eine Gemütsverfassung, und es ist sinnlos, von einer Gemütsverfassung zu sprechen, die ein Vaterunser vernimmt.

226 *Sören Kierkegaard (1813–1855)* Natürlich, kein Mensch ist Liebe; er ist, falls er in der Liebe ist, ein Liebender. Indessen ist die Liebe überall zugegen, wo ein Liebender ist.

227 *Otto Weininger (1880–1903)* Die Liebe ist also in Wirklichkeit keine »transcendentale Idee«; denn sie entspricht allein der Idee eines Wesens, das nicht rein transcendental-apriorisch, sondern auch sinnlich-empirisch ist: der Idee der Menschheit.

228 *Emmanuelle Arsan* Was Sie da sagen, ist eine Binsenweisheit und ein Pleonasmus dazu. Die Liebe ist immer widernatürlich. Sie ist die absolute Anti-Natur. Sie ist der Frevel, der Aufstand gegen die Ordnung des Universums, der falsche Klang in der Sphärenmusik. Sie ist der Mensch, das heißt, sie ist mit hellem Gelächter aus dem irdischen Paradies entflohen. Sie ist das Scheitern der Pläne Gottes.

229 *Herbert Meier (1928)* Oder anders: Die Liebe ist keine Form der Transzendenz.

230 *Herbert Achternbusch (1938)* Aber die Liebe ist des Menschen größter Feind.

231 *Lothar Dithmar (1958)* Liebe ist Inquisition und Scheiterhaufen.

232 *Julien Freund* Die Liebe ist menschlich, und sie kann deshalb im Prinzip verdorben werden.

233 *Eugen Fink (1905–1975)* Die Liebe vermag nur der Mensch allein. Sie ist eine Grundmöglichkeit unseres endlichen Daseins

– ist menschlich und nur-menschlich wie der Tod, die Arbeit und die Herrschaft. Kein Tier und kein Gott liebt.

234 *Zenta Maurina (1897–1978)* Aus Liebe sind Welten erbaut. Sie ist Urform und Prüfstein aller großen Kunst, auch der größten – des Lebens.

235 *Henry Drummond (1786–1860)* Gott ist Liebe, und Liebe ist ewig. Somit heißt das letzte Wort: Liebe ist Leben.

Liebe als Leben und Tod

Einzig gewiß im Leben eines jeden Menschen ist, daß er stirbt – die Zeitspanne zwischen Geburt und Tod verläuft für jeden anders, abhängig auch von äußeren Gegebenheiten und Möglichkeiten. So verschieden wie Lebensformen und Todesvorstellungen sind auch die Erfahrungen, die Ideale und Träume von Liebe. ›Der Tod und das Mädchen‹ – in diesem Motiv geht die Liebe mit dem Tod eine Verbindung ein; ein sicher häufiger zitiertes Bild ist die Liebe als ›Lebens-Mittel‹, allerdings ist sie eins, von dem wenige genug und sehr viele zu wenig bekommen.

236 *Georg Rudolf Weckherlin (1584–1653)* Die Lieb ist Leben und Tod.

237 *Walter Spiel (1920)/ Alfred Oppolzer (1950)* Dennoch sei eine grundsätzliche Hypothese an den Beginn unserer Überlegungen gestellt: Die Liebe ist die unabdingbare Voraussetzung menschlichen Seins.

238 *Friedrich Heinrich Jacobi (1743–1819)* Liebe ist Leben; sie ist das Leben selbst; und nur die Art der Liebe unterscheidet jede Art der lebendigen Natur.

239 *Friedrich von Schlegel (1772–1829)*
Sind nur der Treue Fesseln uns entnommen,
Ist Liebe, ewig grün, des Lebens Leben.

240 *Johann Wilhelm Ritter (1776–1810)* Liebe ist das Bedürfnis, mit dessen Befriedigung alle übrigen wegfallen. Sogar des Leibes kann der Sterbende entbehren.

241 *Carl von Eckartshausen* Die Liebe ist das erste Wesensgesetz aller lebendigen Geschöpfe; sie ist, was das Leben selbst ausmacht, sie ist eine Lebenskraft, die auf Gegenstände außer sich wirkt, und sie mit sich zu vereinigen sucht; sie ist die Quelle des Lebens, nicht allein für den Körper, sondern auch für den Geist (. . .) Sie ist die erste Kraft der Natur.

242 *Bettina von Arnim (1785–1859)* Und die Liebe ist die Luft, die wir trinken.

243 *Bhagwan Shree Rajneesh* Liebe ist wie Atmen. Wenn dir jemand erzählt: »Ich atme nur, wenn ich mit dir zusammen bin, und den Rest der Zeit atme ich nicht,« dann traust du ihm nicht. Wie kannst du ihm trauen? Er wäre tot, wenn er ohne dich nicht atmen würde. Liebe ist der Atem deiner Seele.

244 *Peter Lauster (1940)* Die Liebe ist die höchste Form der seelischen Lebendigkeit.

245 *Der große Herder (1954)* **Liebe**, allg. das *Hinstreben* eines Lebendigen über das für seine bloße Selbsterhaltung unbedingt »Notwendige« hinaus zu dem, was ihm die volle Erfüllung seines Lebens bedeutet (das »Über-flüssige«). Insofern dieses Hinstreben zum Wesen des Lebens gehört, ist die L. also ein Grundzug des Lebens überhaupt.

246 *Johannes Müller (1864–1949)* Die Liebe ist unser eigentliches Lebenselement. Fehlt die Liebe, so verkümmern und entarten die Menschen. Leben sie von ihr, so gedeihen sie und bleiben jung.

247 *Zenta Maurina (1897–1978)*
Liebe ist gesteigertes Leben.
Ohne Liebe bleiben wir an der Oberfläche der Dinge.

Den substantiellen Wert eines Menschen entscheidet seine Fähigkeit zu lieben.

248 *Bhagwan Shree Rajneesh* Liebe ist eine Lebensnotwendigkeit. Du kannst der Welt den Rücken zudrehen, aber Nahrung brauchst du trotzdem. Du kannst dich aus der Welt zurückziehen, aber das heißt nicht, daß du nun keine Nahrung mehr brauchst. Und Liebe ist die Nahrung der Seele, genauso wie Speise die Nahrung des Körpers ist.

249 *Peter Lauster (1940)* Die Liebe ist ein generelles Prinzip des Lebens.

250 *Manfred Lay (1946)* Liebe ist etwas Lebendiges. Darum braucht sie Fürsorge und Pflege. Sie muß kultiviert werden, damit sie nicht verwildert.

251 *Adrienne von Speyr (1902–1967)* Liebe ist immer sichtbar, wirksam, ansteckend. Sie bleibt stets mit dem, der liebt, verbunden, aber auch mit dem geliebten Ziel; sie ist keinen Augenblick ausgesetzt, einsam, verlassen. Sie ist als Kundgabe immerfort Leben.

252 *Bhagwan Shree Rajneesh* Liebe ist nie befriedigt; sie kennt keine Erfüllung, aber sie ist immer wunderbar, weil sie immer und ewig lebendig ist.

253 *Dietrich von Hildebrand (1889–1977)* Die Liebe ist ja nicht eine »Befriedigung«, nicht ein Aufhören eines Sehnens, sondern ein ganz Neues, das seinen Sinn und sein Thema unabhängig von dieser Erfüllung besitzt.

254 *Hans von Hattingberg (1879–1944)* Die Liebe war immer, ist und wird immer sein das eine große Wunder des Lebens. Hier will ich freilich nicht versuchen, dieses Wunder zu preisen. Das ist allein Sache begnadeter Dichter, nicht der Wissenschaft.

255 *José Ortega y Gasset (1883–1955)* Die Liebe ist das Erlebnis, das am meisten gepriesen worden ist. Die Dichter aller Zeiten haben sie mit ihren kosmetischen Mitteln geputzt und hergerichtet und ihr eine sonderbare abstrakte Wirklichkeit verliehen. So kennen und schätzen wir sie, ohne sie geschmeckt zu haben, und nehmen uns vor, sie auszuüben, als sei sie eine Kunst oder ein Beruf.

256 *Kim Amani (1966)*
Was ist Liebe?
ist Liebe das Leben,
ein Stück davon,
oder nur ein Augenblick
voll Glück?

Was ist Liebe?
ist Liebe der Kummer
den man hat,
wenn man glaubt,
zu lieben?

Was ist Liebe?
ist Liebe die Freude,
die man fühlt,
wenn er dich küßt
und umarmt?

Liebe ist das Leben,
der Kummer, die Freude
die man empfindet
wenn man liebt.

257 *Aleke Thuja (1940)*
Die Liebe
ist wie
ein Zuhause.
Sie ist da
ungerufen
unverdient
und kann
auch
ebenso
verlorengehen.

258 *Paul Helwig* Liebe ist »Verdichtung der Lebendigkeit«, ist Sich Versammeln, anstelle des Weiterdrängens zu immer Neuem, – zusammengefasst: Liebe ist das erhaltende Prinzip der Lebendigkeit.

259 *Max Rößler* Liebe – Das Ja zum Leben.

260 *José Ortega y Gasset (1883–1955)* Wir sollten, glaube ich, die landläufigen Ideen über dies wunderbare Gefühl allmählich reformieren, denn die Liebe ist, besonders auf unserer Halbinsel, dumm und dumpf geworden. Sie ist eine herrliche Quelle menschlicher Lebenskräfte – wie es letzten Endes nicht viele gibt – und sollte freigelegt und von trüben Beimischungen gereinigt werden.

261 *Diotima* Die Liebe ist oder sollte doch immer sein die Insel der Seligen im Meer des Lebens, wo die Wunderblumen gedeihen, die anderwärts nicht gedeihen können.

262 *Volkmar Sigusch (1940)* Liebe ist aber nicht nur die Sehnsucht nach Kindheitsparadiesen voll lustvoller Harmonie, Liebe ist auch ein allgemeines Erfordernis des erwachsenen Lebens.

263 *Thomas Merton (1915–1968)* Denn Liebe ist kein Traum: Liebe ist das Grundgesetz aller Wesen, die frei, sich selbst zu geben, geschaffen wurden, frei zur Teilnahme an der unendlich schaffenden Fülle der Lebensgabe Gottes. Liebe ist der tiefste und innerste Kern der schaffenden Dynamik, die wir Leben nennen. Liebe ist das Leben selbst in seiner Reife und Vollkommenheit.

264 *Franz Sawicki (1877–1952)* Die Liebe ist doch das Größte im Leben.

265 *L. van der Weck-Erlen* Liebe ist der höchste innere Lebenszweck; Arbeit, Erwerb, Reichtum und Ruhm sind bloß die Mittel zur Verwirklichung und Verherrlichung jenes Zweckes.

266 *Peter Lauster (1940)* Die Liebe ist konzentriertes, intensives Leben.

267 *Kurt Marti (1921)* Liebe ist Leben.

268 *Reinhold Ruthe (1927)* Liebe ist auch eine Frage des Lebensstils.

269 *Diotima* Denn die Liebe ist die Probe des Lebens selber darauf, ob »alles stimmt«.

270 *Theodor Lorch* Liebe ist Gnade, ist zugleich aber auch die größte Aufgabe und höchste Kunst des Lebens.

271 *Peter Lauster (1940)* Die Liebe ist die Konzentration des Lebens, der Lebendigkeit und des Glücks.

272 *Gerhard Uhlenbruck (1929)* Liebe ist Ursache, Hauptsache und Glückssache im Leben.

273 *Emil Brunner (1889–1966)* Die Liebe ist das Leben, das keines Gegensatzes bedarf, um sich selbst auszuleben, »Strom lebendigen Wassers«.

274 *Alexander Lowen* Liebe ist schließlich ein Ereignis von außerordentlicher Bedeutung.

275 *Wilhelm Busch (1832–1908)*
Liebe – sagt man schön und richtig –
Ist ein Ding, was äußerst wichtig.

276 *Jill Tweedie* Wir sterben aus Liebe und ohne sie; ihretwegen schlägt unser Herz, und ihretwegen bricht es. Sie hat das Tadsch Mahal erbaut und das Hohe Lied Salomos verfaßt, und sie kocht täglich auf der ganzen Welt eine Milliarde Mahlzeiten. Die Liebe ist schließlich das einzig Wichtige im Leben.

Zumindest wird es so dargestellt. Und meiner Meinung nach ist alles, was über die Liebe gesagt worden ist, bis auf ein oder zwei Epigramme Quatsch.

277 *Sonja (30 Jahre)* Ich glaube, Liebe ist das Wichtigste in meinem Leben. Allerdings habe ich das Gefühl, daß ich damit ziemlich herumhantiere. Liebe bringt mich in Situationen mit Menschen, die für mich nicht mehr faßbar sind, in denen ich mich nicht mehr verhalten kann. Ich glaube, daß ich in dem Moment, in dem ich Verhaltens- und Definitionsschwierigkeiten bekomme, daß ich dann – das nehme ich von mir selber an – liebe. Und das möchte ich dann am liebsten ein Stück weghalten von mir, um nicht darin unterzugehen.

Also ich glaube, die Auswirkungen von Liebe, Liebe zu leben, das macht mir angst.

278 *Jill Tweedie* Liebe ist nicht das einzig Wichtige im Leben – selbst ihre vollendete Form ist stets ein Nebenprodukt, eine Begleiterscheinung, ein Abstecher.

279 *Franz Sawicki (1877–1952)* Die Liebe ist die schönste Blüte des Daseins.

280 *Diotima* . . . – und die Liebe ist ein Lebensprozeß als eine Art gesteigerter Verbrennungsprozeß wie das Leben selber – . . .

281 *Peter Lauster (1940)* Liebe ist lebensnotwendig. Fehlende Liebe macht krank und führt zum Tod.

282 *L. van der Weck-Erlen* Je tiefer wir über den Wert des Lebens nachdenken, desto klarer wird es uns, daß der einzige Zweck des irdischen Daseins nur die Liebe ist: die Fortpflanzung der Art, das Leben nach dem Tode.

283 *Das Hohelied 8, 6f.* Lege mich wie ein Siegel auf dein Herz, wie ein Siegel auf deinen Arm. Denn Liebe ist stark wie der Tod, und Leidenschaft unwiderstehlich wie das Totenreich. Ihre Glut ist feurig und eine Flamme des Herrn, so daß auch viele Wasser die Liebe nicht auslöschen und Ströme sie nicht ertränken können.

284 *Knut Hamsun (1859–1952)* Fragt jemand, was die Liebe ist, so ist sie nichts als ein Wind, der in den Rosen rauscht und dann wieder dahinstirbt. Oft aber ist sie auch wie ein unzerbrechliches Siegel, das das ganze Leben lang dauert, bis zum Tode.

285 *Angelus Silesius (1624–1677)*
Die Lieb ist wie der Tod; sie tötet meine Sinnen,
Sie brichet mir das Herz und führt den Geist von hinnen.

286 *Marsilio Ficino (1433–1499)* Da die Liebe ein freiwilliger Tod ist, so ist sie als Tod zwar bitter, sofern dieser aber freiwillig ist, süß.

287 *Bertolt Brecht (1898–1956)* Süß ist die Liebe, doch bitter der Tod.

288 *Angelus Silesius (1624–1677)*
Die Lieb ist tot

Ach, ach, die Lieb ist tot! wie ist sie denn gestorben?
Für Frost, weil niemand sie geacht't, ist sie verdorben.

289 *Iwan Turgenjew (1818–1883)* Die Liebe, dachte ich, ist stärker als der Tod und die Schrecken des Todes. Sie allein, allein die Liebe erhält und bewegt unser Leben.

290 *Johannes Müller (1864–1949)* Die Liebe ist stärker als der Tod, denn sie ist ewiges Leben, stärker als alles Leid, denn sie ist himmlische Seligkeit, stärker als alle Not, denn sie ist die Vollmacht der Notwende, die Gott seinen Kindern gegeben hat. Und sie hält alles aus, sie wird nicht müde und schwach.

291 *Franz-Josef Nocke (1932)* Die Auferstehungshoffnung sagt: Die Liebe ist stärker als der Tod. Weil und insofern der Glaubende darauf setzt, kann er auch schon die gemischten Erfahrungen des gegenwärtigen Lebens deuten und ihnen unterschiedliches Gewicht geben. Jede Sinnerfahrung in der Liebe wiegt mehr als aller Schmerz, den dieselbe Liebe verursacht. Von daher gewinnt er eine größere Freiheit zum Wagnis der Liebe.

Von Auferstehung kann aber der Glaubende nur deshalb sprechen, weil er an einen Gott glaubt, der dem Tod überlegen und selbst Liebe ist.

292 *Karin Struck (1947)* Liebe ist kälter als der Tod (wer sagt das?). Liebe ist stark wie der Tod. Sinnlich und stark wie der Tod ist die Liebe.

293 *Karin Struck (1947)* Die Liebe ist stärker als der Tod.

294 *Heiner Müller (1929)* Die Liebe ist stark wie der Tod.

295 *Karin Struck (1947)* Die Liebe ist stark wie der Tod und mächtig wie Wirtschaft und Politik.

296 *Max Rößler* Der Weg des Todes, das wäre der Haß. Der Weg des Lebens, das wäre die Liebe. Haß zerstört – zerstört das Leben. Liebe aber ist stärker als der Tod.

297 *Bernhard Hanssler (1907)* Liebe ist so sehr äußerste Grenzerfahrung, daß sie sich immer mit der Vorstellung des Todes verbindet.

298 *Bhagwan Shree Rajneesh* Wir haben Angst vor der Liebe, weil die Liebe ein kleiner Tod ist.

299 *Franz-Josef Nocke (1932)* Dagegen ist nochmals zu betonen: Nicht der Tod, sondern die Liebe ist das Sinngebende. Liebe liebt nicht den Tod, sondern das lebendige Du. Sie kann den Tod zur Konsequenz haben; aber nicht jeder Tod ist Konsequenz von Liebe.

300 *René Allendy (1889–1942)* Wenn der Tod gern um die Liebe streicht, so geschieht es, weil die Liebe die heilige Wegzehrung ist, welche es leicht macht, den Tod zu empfangen.

301 *Eugen Fink (1905–1975)* Die Liebe ist die panische Erfahrung des ur-einen, unzerstörbaren Lebensgrundes und ist wesenhaft auf den Tod bezogen, ist immer toddurchdringend; und der Tod ist für den Menschen nicht das Bewußtsein des schlechthinnigen Nichtseins, er bedeutet die Negation der endlichen Gestalt, ihre Aufhebung und damit die Freigabe für den Urgrund, aus dessen Ahnung die Liebe gerade ihre höchsten Entzückungen schöpft.

302 *Eugen Fink (1905–1975)* Man sagt, der Tod ist die härteste Erscheinung des Negativen, er ist die vernichtende Macht. Die Liebe dagegen ist die süßeste Erscheinung des Positiven; sie ist das am meisten erhöhte Daseinsgefühl, das wir überhaupt kennen. Der Tod trennt, die Liebe verbindet und eint – Tod ist Untergang, Liebe Aufgang, ein Tor ins Dasein.

303 *Alexander Lowen* Liebe ist die Antwort des Ichs auf das Bewußtsein vom Tod.

304 *Zenta Maurina (1897–1978)* Liebe ist Andacht und Sehnsucht nach Unsterblichkeit. Wer am Grabe eines geliebten Menschen gestanden, in dessen Herzen erwacht der Glaube, der Traum, der Gedanke der Unsterblichkeit.

305 *Cesare Pavese (1908–1950)* Die Liebe ist wirklich die große Bestätigung. Man will sein, man will zählen, man will – wenn man sterben muß – sterben mit Wert, mit Geschrei, kurz – bleiben. Und doch ist immer mit ihr verbunden der Wille, zu sterben, sich in sie zu verlieren: vielleicht, weil sie so übermächtig Leben ist daß, wenn wir uns in sie verlieren, das Leben noch mehr würde bestätigt sein?

306 *Eugen Fink (1905–1975)* Die Liebe ist das Daseinsgrundphänomen, in welchem wir offen sind für die Un-Sterblichkeit der Sterblichen. In dieser kurzen Formel wollen wir ausdrücken, daß sie nicht in einem zwischenmenschlichen Verhältnis sich erschöpft . . .

307 *Hans von Hattingberg (1879–1944)* Selbst die Liebe ist nun dem Tode verwandt, wie ihre Leidenschaft, ihre »Passion«, dem Leiden.

308 *Deutsches Sprichwort* Die Liebe ist ein lebendiger Tod und ein sterbendes Leben.

Liebe als Leidenschaft und Wahnsinn

Liebe kann zu einem Gefühl werden, das sich über Leiden und Leidenschaft bis hin zu Krankheit und Todessehnsucht zu steigern vermag. Daß dieses Problem eines der ältesten überhaupt ist, läßt sich anhand von Quellen belegen, die bis in die Antike zurückreichen[1]. Liest man über Liebesleiden in ihren unterschiedlichen Ausformungen – entstanden aus enttäuschten Hoffnungen, nichterfüllten Erwartungen, unerhörten Wünschen –, liegt der Schluß nahe, die Geschichte der Liebe sei gleichzeitig eine Geschichte des Leidens und der Krankheit. Allerdings sollte man darüber nicht vergessen, daß Liebe seit langer Zeit auch als eine gute Medizin für viele Leiden gilt.

309 *René Descartes (1596–1650)* L'amour est une émotion de l'âme, causé par le mouvement des esprits, qui l'incite à se joindre de volonté aux objects qui paraissent lui etre convenables.

310 *Angelus Silesius (1624–1677)*
Die Lieb ist zerschmelzend

Die Lieb schmilzt das Herz und machts wie Wachs zerfließen,
Erfahr es, wo du willst die süßeste Wirkung wissen.

311 *Anonym (17. Jh.)* »Liebe, was ist das?« Antwort: »Sie ist sehr ähnlich dem Licht, einem Ding, das jeder kennt, und von dem

[1] H. Crohns: *Zur Geschichte der Liebe als Krankheit.* in: *Archiv für Kulturgeschichte,* Bd. III, 1905

doch keiner sagen kann, was von ihm zu halten ist. Liebe ist nicht Geld, Vermögen, Vereinigung, Wahnsinn, stechen, hängen, Romantik, zappeln, fluchen, toben, sehnen, kämpfen, würfeln, obwohl früher wie heute noch all das dafür gehalten und fälschlich so genannt wird . . . Sie ist äußerst ähnlich dem Seufzer, und fänden wir einen Maler, der uns den malen kann, wäre das eine mit dem andern leicht zu verwechseln.«

312 *Friedrich von Schlegel (1772–1829)* Die Liebe ist der Kern, das Wesen aller Gefühle. Die Äußerung ihrer Thätigkeit wird mit Lust verbunden seyn, sie [wird] Freude sein.

313 *Jean Paul (1763–1825)* Die Liebe ist eine angeborne, aber verschieden ausgeteilte Kraft und Blutwärme des Herzens.

314 *Friedrich Hebbel (1813–1863)* Liebe ist die Kraft des Herzens.

315 *Helmut Kuhn (1899)* Der Mensch, der liebt, ist am meisten er selbst, denn Liebe ist die Gravitation der Seele.

316 *Diotima* Denn unzweifelhaft ist die Liebe die Schwerkraft der Seelen –, wobei, da ja Seelisches und Körperliches hier nicht kraß getrennt werden können, ebenso von einer Schwerkraft der Leiber auch wohl gesprochen werden kann.

317 *Georg Simmel (1858–1918)* Die Liebe ist eine Bindung der Seele, gerade wie die Sittlichkeit; die Seele gehört nicht mehr in dem gleichen Maße sich selbst, ist nicht mehr ebenso frei, wie sie es war, als sie noch nicht liebte.

318 *Franz von Baader (1765–1841)* Die Liebe ist Glut und Flut.

319 *Johannes Müller (1864–1949)* Wir können die Liebe weder nachahmen noch herauspressen. Sie ist die Glut der Seele. Nur wenn die Seele lebt, wird man unwillkürlich lieben.

320 *Diotima* Alle bis ins letzte gesteigerten Kräfte aber sind übernatürlich, und die Liebe ist die gewaltigste Steigerung aller Kräfte, seelischer so gut wie physischer.

321 *René Allendy (1889–1942)* Die Liebe ist also eine Funktion der Seele, die das ganze Dasein der Individuen beherrscht...

322 *Johann Wolfgang von Goethe (1749–1832)* Und so ist es gewiß, daß Liebe, welche Rosenlauben, Myrtenwäldchen und Mondenschein erst beleben muß, auch sogar Hobelspänen und Papierschnitzeln einen Anschein belebter Natur geben kann. Sie ist eine so starke Würze, daß selbst schale und ekle Brühen davon schmackhaft werden.

323 *Peter Lauster (1940)* Die Liebe ist wie die Hefe im Kuchenteig, die bewirkt, daß der Teig aufgeht und der Kuchen besser schmeckt.

324 *José Ortega y Gasset (1883–1955)* Die Liebe – das heißt die Liebe allein, nicht der totale Seelenzustand des Menschen, welcher liebt, – ist ein reiner Gefühlsakt, der auf irgendein beliebiges Objekt, eine Sache oder eine Person, geht. Als *Gefühlsakt* ist sie einerseits geschieden von allen erkennenden Akten – wahrnehmen, beachten, denken, erinnern, vorstellen –, andererseits von dem Wunsch, mit dem sie häufig verwechselt wird. Man wünscht ein Glas Wasser, wenn man durstig ist; aber man liebt es nicht. Gewiß entstehen Wünsche aus der Liebe, aber die Liebe selbst ist kein Wünschen.

325 *Arthur Koestler (1905–1983)* Betrachten wir zunächst die Liebe – ein unzureichend definierter, aber berauschender Cocktail von Emotionen mit zahllosen Variationen (sexuelle, platonische, elterliche, ödipale, narzißtische oder patriotische Liebe, die blumen-, hunde- oder katzenorientierte Liebe, wie die Lehrbücher sagen würden).

326 *Ninon de Lenclos (1620–1705)* Sie werden die wahre Glückseligkeit nur in der Liebe finden; sie ist ein edles und von allem Menschlichen losgelöstes Gefühl; sie allein ist imstande, Ihrer Seele einen Aufschwung zu geben, Sie die Herrlichkeit ihres Wesens und seine Überlegenheit über alle anderen Wesen empfinden zu lassen. Glücklich das Herz, das sie in ihrer ganzen Reinheit fühlt.

327 *Jean Mouroux* Die Liebe ist Erregung und Freiheit. Denn es gibt auch eine Erregung des Geistes, die das moderne Denken zu lange verkannt hat und die selbst die Theologie nicht immer in der ihr zukommenden Bedeutung festgehalten hat. Es ist nicht nur das Fleisch, das erregt werden könnte und gleich einer »großen Lyra« zu schwingen vermöchte; auch der Geist vermag es und mehr noch als sein unglücklicher Gefährte. Denn er ist zarter und »empfindlicher«, offener und verlangender, zugänglicher für Freude und Schmerz. Es gibt daher Empfindungen des Geistes, die in ihrem Ursprung nicht auf Empfindungen des Gemütes zurückgeführt werden können: Bewunderung, Reue, Furcht, jede Art von Schmerzen, Freuden und Erregungen – und endlich die erhabenste Empfindung – die Liebe.

328 *Walter Trobisch* Liebe ist ein ganz besonderes Gefühl – ein Gefühl, das man lernen muß.

329 *Julien Freund* Die Liebe ist ein vielumfassendes Gefühl, aus dem einfachen Grund, weil sie ambivalent ist; d. h., wenn man sie auf eine bestimmte Art charakterisiert, kann man sie ebenfalls auf die entgegengesetzte Art charakterisieren.

330 *Michael Lukas Moeller (1937)* Liebe ist demnach nicht gleich Liebe, ein Gefühl mit dem gleichen Gefühl nicht ohne weiteres identisch.

331 *Joan Walsh Anglund* Liebe ist ein wundersames Gefühl.

332 *Martin Luther King jr. (1929–1968)* Liebe darf nicht mit Sentimentalität verwechselt werden. Liebe ist weit mehr als Gefühlsduselei.

333 *Zarah Leander (1907)* Liebe ist, wenn man fühlt.

334 *Werner Schneiders* Die Liebe ist eine Emotion des menschlichen Willens und als solche Willensmodifikation ein Affekt.

335 *Alois Hicklin (1931)* Liebe ist auch nicht einfach ein Gefühl von schwärmerischem Hingezogensein, obwohl die Abwesenheit eines gefühlsmässigen Sich-einlassens jene Distanz charakterisiert, die auch die Liebe fernhält. Liebe ist auch nicht die allzeitbereite Diensthaltung, für jemand anderen helfend und unterstützend einzuspringen, wie ich schon erwähnt habe. Liebe ist auch nicht das immerwährende Bedürfnis, jemand anderen ständig bei der Hand oder in Reichweite zu haben, um dem Gefühl des Einsamseins oder der eigenen Leere zu entgehen. Solches wäre eher Missbrauch des anderen, um dem Ruf des Gewissens nach eigener Selbstentfaltung auszuweichen. Liebe ist schliesslich auch nicht leibliches, erotisches und sexuelles Hingezogensein, obwohl dies durchaus eine eigene, in sich selbst sinnvolle und sinntragende menschliche Beziehungsmöglichkeit ist, die ihren Sinn nicht einfach nachträglich aus einem höheren oder tieferen oder geistigeren Liebesverhalten erhält, wie ich bereits andernorts darzulegen versuchte.

336 *Max Müller (1906)* Liebe ist nichts, was in uns abläuft; Liebe ist kein Gefühl. Gefühle sind das, was im Leben in der Welt das Unnötigste des Unnötigen darstellt. Thomas von Aquin hat noch nicht einmal ein Wort dafür. Liebe ist das Geschehen, das Ereignis eines Zusammen.

337 *Joan Walsh Anglund*
Liebe ist ein glückliches Gefühl.
Sie bleibt in deinem Herzen.
Dein ganzes Leben.

338 *Konrad Wilutzky* Die Liebe ist mit dem Glück notwendig verbunden. Wer liebt, ist notwendig glücklich; denn wäre er auch ganz unglücklich, so wäre er dennoch glücklich, weil er liebt.

339 *Georg Simmel (1858–1918)* Denn Liebe ist dasjenige Gefühl, das – abgesehen von religiösen Gefühlen – enger und unbedingter als irgendein anderes an einen Gegenstand geknüpft ist.

340 *Peter Lauster (1940)* Die Liebe ist kein Gefühl, das einmal errungen werden kann und dann zu unserem Besitz wird wie ein materieller Gegenstand.

341 *Anonym* Liebe ist das Gefühl, daß man zu jemandem gehört, daß man jemanden hat, mit dem man sich identifizieren kann.

342 *Sri Aurobindo (1872–1950)* Liebe ist Liebe und nicht bloß Wohlwollen.

343 *Gundi (39 Jahre)* Für mich persönlich ist Liebe ein so starkes intensives Gefühl für Mann, Frau und Kind, daß alle anderen Gefühle, die zur gleichen Zeit existieren, nebensächlich werden.

344 *Sonja (30 Jahre)* Liebe ist ja nicht nur ein Gefühl, das einfach im Raum steht, sondern sie wird durch andere Personen gekennzeichnet, bestimmt. Und zu dem Gefühl der Liebe kommt ein Stück Vertrauen zu der anderen Person dazu. Und davor habe ich Angst.

345 *Julien Freund* ...die Liebe ist der mächtigste Regulator der interindividuellen Beziehungen und zugleich ein furchtbarer Unruhestifter.

346 *Gabriel Laub (1928)* Liebe: ein nicht näher definierbares Gefühl, das im Leben unendliche Komplikationen hervorruft. Besonders im Geschlechtsleben.

347 *Walter Trobisch* Liebe ist ein Gefühl, das auch der Ledige lernen muß.

348 *Walter Trobisch*
Liebe ist ein Gefühl, das man lernen muß.

Sie ist Spannung und Erfüllung.
Sie ist Sehnsucht und Feindschaft.
Sie ist Freude und Schmerz.
Eines gibt es nicht ohne das andere.

349 *Sophokles (ca. 496–ca. 406 v. Chr.)*
. . . Liebe ist nicht Liebe allein,
In ihrem Namen liegen viele andere verborgen,
Denn sie ist Tod, unvergängliche Macht,
Reine Sehnsucht, wilde Wut, und Klage . . .

350 *Andreas Capellanus (um 1200)* Ljeb ist ain angeboren leiden, daz entspringt von begirlichem sehen vnd vngeordenten gedänngkhen auf ain form der tailten natur.

351 *Samuel Daniel (1562–1619)*
Lieb ist der Seele Folterqual.
Ein dauerndes Ungewitter.

352 *Andreas Capellanus (um 1200)* Darumb ist die lieb ain angeboren leiden von sehn vnd senndlichen gedenncken entspringen.

353 *Zigeunersprichwort* Die Liebe ist der Zahnschmerz der Seele.

354 *Andreas Capellanus (um 1200)* Darumb lieb ist ain angeboren leidenn, vnd wann sy aim tail lieplichen erzaigt wirt, dem ist sie lieb genant.

355 *Benedictus de Spinoza (1632–1677)* Liebe ist Lust, begleitet von der Vorstellung einer äußeren Ursache.

356 *José Ortega y Gasset (1883–1955)* Spinoza irrte; Liebe ist nicht Lust.

357 *Peter Lauster (1940)* Die Liebe ist viel wichtiger als die Lust, obwohl für einen Erwachsenen die Lust natürlich nicht unwichtig ist.

358 *William Shakespeare (1564–1616)*
Lieb' ist ein Rauch, den Seufzerdämpf erzeugten;
Geschürt, ein Feu'r, von dem die Augen leuchten;
Gequält, ein Meer, von Tränen angeschwellt;
Was ist sie sonst? Verständ'ge Raserei
Und ekle Gall' und süße Spezerei.
Lebt wohl, mein Freund!

359 *Heinrich Heine (1797–1856)*
Die Gräfin spricht wehmütig:
»Die Liebe ist eine Passion!«
Und präsentiert gütig
Die Tasse dem Herrn Baron.

360 *Richard Wagner (1813–1883)* Liebe – Tragik

361 *Ninon de Lenclos (1620–1705)* Die Liebe ist ein tätiges Gefühl, ein verzehrendes Feuer, das immerfort neue Nahrung verlangt: Wenn es seine Tätigkeit nur an feuerempfindlichen Gegenständen ausüben kann, so brennt und brennt es immerfort.

362 *Deutsches Sprichwort* Die Liebe ist voll Eifersucht.

363 *Honoré de Balzac (1799–1850)* Wer über Liebe spricht, spricht über Schmerzen: Schmerzen der Erwartung, Schmerzen des Kämpfens, Schmerzen der Trennung, Schmerzen des Mißverstehens. Die Liebe ist an und für sich ein pathetisches Drama. Ist sie glücklich, so schweigt sie.

364 *Udo Rabsch (1944)* Die Liebe ist voller Gewalt.

365 *Herbert Meier (1928)* Liebe ist im letzten Mord am Wesen des anderen.

366 *Otto Weininger (1880–1903)* Liebe ist Mord.

367 *Diotima* Nur weil die Liebe eine Vernichtung ist, kann sie neues Leben aus sich schaffen, selbst da, wo sie den einzelnen gnädig noch am Leben beläßt.

368 *Wilhelm Busch (1832–1908)* Liebe ist beinah absurd.

369 *Diotima* Die Liebe ist aber in genauem Sinne un-sittlich, das heißt, sie ist als Grundgefühl das Gegenteil irgendeiner ethischen »Selbstüberwindung«, da gerade sie freiwillig ihr Selbst aufgibt – und zwar sogar schrankenloser und restloser aufgibt als jeder ethische Wille. Denn sie ist in ihrem letzten Kern nicht nur Selbstüberwindung, sondern sogar Selbstzerstörung.

370 *Ninon de Lenclos (1620–1705)* Gibt es eine allgemeinere Leidenschaft als die Liebe? Sie ist der Hauptfaktor all unseres Tuns; sie formt und wandelt die Charaktere; sie macht oft das Glück oder das Unglück unseres Lebens aus und ist entscheidend für uns im Guten wie im Bösen. Kann es also etwas Nützlicheres geben, als sie genau kennenzulernen?

371 *Pierre Carlet de Chamblain de Marivaux (1688–1763)* Von allen Leidenschaften, die den Menschen handeln lassen, ist die Liebe stets die stärkste und allgemeinste gewesen.

372 *Stendhal (1783–1842)* Darum ist die Liebe diejenige Leidenschaft, in welcher unsere heftigsten Wünsche die größte Befriedigung finden.

373 *Jean Paul (1763–1825)* Liebe ist ein Auszug aus allen Leidenschaften auf einmal.

374 *Heinrich Heine (1797–1856)* Liebe! Sie ist die höchste und siegreichste aller Leidenschaften. Ihre weltbezwingende Stärke besteht aber in ihrer schrankenlosen Großmut, in ihrer fast übersinnlichen Uneigennützigkeit, in ihrer aufopferungssüchtigen Lebensverachtung. Für sie gibt es kein Gestern, und sie denkt an kein Morgen . . . Sie begehrt nur des heutigen Tages, aber diesen verlangt sie ganz, unverkürzt, unverkümmert . . . Sie will nichts davon aufsparen für die Zukunft und verschmäht die aufgewärmten Reste der Vergangenheit . . . »Vor mir Nacht, hinter mir Nacht« . . . Sie ist eine wandelnde Flamme zwischen zwei Finsternissen.

375 *Johann Heinrich Zedler (1706–1763)* Liebe, ist diejenige Gemueths-Neigung, nach welcher man sich des geliebten Wohl als sein eigenes zu befoerdern angelegen seyn laesset. Sie ist entweder des erschaffenen oder unerschaffenen. Wie diese nun unterschieden, so unterschieden muß auch deren Liebe seyn, so wohl was dessen thaetliche als leidende Art ist.

376 *Johann Wolfgang von Goethe (1749–1832)* Liebe ist Leiden . . . Man muß es nur, man will es nicht.

377 *Ninon de Lenclos (1620–1705)* Die Liebe ist ein Gefühl der Eifersucht oder der Tyrannei; es wird erst befriedigt, wenn man all seine Wünsche und Leidenschaften opfert. Sie tun nichts für die Liebe, wenn Sie nicht alles für sie tun.

378 *Ludwig Feuerbach (1804–1872)* Die Liebe ist Leidenschaft, und nur die Leidenschaft ist das Wahrzeichen der Existenz.

379 *Franz von Baader (1765–1841)* Die Liebe ist der Sommer im Herzen, aber die Welt draußen ist winterlich.

380 *Erich Fromm (1900–1980)* Es gibt nur eine Leidenschaft, die das Bedürfnis des Menschen befriedigt, mit der Welt eins zu werden und gleichzeitig ein Gefühl der Integrität und Individualität zu erlangen: die Liebe. Liebe ist die Vereinigung mit einem

anderen Menschen oder Ding außerhalb seiner selbst unter der Bedingung, daß die Gesondertheit und Integrität des eigenen Selbst dabei bewahrt bleibt. Liebe ist die Erfahrung des Teilens, der Gemeinschaft, die die volle Entfaltung des eigenen inneren Tätigseins erlaubt. Das Erlebnis der Liebe macht Illusionen überflüssig.

381 *Denis de Rougemont (1906–1986)* Die Liebe ist die mystische Leidenschaft.

382 *Bhagwan Shree Rajneesh* Es ist nämlich so, daß der andere immer mysteriöser wird, je besser ihr ihn kennt – und dann ist die Liebe ein nie endenwollendes Abenteuer.

383 *Ernest Bornemann (1915)* Was der Liebende liebt, ist nicht die Geliebte, sondern das Hindernis, das der Erfüllung im Wege steht. Liebe ist Sehnsucht, denn mit der Erfüllung verfliegt sie.

384 *Thomas Ohm (1892–1962)* Vielleicht läßt sich das Wesentliche an der Liebe am besten durch einen Vergleich mit einem vom elektrischen Strom durchflossenen Draht deutlich machen. Lieben heißt, von einem Geliebten berührt, erfaßt, durchströmt, erwärmt, entzündet und verwandelt werden. Lieben besagt, von einem Geliebten in Brand oder Flammen stehen und mit ihm in einer Flamme zusammenschlagen. Liebe ist dort, wo man von einer Person oder Sache geistig überfallen oder ergriffen wird und dann diese Person oder Sache bejaht, will, ergreift und in sein Lebensgefühl aufnimmt. Liebe ist also Erleiden und Tun, Passion und Aktion.

385 *Stendhal (1783–1842)* Die Liebe ist eine köstliche Blume, aber man muß den Mut haben, sie am Rande eines entsetzlichen Abgrundes zu pflücken.

386 *Volkmar Sigusch (1940)* Die Liebe – ein Kunststück, ein akrobatischer Seiltanz ohne Netz. Und viele liegen am Boden. Und viele brechen sich das Kreuz.

387 *Birgitta Assheuer (1959)*
Liebe
– ein Vogel mit nur einem Flügel
fliegt nicht mehr, und ist der dann
gebrochen, so heilt er nimmermehr.
Welch armselig Märchen, doch so ist
die Liebe, – sie nimmt Dich und
stößt Dich in Höhen hinauf und
kaum wird Dir schwindlig und Du schaust
wild umher, so trägt der Flügel
nicht lange Dich mehr.

388 *Niklas Luhmann (1927)* Liebe ist demnach eine Perfektionsidee, die sich von der Perfektion ihres Gegenstandes herleitet, durch sie nahezu erzwungen wird und insofern »Passion« ist.

389 *Franz-Josef Nocke (1932)* Nun ist die zweite Behauptung zu bedenken. Sie steht in Spannung zur ersten: Liebe ist riskant, sie hat etwas Gefährliches, ja denkt man es zu Ende, Tödliches an sich.

390 *Hans Burkhardt (1904)* Die Liebe ist Lustgewinn, sagen die, die davon naschen, wo immer sie glauben, billig dazu kommen zu können (nie so billig, wie sie meinen) und im übrigen sich auf albernes Hörensagen verlassen. Die Liebe ist hart, sagt der, der die Brandung kennt.

391 *Bhagwan Shree Rajneesh* Liebe ist das Härteste, was es gibt auf der Welt, das Alleranstrengendste.

392 *Karin Struck (1947)* Ein Essigschwamm, die Liebe ist ein Essigschwamm, ein bittrer Trank, ein Giftpilz, ein Todestrank, eine Folter, sie ist ein Schlag ins Gesicht, ein Zustand, als ob du dich in einen Garten voller Brennesseln geworfen hättest, und sie ist honigsüß, die Liebe, die Liebe.

393 *Diotima* Denn die Liebe ist eben keineswegs eine moralische Prämie, eher schon eine Prämie der Natur, sicher aber die Prämie des sinnlich kraftvollen und seelisch feinhörigen Menschen – obwohl sie keineswegs in »Glück«, sondern ebensogut in Leid bestehen kann, jedenfalls aber: in einem vollen Erleben innerhalb dieser Zentralsphäre der eigentlichen Lebenskräfte.

394 *Friedrich Georg Jünger (1898–1977)* Die Liebe ist eine Strapaze.

395 *Pablo Neruda (1904–1973)* Wie ein Sumpf ist die Liebe.

396 *Eugen Fink (1905–1975)* Die Liebe ist die seinsmäßige Voraussetzung aller Menschen, die große Illusion aller Herzen, stärkste Leidenschaft und höchste Verklärung, äußerste Lust- und Leid-Tiefe zugleich.

397 *Jean Mouroux* Die Liebe als eine Erscheinungsweise der Leidenschaft ist in uns selbst ohne uns. Sie ist eine Gegenwart, die sich darbietet und eine Freude, die ruft. Sie ist ein Aufschwung des Geistes, der den Geist erregt.

398 *Cesare Pavese (1908–1950)* Die Liebe ist eine Krise, die Abneigung hinterläßt.

399 *Ludwig Wenzler* Liebe ist Leidenschaft, die zum Glauben wird, wenn sie erkennt, daß sie schon in ihrem ursprünglichen Bewegtsein Leidenschaft für den anderen ist, leidenschaftliche Bejahung des anderen.

400 *Nicolai Hartmann (1882–1950)* Denn Liebe ist leidensfähig, sie kann dulden und ertragen; sie wurzelt eben nicht dort, wo jene Konflikte lauern, sie gehört einer anderen Schicht des sittlichen Seins an.

401 *Ivan Sviták (1925)* Liebe ist der größte Schmerz und die ärgste Qual. Der Gipfel der Liebe ist identisch mit dem Wunsch zu sterben, es ist das gelebte Nichtsein, das Leiden.

402 *Louis Evely* Jede Liebe ist eine Geschichte, eine Entwicklung, eine Überwindung, ein Kampf, ein Leiden. Man muß leiden können. Anfangen zu leiden.

403 *Hermann Hesse (1877–1962)* Ach, die Liebe ist nicht da, um uns glücklich zu machen. Ich glaube, sie ist da, um uns zu zeigen, wie stark wir im Leiden und Tragen sein können.

404 *Ernst Penzoldt (1892–1955)* Liebe ist mitleidslos, sie kennt keine Gnade.

405 *Margarete Susman (1872–1966)* Liebe ist Leiden am Anderssein und tieferes Leiden am Einssein – und ihre ewige Forderung ist, das Anderssein dem Einssein zu versöhnen.

406 *Marie von Ebner-Eschenbach (1830–1916)* Liebe ist Qual, Lieblosigkeit ist Tod.

407 *Pablo Neruda (1904–1973)*
Denn die Liebe, wenn das Leben uns quält,
ist einzig eine Woge hoch über den Wogen.

408 *L. van der Weck-Erlen* Die Liebe ist die Feuerpflanze mit glühenden Wurzeln und flammenden Blüten, sie gedeiht nur an und in der Menschenbrust . . .

409 *Franz Blei (1871–1942)* Die Liebe ist zuweilen eine pathetische Angelegenheit.

410 *Ibn Hazm al-Andaluzī (994–1064)*
Die Liebe ist eine unheilbare Krankheit. –
Aber wer von ihr befallen ist, verlangt nicht nach Genesung,
und wer daran leidet, wünscht nicht zu gesunden.

411 *Bernardus de Gordonio* Die Liebe ist Wahnwitz, indem der Geist durchs Leere schweift und die kurzen Freuden des Lebens mit zahllosen Schmerzen mischt.

412 *Ninon de Lenclos (1620–1705)* Was wäre das schönste Lebensalter ohne die Liebe? Eine lange Krankheit: man würde überhaupt nicht existieren oder nur vegetieren. Die Liebe ist für unser Herz, was die Winde dem Meer sind: Freilich erregen sie oft Unwetter, verursachen sogar oft Schiffbrüche. Doch auch die Winde machen das Meer erst schiffbar; ihrem beständigen Antriebe verdankt es seinen Bestand, und wenn sie es bisweilen gefährlich machen, so ist es Sache des Steuermannes, den richtigen Kurs zu halten.

413 *Spanischer Anonymus (16. Jahrhundert)*
Da du liebst, trauriger Liebhaber,
Sag mir doch, was Liebe ist.
Liebe ist eine Krankheit, die den tötet,
Der ihr am ergebensten dient,
Ein Leiden, das am meisten jenen peinigt,
Der die wenigsten Leiden verdient;
Eine Gunst, die meist denen zufällt,
Die ihrer am wenigsten wert sind.

Liebe ist eine Zuneigung
Voll sehnenden Begehrens,
Die der Vernunft entbehrt,
Wenn die Gefahr am größten ist.
Verführerische Wonne ist sie,
Gepaart mit Schmerz.

414 *Samuel Daniel (1562–1619)*
Lieb ist ein Siechtum, von Gott geschickt,
Das keine Arznei je bessert;
Ein Blümlein, das aufblüht, wenn mans knickt,
Und abstirbt, wenn mans wässert.

415 *Sibylla Schwarz (1621–1638)* die Lieb' ist bitter zwahr, viel bittrer ist das Scheiden.

416 *Indische Spruchweisheit* Wer Liebe kennt, der kennt auch Furcht; Liebe ist ein Gefäß des Leidens, und viel Schmerz hat seine Wurzeln in der Liebe. Darum entsage man der Liebe und lebe zufrieden seine Tage.

417 *Anonym* Eine Seuche ist die Liebe, eine Seuche!

418 *Indische Spruchweisheit* Liebe kann die Wurzel von bösem Herzleid sein; denn Liebe ist auch Anhänglichkeit, und die kann dem Menschen Schmerzen bereiten.

419 *Rätoromanisch*
Liebe ist ein hartes Ding:
Wer ihr nicht widersteht,
Dem dringt sie ein bis in die Knochen,
Das Herz macht sie ihm wund.

420 *Novalis (1772–1801)* Liebe ist durchaus Krankheit.

421 *Giacomo Casanova (1725–1798)* Wie kann eigentlich die Liebe, die doch keine Krankheit ist, sie krank machen, während sie auf mich gerade die gegenteilige Wirkung hat.

422 *Heinrich Heine (1797–1856)* Die Liebe ist immer eine Art Wahnsinn, mehr oder minder schön.

423 *Giacomo Casanova (1725–1798)* Wie seltsam ist doch die Liebe! Was nützt es, alles gelesen zu haben, was die angeblich Weisen über ihre Natur geschrieben haben, und was nützt es, mit zunehmendem Alter darüber zu philosophieren. Ich werde sie nie als Tändelei oder Nichtigkeit abtun können. Sie ist eine Art Wahnsinn, über welche die Philosophie keine Macht besitzt, eine Krankheit, die den Menschen in jeder Lebenszeit befallen kann und die unheilbar ist, wenn sie einen im Alter überfällt.

424 *Sudhir Kakar (1938) / John Ross (1945)* Die Liebe ist eine Form des Wahnsinns, wie schon Freud erkannt hat. Ein – durch die Vernunft oder die gesellschaftliche Ordnung – gezügelter Wahnsinn ist zwar entstellt, aber darum nicht weniger Wahnsinn.

425 *Ricarda Huch (1864–1947)* Die Liebe ist kein leidender Zustand, kein schwächliches Gefühl, sondern die Kraft der Kräfte, die einzig schöpferische Kraft, von ihr durchtränkt, von ihr trunken, vermögen die Propheten ihren heiligen Wahnsinn zum Sinn aller zu machen.

426 *Ernst Zolligkofer (1928)* Liebe, so wird oft gesagt, ist eine »Himmelsmacht«. Andere sagen, sie sei ein »Beziehungswahn«. Wiederum, ganz gleich, ob wir die Liebe als Himmelsmacht ausdeuten oder aber als Beziehungswahn, wichtig ist, wie wir sie *erleben*. Die Erfahrung ist auch hier das Wesentliche. Zunächst ist wohl Liebe immer eine Himmelsmacht. Sind wir dann »enttäuscht«, so war sie plötzlich ein Beziehungswahn.

427 *Flora (37 Jahre)* Liebe ist ja nicht immer nur der siebente Himmel ...

428 *Stendhal (1783–1842)* Die Liebe ist wie das Fieber, sie entsteht und erlischt, ohne daß der Wille daran den geringsten Anteil hat.

429 *Diotima* Liebe ist keinesfalls »bequem«; aber trotzdem und weil sie das ganze Wesen löst und entspannt, nur eben auf ihre Art, und dadurch eine schöne Weichheit und innere Gelöstheit bringt, darfst du nicht ihr ins Handwerk pfuschen mit dem ganz gewöhnlichen »Aus-dem-Leim-Gehen«, dem »Aus-der-Fasson-Gehen« des einfachen Sichgehenlassens auf allen Lebensgebieten.

430 *Johannes Müller (1864–1949)* Die Lieben schließt Wunden und besiegt Schwächen. Sie heilt alte Übel aus und dämpft entartete Instinkte. Sie lockt alles Ursprüngliche heraus und löst die

Menschen aus ihren Verwicklungen, Versitzungen, Zerrissenheiten und Verfahrenheiten. Liebe schafft Ordnung und Friede in den Menschen und unter ihnen. So ist sie die betreuende, hilfreiche, wiederherstellende, schöpferische Macht, die Wunder wirkt und den Himmel auf Erden offenbart.

431 *Klaus Kinski (1926)* Liebe ist schmerzhaft.

432 *Karin Struck (1947)* Ich rufe ihm zu: Liebe ist keine unglückliche Liebe, kein Tod, kein Verfall, keine Krankheit, sondern von allem das Gegenteil.

433 *René Allendy (1889–1942)* Man kann von der Liebe sagen, daß sie eine »normale« Zusammenfassung aller Merkmale der »Besessenheit«, der Zwangskrankheiten ist.

434 *Peter Lauster (1940)* Die Liebe ist nicht mit dem Intellekt erfaßbar und auszumessen, sie ist davon unabhängig, die Verwirklichung des Selbst, ein wesentlicher Bestandteil der seelischen Gesundheit.

435 *Gerhart Hauptmann (1862–1946)* Zuerst ist die Liebe eine Krankheit, dann eine Gesundheit.

436 *Peter Lauster (1940)* Liebe ist psychische Gesundheit.

437 *Gabriel Laub (1928)* Liebe ist ein Vorbeugungsmittel gegen Lungenkrebs: Während des Liebesaktes raucht man nicht.

438 *Kurt Tucholsky (1890–1935)* Liebe ist: Erfüllung, Last und Medizin.

439 *Karl Menninger (1893)* Wir werden uns nicht schämen, im Namen der Liebe das Äußerste erlitten zu haben, in der klaren Erkenntnis, daß die Liebe die Medizin für die Krankheit der Welt ist – ein Heilmittel, oft verordnet, aber zu selten genommen.

440 *Ruth* Liebe ist etwas Irrationales. Ob man sie nun als Geisteskrankheit oder als etwas Hochgeistiges bezeichnet, man verhält sich in der Liebe in einer Art und Weise, die nicht den wahren eigenen Interessen dient. Man wird von den wichtigen Zielen in seinem Leben abgelenkt, auch wenn diese Ablenkung nur gering ist, sich leicht rationalisieren läßt und als etwas Schönes oder höchst Glückseliges empfunden wird.

441 *Kindervers*
Die Liebe ist ein Fieber,
Ich hab's oft gespürt,
Und nur die verfluchten Buben
Wissen, wie man's kuriert.

Liebe als Streben nach dem Schönen

Im Leben der Menschen hat die Liebe zwischen Männern und Frauen eine große Bedeutung. Aus den Quellen wird deutlich, daß ohne Schönheit – so subjektiv sie auch empfunden werden mag – ein Verlieben kaum vorstellbar erscheint. Für die »wahre« Liebe allerdings scheint Schönheit weniger wichtig zu sein.

442 *Platon (427–347 v. Chr.)* Die Liebe ist die Begierde, im Schönen zu zeugen.

443 *Marsilio Ficino (1433–1499)* Zudem ist die Begierde eines jeden befriedigt, wenn er besitzt, was er begehrte. So sind Hunger und Durst durch Speise und Trank zu stillen. Die Liebe hingegen ist weder durch Anblick noch durch körperliche Berührung zu befriedigen; sie sucht also keine körperlichen Wesen, sondern allein die Schönheit.

444 *Konrad Wilutzky* Welche Entdeckung! Plato hat es geahnt, daß die Liebe mit dem Sehen verwandt ist. Niemand hat es gewußt oder gesagt, daß die Liebe Organ ist wie das Auge.

445 *Leo Pollmann (1930)* Auch Platon interessiert nicht die Liebe als Liebe, die Liebe ist für ihn nur auslösende Phase in einem metaphysischen System, das weder im Ziel noch in der Ausrichtung Liebe ist. Platon interessieren nur die Schwingungen, die von der Liebe in der Seele erzeugt werden.

446 *Sir Walter Scott (1771–1832)*
Fürsten regiert sie und Bürger und Diebe,
Die Heiligen auch wie der Menschen Getriebe;
Denn Liebe ist Himmel und Himmel ist Liebe.

447 *Marsilio Ficino (1433–1499)* Die Liebe ist nämlich das Verlangen, die Schönheit zu genießen.

448 *Benedictus de Spinoza (1632–1677)* Liebe ist Freude, begleitet von der Vorstellung ihrer äußeren Ursache.

449 *Johann Wilhelm Ritter (1776–1810)* Nur Liebe ist schön und herrlich.

450 *Wilhelm Heinse (1749–1803)* Liebe ist der Genuß selbst, der alle Zeit mit Schöpfung verbunden sein muß, wenn er der höchste sein soll.

451 *Marsilio Ficino (1433–1499)* Darum ist jede Liebe sittlich und jeder Liebende züchtig, weil jegliche Liebe schön und anständig ist und sich nur auf das ihr Gleichartige erstreckt. Die zügellose Brunst aber, welche uns zu unkeuschen Handlungen verleitet, ist, da sie uns zum Häßlichen hinleitet, als Widerpart der Liebe anzusehen.

452 *Paul Kluckhohn (1886–1957)* Liebe ist fast allen Schriftstellern der Zeit ausschließlich Wirkung körperlicher Schönheit.

453 *Bettina von Arnim (1785–1859)* Liebe ist flüssig, sie verfliegt in ihrem eignen Element; Harmonie ist ihr Element.

454 *Heinrich Schlier (1900–1978)* Die Liebe ist ja nie verstimmt, sie ist wohlgestimmt. Im Dasein der Liebe stimmt es.

455 *Kim Amani (1966)*
Liebe
ist etwas so Wunderbares,
Menschen,
die sagen es gibt keine Liebe,
haben noch nie geliebt.
Man muß sie finden,
und es ihnen zeigen
das Wunderbare.

456 *Bettina von Arnim (1785–1859)* Die Liebe ist ein flüssiges Element, sie löst Seele und Geist in sich auf, und das ist Seligkeit.

457 *Knut Hamsun (1859–1952)* Oh, diese Liebe ist wie eine Sommernacht mit Sternen am Himmel und mit Duft auf der Erde.

458 *Diotima* Die Liebe ist ein Fest – es muß nicht nur vorbereitet, sondern auch gefeiert werden.

459 *L. van der Weck-Erlen* Der herrlichsten Genüsse einer ist unbestritten die Liebe, ja sogar der allerherrlichste, besonders wenn alles, was dazu gehört, richtig beisammen ist: herzliche Neigung zu einander, geistige Ebenbürtigkeit, proportionierter Körperbau, Gesundheit und kummerlose Existenz.

460 *Bernhard Welte (1906–1983)* Die Liebe ist selber schön, indem sie Schönheit entdeckt und von Schönheit bewegt wird und Schönheit verschenkt.

461 *Gustav Teichmüller (1832–1888)* So nothwendig, natürlich und poetisch diese Zustände des Bewußtseins aber auch sind, so wenig können sie sich halten vor dem Denken, das unerbittlich Subject und Object scheidet und dem Subject allein das Gefühl der Liebe zuerkennt. Daraus folgt das paradoxe und doch unumstößliche Resultat, daß wir beim Lieben nicht die geliebten Gegenstände, sondern nur uns selbst genießen, d. h. kurz ausgedrückt, Liebe ist wie unsere eigene Thätigkeit so auch Selbstge-

nuß. Denn da die Liebe unser eigenes Gefühl ist, so können seine äußeren Gegenstände bloß Veranlassung oder Auslösungsmittel dieser unserer eigenen Thätigkeit sein. Daraus ergibt sich, daß die Liebe, welche durch ein und denselben Gegenstand in verschiedenen Gemüthern ausgelöst wird, von verschiedener Größe und Art sein muß, weil die Liebe die subjective Leistung ist, und daß ein Gegenstand von dem einen geliebt und von dem anderen gleichgültig betrachtet wird, was nicht möglich wäre, wenn die Liebe nicht dem Subject angehörte. Ebenso können wir indirect schließen, daß wir genau nur so weit lieben, als wir selbst genießbar sind; denn wir genießen uns selbst gemäß unserer Genußfähigkeit.

462 *Dietrich von Hildebrand (1889–1977)* Man glaubt, gescheiter zu sein und tiefer einzudringen, wenn man das eindeutig Gegebene in seiner Intelligibilität verachtet und etwas radikal ihm Widersprechendes als die eigentliche Realität ansieht. Die Liebe ist so eindeutig als Antwort gegeben. Jeder unvoreingenommene Blick auf ihr Wesen zeigt eindeutig ihren intentionalen Charakter, die innere sinnvolle Beziehung zwischen der Schönheit und Kostbarkeit der anderen Person und dem Wort der Liebe, das ihr gilt.

463 *Anonym* Liebe ist etwas Hübsches. Wenn man sie trinkt, fühlt man sich wohl. Wenn man sie nicht besitzt, hat man keinen Glauben mehr; man kann nichts machen.

464 *Helmut Kuhn (1899)* Liebe ist Liebe zu etwas, also ein Begehren. Begehren aber ist ein Verlangen nach einem Gut, das der Begehrende selbst nicht besitzt. Sie entspringt also, wie alles Begehren, aus einem Mangel. Es folgt, daß Liebe als Verlangen nach Schönem selbst nicht schön sein kann.

465 *L. van der Weck-Erlen* . . . die Liebe ist so schön; wir ruhen Brust an Brust und denken der verflossenen Nacht.

466 *Peter (11 Jahre)*
Liebe ist schön
Liebe ist fein
Liebe ist klasse
Liebe ist rein (astrein)

Liebe ist schöner
als alles zuvor
und wer verliebt ist
ist kein Tor.

467 *Heinrich Heine (1797–1856)*
Du fragst mich, Kind, was Liebe ist?
Ein Stern in einem Haufen Mist.

468 *Stendhal (1783–1842)* Die Liebe ist wie die sogenannte *Milchstraße* am Himmel, eine strahlende Masse, geformt aus tausend kleinen Sternen, von denen der einzelne oft ein Nebelfleck ist.

469 *Lou Andreas-Salomé (1861–1937)* Immer ist es ein unerreichbarer Stern, den wir lieben, und immer ist alle Liebe tief in ihrem Wesen eine heimliche Tragödie, – die aber nur dadurch, daß sie es ist, ihre gewaltige fruchtbare Wirkung zu äußern vermag.

470 *Meyers Konversationslexikon (1896)* **Liebe**, das dem Haß entgegengesetzte Gefühl, das durch ein erstrebenswertes Gut in den Lebewesen erregt wird, u. das in der Vereinigung mit jenem, sei es als herrschendes oder dienendes Glied, seine Befriedigung findet.

471 *Johannes B. Lotz (1903)* Lieblosigkeit und Haß zerstören, Liebe hingegen ist schöpferisch und fruchtbar, gewinnt und vollendet alles, ebenso im ehelichen Miteinander wie in der darüber hinausgreifenden Freundschaft.

472 *José Ortega y Gasset (1883–1955)* Liebe ist Herz an Herz, Eintracht: Haß ist Zwietracht, metaphysisches Widerstreben, ein absolutes Fernsein von dem Gehaßten.

473 *Martin Luther King jr. (1929–1968)* Haß wurzelt in der Furcht, und die Liebe ist das einzige Mittel gegen Haß und Furcht.

474 *Thomas von Aquin (1224/25–1274)* Jede Furcht wird dadurch verursacht, daß wir etwas lieben. Die Liebe ist also die Ursache der Furcht.

475 *Angelus Silesius (1624–1677)* Die Lieb ist über Furcht.

476 *Gisbert Kranz (1921)* Liebe ist eine einigende, stärkende, lebenszeugende Kraft, Haß eine spaltende, zersetzende, lebenszerstörende Macht.

477 *Sophokles (ca. 496 – ca. 406 v. Chr.)* Nein! Haß nicht, Liebe ist der Frau Natur.

478 *Angelus Silesius (1624–1677)*
Die Lieb ist alle Tugenden

Die Lieb ist nie allein; wer sich mit ihr beweibt,
Dem wird das ganze Chor der Jungfern einverleibt.

479 *Joseph von Görres (1776–1848)* Liebe ist das innerste Geheimnis der Weiblichkeit, verborgen in ihrer Mitte ruht der Schwerpunkt der Geisterwelt, und alle ihre Elemente bindet dieser Punkt mit stiller Neigung aneinander.

480 *Johann Gottlieb Fichte (1762–1814)* Liebe ist der Naturtrieb des Weibes, einen Mann zu befriedigen.

481 *Ninon de Lenclos (1620–1705)* Die Liebe ist immer unfreiwillig, ich weiß es. Das heißt aber nur soviel als: Man kann den ersten Eindruck, den das Gemüt empfängt, weder voraussehen

noch vermeiden. Zugleich aber behaupte ich, es ist sehr wohl möglich, den ersten Eindruck, mag er noch so stark sein, abzuschwächen und sogar gänzlich zu verwischen. Und das genügt mir, um eine vernunftlose oder unehrenhafte Neigung zu verurteilen. Wie vielen Frauen ist es nicht geglückt, in ihrem Herzen eine unvermutete Neigung zu ersticken, sobald sie merkten, daß ihre Liebe einem Unwürdigen galt? Wie viele haben die zärtlichste Liebe niedergekämpft und geopfert für eine Konvenienzehe? Flucht, Zeit, Abwesenheit, das sind lauter Mittel, denen sogar die heftigste Leidenschaft nicht standzuhalten vermag. Unmerklich wird sie schwächer und schwächer, um schließlich ganz zu erlöschen. Das alles ließe sich durch die einfache Formel ausdrücken: Die Liebe ist nur durch unsere Schwäche stark.

482 *Elizabeth Barret-Browning (1806–1861)* Die Liebe ist mir von Natur so viel – sie ist es allen Frauen! . . .

483 *Shulamith Firestone (1945)* . . . die Liebe ist – wahrscheinlich mehr noch als das Kinderkriegen – der Schlüssel zur Unterdrükkung der Frau heute. Ich weiß, daß dies eine erschreckende Frage beinhaltet: Wollen wir die Liebe abschaffen?

Das Gefühl der Panik, das uns ergreift, sobald die Liebe bedroht wird, ist ein klarer Hinweis auf ihre politische Bedeutung. Ein weiterer Hinweis, daß die Liebe der zentrale Punkt jeder Analyse der Frauen oder der Sexualpsychologie ist, besteht darin, daß sie aus dem kulturellen Leben ausgeschlossen ist und in den »persönlichen Bereich« abgeschoben wird (Wer hat jemals von Logik im Schlafzimmer gehört?). Sicher, sie wird in Romanen dargestellt, sogar in der Metaphysik, doch sie wird immer nur beschrieben, oder besser, sie wird wiedergegeben, jedoch niemals analysiert. Liebe ist niemals *verstanden* worden und selbst wenn sie voll *erlebt* wurde, ist lediglich das Erlebnis vermittelt worden.

484 *Jean Paul (1763–1825)* Die Liebe ist für die Frau Ziel, bei uns ist sie Spaliergewächs an den Schranken zum Ziel.

485 *George Gordon Lord Byron (1788–1824)* Die Liebe ist nur eine Beschäftigung im Leben eines Mannes, während sie für die Frau das Leben selbst ist.

486 *Charles Baudelaire (1821–1867)* Die Liebe ist der Hang zur Prostitution. Es gibt überhaupt gar kein edles Vergnügen, das sich nicht auf die Prostitution zurückführen ließe.

487 *Emmanuelle Arsan* Die Liebe ist nicht erfunden worden, um den Menschen zu erniedrigen, zu knechten oder daß er darüber spotte. Sie ist nicht das Kino der Armen und das Beruhigungsmittel für den Ruhelosen, keine Zerstreuung, kein Spiel, kein Opium, keine Kinderklapper. Die Liebe, die Kunst der fleischlichen Liebe, das ist des Menschen Wirklichkeit, das Gestade ohne Falle, die terra firma, das einzige wirkliche Vaterland. *Alles, was nicht Liebe ist, geschieht für mich in einer anderen Welt, in der Welt der Gespenster. Alles, was nicht Liebe ist, geschieht für mich im Traum und in einem fürchterlichen Traum . . . Ich werde erst wieder Mensch, wenn Arme mich umschlingen!*

488 *Charles Baudelaire (1821–1867)* Verdrießlich ist es an der Liebe, daß sie ein Laster ist, bei dem man eines Komplizen nicht entraten kann.

489 *Diotima* Denn die Liebe ist – besonders für die Frau – Beteiligung, Weckung und Belebung des ganzen Körpers, den wir sonst doch nur teilweise und sehr einseitig gebrauchen und empfinden.

490 *Jill Tweedie* Die Liebe ist für die Männer immer so praktisch gewesen – liegt es da nicht nahe, zu vermuten, daß sie sie erfunden haben, daß sie sie ausgeschieden haben, wie Spinnen ihren seidigen Faden ausscheiden, um daraus ein Netz zu weben, und dann in einer Ecke dem Fliegenweibchen auflauern?

491 *Suzanne Brøgger (1944)* Die Liebe soll hauptsächlich die Frauen interessieren, während die Männer sich eher zurückhalten, denn Liebe ist nicht ›viril‹.

492 *Indische Spruchweisheit* Die Liebe ist ein Feuer, lodernd mit den Flammen der Wonne und genährt vom Brennholz zärtlicher Vertrautheit. Ihre Jugend und ihren Reichtum legen die Männer als Opfer hinein.

493 *Pius de Hemptinne* Die Liebe, in der Seele entzündet und mit zarter Sorgfalt gehütet, ist ein Funken, der allmählich zunimmt und unmerklich alles verzehrt, was seinem Wirken widersteht; die Flamme entfacht sich wie von selbst, und bald ist die ganze Seele, fast ohne es zu merken, davon ergriffen.

494 *Ivan Sviták (1925)* Die Liebe ist Befriedigung des Geschlechts plus etwas Unbegreifliches. Das erste kann man verstehen, das zweite nicht. Deshalb ist es überflüssig, sich darum zu bemühen, es kommt von selbst.

495 *Jill Tweedie* Und dem liegt eine noch fundamentalere, in ihrem impliziten Zynismus niederschmetternde Annahme zugrunde: Liebe ist eine euphemische Bezeichnung für eine simple Dynamik zwischen den Geschlechtern – Frauen brauchen Männer, egal was für welche, und Männer brauchen Frauen überhaupt nicht, es sei denn für körperliche Dienstleistungen.

496 *Gabriel Laub (1928)* Liebe ist die höchste Stufe des Egoismus. Wir lieben nicht unsere Partner, sondern ihre Fähigkeit, uns zu lieben.

497 *Anonym (männlich)* Liebe ist die Liebe von Frauen, etwas Besseres gibt es nicht. Bitte sag' mir, was ist besser, als von Frauen geliebt zu werden! Was kann man sonst lieben? Allenfalls noch Kinder. Wenn eine Frau einen liebt, fühlt man natürlich auch Zuneigung zu ihr, man liebt sie auch.

498 *L. van der Weck-Erlen* Denn die natürlichste und menschenwürdigste Religion der Geschlechter ist die Liebe! Sie ist das heiligste, innigste Gefühl der Seele, und das Weib, auf das sich alle Allmacht dieser Liebe konzentriert, ist die seligmachende, die alleinseligmachende Gottheit, vor welcher betend niederzusinken das liebende Herz sich innig sehnt, weil es in solcher Anbetung den Frieden des Lebens und die Verklärung des Glükkes empfindet.

499 *Jill Tweedie* Die Liebe ist ein von Männern kolonialisiertes Königinnenreich, und im Gouverneurspalast schrubben Frauen die Fußböden.

500 *Shulamith Firestone (1945)* Die (männliche) Kultur ist auf der Liebe der Frauen aufgebaut worden – und auf ihre Kosten. Die Frauen lieferten den Nährboden für diese männlichen Meisterwerke, jahrtausendelang haben sie die Arbeit gemacht und die Nachteile einer einseitigen emotionalen Beziehung auf sich genommen, deren Vorteile den Männern und der Arbeit von Männern zugute kamen. Wenn es stimmt, daß Frauen eine parasitäre Klasse sind, die am Rande und auf Kosten der männlichen Ökonomie leben, so ist auch die Umkehrung wahr: *die (männliche) Kultur ist parasitär, denn sie bezieht ihre Kraft aus der emotionalen Stärke der Frauen, ohne etwas dafür zu geben.*

Darüber hinaus vergessen wir häufig, daß diese Kultur nicht universell ist, sondern begrenzt, und daß sie nur eine Hälfte des möglichen Erfahrungsspektrums zeigt. Die ganze Struktur der Kultur selbst ist von sexueller Polarität durchsetzt und wird dazu in jeder Abstufung von und für die Interessen der männlichen Gesellschaft bestimmt. Die männliche Hälfte gilt als Gesamtkultur, aber die Männer haben nicht vergessen, daß es eine weibliche, »emotionale« Hälfte gibt, und die leben sie eben nur heimlich aus. Auf Grund ihrer Anstrengungen, das weibliche Element in sich selbst zurückzuweisen (der Ödipus-Komplex, wie wir erklärt haben), sind sie nicht in der Lage, die Liebe als eine kulturelle Angelegenheit anzuerkennen; sie kommen jedoch auch nicht ganz ohne sie aus. Die Liebe ist der Unterbau der (männlichen) Kultur, so wie die Liebe auch der schwache Punkt jedes Mannes ist, der darauf aus ist, seine Männlichkeit in der großen männlichen Welt von »Reisen und Abenteuern« zu beweisen. Frauen haben schon immer gewußt, wie sehr Männer Liebe brauchen – und wie kraß sie dieses Bedürfnis abstreiten. Das erklärt vielleicht die eigenartige Verachtung, die Frauen durchweg für Männer empfinden (»Männer haben keine Ahnung«); denn sie durchschauen die Mätzchen und Posen ihrer Männer in der großen weiten Welt. Und wie funktioniert dieses Phänomen »Liebe«? Im Gegensatz zur landläufigen Auffassung hat Liebe nichts mit Selbstlosigkeit zu tun. Der Funke, der sie auslöst, beruht auf neugieriger Bewunderung (oder derzeit eher auf Neid und Ärger) für die Selbstbeherrschung und die geschlossene, ausgeprägte Persönlichkeit des anderen; und auf dem Wunsch, irgendwie ein Teil dieses anderen Ich zu werden (heutzutage heißt das: sich aufdrängen und erobern), um eine Bedeutung für diese psychische Einheit zu gewinnen. Die Geschlossenheit der Persönlichkeit des anderen führt zu Begehren (lies: sie wird zur Herausforderung); die Bewunderung (Neid) gegenüber dem anderen wird zum Wunsch, dessen Eigenschaften zu übernehmen (zu besitzen). Es folgt ein Zusammenprall der beiden Persönlichkeiten, indem ein Individuum den Versuch macht, den wachsenden Einfluß des anderen abzuwehren. Liebe heißt dann, sich endlich dem anderen zu öffnen (oder, sich der Herrschaft des anderen zu unterwerfen). Der Liebhaber demonstriert der Geliebten, wie er selbst gern behandelt werden möchte (»Ich habe alles mögliche versucht, damit er sich in mich verliebt, und nun habe ich mich selbst in ihn verliebt«). Liebe ist also der Gipfel des Egoismus: Das Selbst versucht, sich durch die Absorption eines anderen Wesens zu bereichern. Liebe ist die totale gegenseitige psychische Offenheit und damit eine Situation tiefer emotionaler Verwundbarkeit. Deshalb darf sie nicht nur die Einverleibung des anderen sein, sondern ein *Austausch* der beiden Persönlichkeiten. Alles, was nicht zu diesem gegenseitigen Austausch führt, wird den einen oder anderen verletzen.

501 *Karin Struck (1947)* Schließlich hat sie es so gelernt: Liebe ist Vereinigung, Verschmelzung von Mann und Frau; der Mann dringt mit seinem Glied in die Scheide der Frau ein usw.

502 *Ivan Sviták (1925)* Liebe ist nicht Kommunikation von Körpern, sondern die Kommunikation von Persönlichkeiten, die einander vermittels des Körpers, das ist vermittels des Liebens, Informationen über die eigenen Veränderungen und über den geliebten Menschen mitteilen.

503 *Karin Struck (1947)* Was ist die Liebe? Die Liebe ist die Berührung zweier Hautoberflächen. Die Liebe ist der Austausch zweier Phantasien, sagen die Frauen.

504 *L. van der Weck-Erlen* Denn die Liebe als solche ist nicht sowohl ein Körpergenuß, als vielmehr ein Genuß der Phantasie der Seele und ihr Hauptkriterium ist nicht das Physische, sondern das Psychische.

505 *Georges Bastin (1921)* Die Liebe ist ein Zwiegespräch zwischen zwei Persönlichkeiten, die auf Grund ihres Geschlechts und ihrer Geschichte sehr verschieden sind. Dieses Zwiegespräch wird auf unbewußter und auf bewußter Ebene geführt und ist nicht immer so leicht, wie es zunächst den Anschein hat.

506 *Ignaz Zangerle* Die Liebe ist noch in einer anderen Hinsicht ein Wunder, wenn wir nämlich von der Ausschließlichkeit der Wahl her betrachten. Wenn die Statistik recht hat, gibt es derzeit auf unserer Erde 2600 Millionen Menschen, davon rund 1300 Millionen Frauen. Was ist das, daß ich mich unter den 1300 Millionen möglichen Frauen für die eine, einzige entscheide, so daß also alle übrigen 1 299 999 999 Frauen, an ihr gemessen, mir uninteressant erscheinen?

507 *Anonym (männlich?)* Liebe ist, wenn du nach 456 Tagen noch dieselbe Freundin hast.

508 *Ernst Zolligkofer (1928)* Die Liebe ist uns ›eingeboren‹. Wir brauchen sie nicht zu lernen. Wenn wir dabei etwas lernen müssen, so ist es das Umgehen mit der Liebe, aber vom Prinzip her ist Liebe eine Fundamentalerfahrung. Sie resultiert aus der Dualseele, aus jenem Suchen nach dem anderen, der gleichzeitig in uns selber war und immer noch ist und der uns von außen entgegenkommen will. In jeder Geschlechtsbeziehung, aber auch in jeder Neutralbeziehung, die sich zwischen Mann und Frau ereignet, besteht die Spannung zwischen den Geschlechtern, der Reiz des anderen, der an uns herangetragen wird.

509 *Eugen Fink (1905–1975)* Liebe ist auch kein reiner Bezug zweier Personen, zweier Freiheiten; aber erst der Zusammenfall vom Allgemeinen und Einzelnen, von dem Weibe und diesem Weibe, dem Mann und diesem Mann, konstituiert die Übertreibung aller Liebe, die den Liebenden so unendlich wichtig, den Außenstehenden so komisch erscheint.

510 *Morton M. Hunt* Die Gesellschaft hat das sehr vitale und natürliche Bedürfnis, das verworrene Kräftespiel zwischen den Geschlechtern einem Reglement zu unterwerfen, was bedeutet: ihren ästhetischen, moralischen und religiösen Vorstellungen. So entstehen die bekannten Personideale vom irrenden Ritter bis zum Gentilhomme und Dandy, deren Gebaren zeigt: Liebe ist ein gesteuertes Gefühlsmodell, abhängig vom Sozialgefüge und den kulturellen Einrichtungen einer Zeit.

511 *Ingrid (32 Jahre)* Liebe ist schwer zu definieren, und ich glaube, Liebe kann in unterschiedlichen Variationen auftauchen, auch gegenüber Männern. Ich habe die Erfahrung gemacht, daß sich meine Liebe zu den Männern unterschiedlich gezeigt hat.

512 *Dorothy Tennov* Wenn man einfach nur sagt: »Die Liebe ist das ganze Glück einer Frau«, dann verschweigt man die Tatsache, daß ihr andere Möglichkeiten der Erfüllung im allgemeinen versagt geblieben sind; es läßt sich daher aus dieser Feststellung

überhaupt nicht ableiten, wie Frauen und Männer wären, wenn veränderte soziale und ökonomische Bedingungen herrschten.

513 *Suzanne Brøgger (1944)* Wie Karen Blixens alter Baron sagt: »Wenn mein Koch mir ein gutes Omelett macht, denke ich nicht darüber nach, ob er mich auch liebt.« Dies ist natürlich eine zynische Bemerkung, aber, wie ich vorhin sagte: Liebe ist der reinste Zynismus, man muß den Menschen Leine geben, man kann nicht von ein und derselben Person sowohl Omelett als auch Liebe verlangen. Wenn man trotzdem, entgegen jeder Vernunft, darauf besteht, alle Bedürfnisse beim Koch, oder wer der Geliebte auch immer sei, befriedigt zu bekommen, wird die Zweierbeziehung ein reines Geschäft, bei dem die Neurosen sich unentwirrbar potenzieren. Das höchste, womit man dann noch rechnen kann, ist eine »faire« Behandlung: »Ich gebe dir so viel wie du mir – und kein Krümelchen mehr!«

514 *Kurt Tucholsky (1890–1935)* Liebe ist, wenn sie dir die Krümel aus dem Bett macht.

515 *Christina Mei (1937)* »Liebe« – ein Begriff, eine Leerformel, jahrhundertelang mit den Projektionen von Männern besetzt, mit Wunschbildern, denen die Frauen entsprechen mußten, um geliebt zu werden.

516 *L. van der Weck-Erlen* Die Liebe hat so manche Stufe – oder genauer genommen: die Liebe ist ebenso verschieden-stufig, als es Liebespaare gibt!

517 *Christina Mei (1937)* Frauen sprachen über ihre Erfahrungen, und dabei kam heraus: Liebe ist das, was jede einzelne unter ihr versteht. Sie wird von Menschen immer wieder neu erfunden, sie ist ein Produkt der Phantasie und der schöpferischen Fähigkeiten des Menschen. Liebe ist mit jedem Menschen anders. Sie ist nicht planbar, und sie kann nicht gewaltsam festgehalten werden.

518 *Michael Lukas Moeller (1937)* Liebe kann für unterschiedliche Paare sehr unterschiedliche unbewußte Bedeutung haben. Liebe ist Einssein bei der narzißtischen Kollusion, Einander-umsorgen bei der oralen Kollusion, Machtkampf bei der analen Kollusion und Bestätigung bei der hysterischen Kollusion.

519 *Simone de Beauvoir (1908–1986)* Die Liebe ist der Frau als höchste Sendung zugewiesen worden, und wenn sie sie einem Mann zuwendet, sucht sie in ihm Gott. Wenn die Umstände ihr die menschliche Liebe versagen, wenn sie enttäuscht oder zu anspruchsvoll ist, sucht sie in Gott selbst die Gottheit anzubeten. Gewiß hat es auch Männer gegeben, in denen diese Flamme brannte. Sie sind aber selten, und ihre Glut nahm eine sehr geläuterte intellektuelle Gestalt an.

520 *Pierre Teilhard de Chardin (1881–1955)* Die Liebe ist eine Funktion mit drei Gliedern: der Mann, die Frau und Gott. Ihre ganze Vollkommenheit und ihr ganzes Gelingen sind an den harmonischen Ausgleich dieser drei Elemente gebunden.

521 *Gabriel Laub (1928)* Liebe – das einzige Lebensgebiet, auf dem uns die Unfähigkeit dritter Personen in keiner Weise stört.

522 *Deutsches Sprichwort* Die Liebe ist verschieden; der eine liebt die Mutter, der andere die Tochter und der dritte alle beide.

Liebe als Trieb

Schon seit der Antike wird die Frage diskutiert, ob Liebe ihrem Wesen nach erotisch ist. Zumindest erscheint eine Verbindung von Liebe und Sexualität zur erotischen Liebe (Eros) nicht in jedem Fall selbstverständlich. So eindeutig es sein mag, daß Sexualität die Grundlage der Fortpflanzung ist, so zweifelhaft ist die pauschalierte Annahme Liebe = Triebe.

523 *Ahmad Ghazzali (1058–1111)* Die Liebe ist ein Zwang, in der keinerlei eigenes Tun auf irgendeine Weise Eingang findet. Folglich sind auch ihre Entscheide alle Zwang. Der freie Wille ist aus ihr und ihrem Land verbannt.

524 *Thomas von Aquin (1224/25–1274)* Die erste Regung des Willens und jeglicher Begehrungskraft ist: Liebe.

525 *Gustav Teichmüller (1832–1888)* Die Liebe ist unbewußt und von dem freien Willen unabhängig.

526 *Justus Georg Schottelius (1612–1676)* Die Liebe ist eine solche Begier und Neigung / dadurch unser geruehrtes Herz begirlich wird / etwas / so gut und annehmlich ist / oder gut und annehmlich scheinet / an sich zuziehen / zuhaben / dessen mit Lust zugeniessen und zugebrauchen.

527 *Ninon de Lenclos (1620–1705)* Die Liebe . . . (ist) nichts als ein blinder Instinkt, den man richtig einzuschätzen lernen muß – nämlich als einen Appetit, der uns zu jenem Objekt anstatt zu einem anderen treibt, ohne das wir uns über unseren Geschmack Rechenschaft ablegen können.

528 *Justus Georg Schottelius (1612–1676)* Die Liebe ist eine begierliche Herzneigung (affectus ex concupiscente appetitu) das Geliebte zuhaben / und das Geliebte zu geniessen.

529 *Johann Heinrich Pestalozzi (1746–1827)* So allgemein das tierische Wohlwollen, so selten ist die Liebe.

530 *August Wilhelm von Schlegel (1767–1845)*
Was ist die Liebe? Les't es, zart geschrieben,
Im Laut des Worts: es ist ein innig Leben;
Und Leben ein im Leib gefesselt Streben,
Ein sinnlich Bild von ewig geist'gen Trieben.

531 *Bettina von Arnim (1785–1859)* Liebe ist Entfaltungstrieb in die göttliche Freiheit.

532 *Zacharias Werner (1768–1823)* Liebe ist ein durch Geschlechtstrieb veranlaßter (. . .) unwillkürlicher Drang, sich mit einer schönen Seele zu identifizieren.

533 *Bettina von Arnim (1785–1859)* Ob Liebe die größte Leidenschaft sei und ob zu überwinden, versteh ich nicht, bei mir ist sie Willen, mächtiger, unüberwindlicher.

534 *Giacomo Casanova (1725–1798)* Ach, hängt das wirklich von uns ab? Liebe ist ein Zwang, und dann sind wir verloren.

535 *Friedrich Heinrich Jacobi (1743–1819)* Liebe ist Tätigkeit. Wir werden nicht gewahr, daß wir das Leben über alles lieben, als wenn es in Gefahr kommt, und doch ist die Begierde, die zur

Erhaltung des Lebens wirkt, die mächtigste, die absolute Begierde.

536 *Bhagwan Shree Rajneesh* Liebe ist eines der gefährlichsten Dinge, die es gibt. Du mußt dein Ego beiseitelassen, wenn die Liebe entstehen soll. Liebe ist die wahre Religiosität, aber wenn ich ein Wort wie »Liebe« benutze, kannst du natürlich genau das Gegenteil verstehen. Du kannst »Lüsternheit« darunter verstehen; Lüsternheit ist auch keine Liebe – Liebe hat weder etwas mit dem sogenannten religiösen Leben, noch etwas mit dem sogenannten weltlichen Leben zu tun. Liebe ist weder das eine noch das andere.

Liebe ist das Transzendieren der Lüsternheit und des Egos. Das religiöse Leben nährt dein Ego und zerstört deine Liebe; das unreligiöse Leben befriedigt deine Lüsternheit und zerstört deine Liebe. Das sind die beiden Extreme: Egoismus und Lüsternheit. Genau zwischen diesen beiden ist die Liebe. Liebe ist weder Ego noch Lüsternheit – sie geht über beides hinaus.

537 *Alfred Döblin (1878–1957)* Liebe, die Begierde, der wilde Drang sich zu versenken, ist mit Anbetung verbunden. Liebe ist nicht genügend erkannt als ›organischer Drang‹. Ja, sie ist ›organischer Drang‹, aber man sehe, was organischer Drang ist, worauf er sich richtet.

538 *Bernhard Hanssler (1907)* Liebe ist die Antriebskraft aller Bewegung. Im Universum ist die von der Liebe in Gang gebrachte Bewegung noch rein mechanischer Art, im Fall des Menschen kommt die Freiheit ins Spiel, das Leben Gottes vollends ist das selige Spiel zwischen Schau und Liebe.

539 *Wilhelm Heinen (1909)* Die Liebe, ob sie sich auf den Menschen oder auf die Dingwelt richtet, ist die unberechenbare, alles menschliche Tun und Handeln durchwaltende und treibende Macht.

540 *Antoine de Saint-Exupéry (1900–1944)* Ich sagte Dir schon, die Sehnsucht nach Liebe ist Liebe.

541 *Dietrich von Hildebrand (1889–1977)* Die Liebe ist nie eine gradlinige Fortsetzung der Sehnsucht nach Liebe, so wie im Gegensatz dazu das Entfalten eines Talentes eine gradlinige Fortsetzung der Sehnsucht nach dieser Entfaltung ist.

542 *Claude-Adrien Helvétius (1715–1771)* Die Liebe ist ein physisches Bedürfnis, eine notwendige Körperfunktion.

543 *Immanuel Kant (1724–1804)* Liebe ist eine Sache der Empfindung, nicht des Wollens, und ich kann nicht lieben, weil ich will, noch weniger aber weil ich soll (zur Liebe genötigt werden).

544 *Konrad Wilutzky* Kant kennt die Liebe nicht. Bei Kant ist die Liebe der merkwürdig zaghaft gedachte Geschlechtstrieb. Er stellt sie der Empfindung im Theoretischen gleich, der Wärme, der Farbe, dem Geschmack.

545 *Luc de Clapiers Marquis de Vauvenargues (1715–1747)* Die Liebe ist gewöhnlich nicht frei von Sympathie, d. h. einer Neigung sinnlicher Natur; aber wenn die Sinne auch im Spiele sind, so bilden doch nicht immer sie das Hauptziel unseres Sehnens; Liebe ohne Sinnlichkeit ist sehr wohl möglich.

546 *Stendhal (1783–1842)* Liebe ist die Freude, ein liebenswertes und liebendes Wesen mit allen Sinnen und in nächster Nähe zu sehen, zu berühren und zu fühlen.

547 *Alex Comfort (1920)* Liebe wurde als die Harmonie zweier Seelen und der Kontakt zweier Epidermien definiert. Sie ist auch von unserer Kindheit an der Ausgangspunkt menschlicher Beziehungen und Bedürfnisse.

548 *Charles Fourier (1772–1837)* Die Liebe ist die mächtigste Triebkraft der leidenschaftlichen Annäherung, selbst bei antipathischen Charakteren.

549 *Paul Kluckhohn (1886–1957)* Liebe ist der Haupttrieb des menschlichen Herzens, der Vereinigung der Seelen und ihre Harmonie mit den ewigen Gesetzen der Vernunft verlange und ein moralisch veredelter Trieb sei, wenn er frei bleibe von den Forderungen der Sinnlichkeit.

550 *Morton M. Hunt* In moderner Zeit hat sich eine Reihe von Antworten angeboten. Freud glaubte, daß das tiefste Geheimnis dieser Macht biologischer Natur sei und leitete es von der beherrschenden Libido ab. Der Sexualtrieb, erklärte er, richtet sich bei jedem Kind zuerst auf die Eltern, da er aber in dieser Richtung stark behindert wird, verwandelt er sich in gültige Formen der Zuneigung; Liebe ist, mit anderen Worten, »am Erreichen des Ziels gehinderte Sexualität«.

551 *Vladimir Solov'ëv (1853–1900)* Es gibt nur eine Kraft, die den Egoismus von innen her, an seiner Wurzel treffen kann und ihn auch wirklich mit seiner Wurzel ausreißt; das ist die Liebe, und vor allem die geschlechtliche Liebe.

552 *Meyers Enzyklopädisches Lexikon (1975)* Liebe, die dem Haß (auch Antipathie) entgegengesetzte Zuneigung (Sympathie) zu bestimmten Personen, im übertragenen Sinne auch zu Sachen: insbes. die der instinktiven Veranlagung (Sexualtrieb, Brutpflegetrieb u. a.) entsprechende seel. Bindung des Menschen speziell an den Geschlechtspartner (L. im eigentl. Sinn) und an die aus dieser Partnerschaft hervorgehende Nachkommenschaft . . .

553 *Cesare Pavese (1908–1950)* Und seien wir gerecht: was ist die Liebe an sich anderes, als die Lüsternheit eines Pavians?

554 *Alexander Lowen* Liebe ist etwas Göttliches; Sexualität ist eine tierische Leidenschaft.

555 *Christa Meves (1925)/Joachim Illies (1925)* Die Liebe ist für uns als Menschen eine so entscheidend wichtige Möglichkeit, eine

so sehr unserer Sonderstellung in dieser Welt gemäße Daseinsform, daß wir von der Zoologie dafür eigentlich keine rechte Erhellung erhoffen dürfen.

556 *Christiane Schäfers (1958)* Die Liebe ist dasjenige im Menschen, was ihn gelegentlich davon abhält, Artgenosse aller anderen Tiere zu sein.

557 *Karlheinz Deschner (1924)* Liebe ist ein Berührungszwang. Manchmal begreift die Haut mehr als der Kopf.

558 *Hans von Hattingberg (1879–1944)* Darum ist die Liebe ein Wechselspiel von Suchen und Finden, von Anziehung und Abstoßung, von Abstand und Nähe. Sie ist ein Hin und Her, in dem der negativen Bewegung keine geringere Bedeutung zukommt, als der positiven, dessen große Richtung durch das eine Ziel der menschlichen Berührung bestimmt ist.

559 *Zenta Maurina (1897–1978)* Die Liebe ist gemeinhin instinktiv, biologisch notwendig.

560 *Georges Bastin (1921)* Die Liebe ist zugleich Instinkt und Gefühlselan, sexuelles Verlangen und gefühlsmäßige Anziehung. Sie umfaßt nicht auf der einen Seite Gefühle, die den Menschen erheben, und auf der anderen Seite Akte, die im Rahmen der Fortpflanzung angebracht, außerhalb dieses Zweckes aber schädlich und schuldhaft sind.

561 *Jean Mouroux* Die Liebe ist aber auch Fleisch und Geist und ihre Gefährdung besteht darin, nach der einen oder anderen Seite in das Extrem umzuschlagen.

562 *Ernest Bornemann (1915)* Was ist Liebe? Liebe ist die Fixierung des Paarungswunsches auf eine bestimmte Person. Liebe ist eine Hörigkeit, die den anderen zum Fetisch macht.

563 *Alexander Lowen* Liebe ist kulturell, Sex ist biologisch.

564 *Konrad Wilutzky* Die Liebe ist niemals bloßer Geschlechtstrieb; die Neigung in ihr hat kein Liebender, solange er liebte, bestritten. Aber die Liebe ist nicht bloß Neigung wie die Freundschaft, sie ist Kraft wie die Elektrizität.

565 *Diotima* Aber die Liebe ist das einzige radikale Vitamin für Leib und Seele.

566 *Ernest Bornemann (1915)* Liebe ist etwas, das stets nach dem Geschlechtsverkehr, nie vor ihm kommt. Was vorher da war, kann Begierde oder Leidenschaft, Respekt oder Zuneigung, niemals aber Liebe sein. Liebe entsteht, nachdem zwei Menschen kopuliert haben und dann entdecken, daß das, was sie zusammengeführt hat, mehr als ein sexueller Trieb war. Das – und nur das – ist Liebe.

567 *Erich Fromm (1900–1980)* Die Liebe ist nicht das Ergebnis einer adäquaten sexuellen Befriedigung, sondern das sexuelle Glück – ja sogar der Erlernung der sogenannten sexuellen Technik – ist das Resultat der Liebe.

568 *Helmut Kentler (1928)* Die Liebe ist der Tatsache zu verdanken, daß der rasche, direkte sexuelle Vollzug nicht lustvoll und daher unbefriedigend ist.

569 *Alexander Lowen* Liebe ist ebensowenig Sexualität, wie Sexualität Liebe ist.

570 *Diotima* Die Liebe ist eine Vergeistigung der Sinne.

571 *Die Mutter (des Sri Aurobindo Ashrams)* Liebe ist nicht geschlechtliche Beziehung. Liebe ist nicht vitale Anziehung und vitaler Austausch. Liebe ist nicht des Herzens Bedürfnis nach Zuneigung. Liebe ist eine allgewaltige Schwingung, unmittelbar von Einem ausgeströmt, und nur der sehr Reine und sehr Starke ist fähig, sie zu empfangen und zu offenbaren.

572 *José Ortega y Gasset (1883–1955)* Liebe ist eine Schöpfung edelster Art, eine herrliche Leistung der Seelen und Körper. Aber es läßt sich nicht leugnen, daß sie sich zu ihrer Entstehung auf eine Menge untergeordneter, automatischer Vorgänge ohne echte Geistigkeit stützen muß.

573 *Lou Andreas-Salomé (1861–1937)* Die Liebe ist eben sowohl das physischeste wie auch das scheinbar spiritualistischeste, geistesgläubigste, was in uns spukt; sie hält sich ganz und gar an den Körper, aber an ihn ganz und gar als Symbol, als Gleichnis für den Gesamtmenschen und für alles, was sich durch die Pforte der Sinne in unsere verborgenste Seele einschleicht, um sie zu wecken.

574 *René Allendy (1889–1942)* Liebe ist ein psychischer Prozeß der Entpersönlichung. Sie lehrt die Menschen, sich nicht nur in ihrem eigenen Körper gefangen zu denken, sondern auch als im anderen gegenwärtig; wobei dieses andere zuerst der sexuelle Partner, dann eine Vielheit der Nachkommen ist.

575 *Peter Lauster (1940)* Die Liebe ist ein Zusatz, ein Katalysator für die Seele, der dem Gesamtvorgang der Sexualität, der zuallererst ein biologischer Triebvorgang ist, zur vollen Schönheit und Blüte verhilft.

576 *Michael Lukas Moeller (1937)* Die Liebe ist längst technisiert, ohne daß wir es merken.

577 *L. van der Weck-Erlen* Liebe ist der durch den Geschlechtstrieb angefachte und zur Reife gebrachte (mehr oder minder rasch gefaßte) Entschluß, sein Geschlechtsleben mit dem eines andern ausschließlich aufs allerinnigste und für die Dauer (wie man sagt: für ewig) zu verschmelzen.

578 *Ignace Lepp* Die Liebe ist nicht rückführbar auf die Sexualität allein, selbst wenn es sich um eine ins Psychische gehobene Sexualität handelt.

579 *Ignace Lepp* Sicherlich, die Liebe ist der vereinigte Strom so starker psychischer Kräfte, daß der junge und gesunde Mensch unwillkürlich an sie glaubt. Wenn es in der Praxis häufig anders ist, so darum, weil Hemmungen die Gefühlskräfte aus ihrer normalen Bahn gelenkt oder Traumata sie blockiert haben.

580 *Alexander Lowen* Die Liebe ist zwar die Verbündete der Sexualität, aber sie kann sie auch verraten.

581 *Deutsches Sprichwort* Die Liebe ist süss, bis ihr wachsen Händ' und Füss'.

Liebe als Überwältigung

Liebe kann Macht oder Ohnmacht bedeuten – je nachdem, ob eine Eroberung gemacht oder jemand von der Liebe überwältigt wird.

Bestenfalls kann sogar ein Herrscher getragen von der Liebe seiner Untertanen an der Macht bleiben, in anderen Fällen wird die notgedrungene Unterordnung in einer hierarchisch gegliederten Gesellschaftsstruktur als Liebe mißdeutet.

582 *Ovid (43 v. Chr. – 17/18 n. Chr.)* Liebe – ein Kriegsdienst.

583 *Ahmad Ghazzali (1058–1111)* Die Liebe ist eine Menschenfresserin. Sie frißt das Menschsein auf und läßt nichts übrig. Wenn sie das Menschsein aufgefressen hat, ist sie Herrin im Land, zu entscheiden hat sie.

584 *Angelus Silesius (1624–1677)*
Lieb ist die Königin, die Tugenden Jungfrauen,
Die Mägde Werk und Tat: wem willst du dich anvertrauen?

585 *Martin Luther (1483–1546)* Liebe aber, die ist dienstbar und untertan dem, das sie lieb hat.

586 *Friedrich von Schiller (1759–1805)* Der ewige innere Hang, in das Nebengeschöpf überzugehen oder dasselbe in sich hineinzuschlingen, es an sich zu reißen, ist Liebe.

587 *Martin Luther (1483–1546)* Die Liebe ist zugleich ein großer Feind und Freund; sie straft hart und hilft süß. Eine harte Schale, aber einen süßen Kern hat sie, bitter ist sie dem alten, aber gar süß dem neuen Menschen.

588 *Konrad Wilutzky* Hier ist das Neue: der Mensch der Liebe; die Liebe ist Kraft aus einem neuen Menschen.

589 *Johann Gottfried Herder (1744–1803)* Liebe ist die größte Weisheit, und die größte Weisheit selbst im ernsten Sinn des Predigerbuches ist und bleibt Liebe. Liebe ist unser Königreich aus dem Paradiese; worüber wir mit Liebe herrschen, das ist gewiß unser.

590 *Friedrich von Schiller (1759–1805)* Liebe ist die mitherrschende Bürgerin eines blühenden Freistaats, Egoismus ein Despot in einer verwüsteten Schöpfung.

591 *Erich Przywara (1889–1972)* Du hast der Liebe ins tiefste Auge geschaut: sie ist es, die in deiner Frage sich zeichnet.

Sie ist die Königin, und darum sind ihr alle andern Lebenslösungen untertan. Aber weil sie gerade die Königin ist, darum wirkt sie nicht selber unmittelbar, sondern das Wirken ihrer Untertanen ist ihr Wirken. So sie nur die Königin bleibt und diese ihre Untertanen, ist alles Wirken der Untertanen Wirken der Königin.

Sieh, so ist die Liebe die Lösung der Begreiflichkeiten und Unbegreiflichkeiten, der Beherrschbarkeiten und Gelassenheiten deines persönlichen Lebens.

592 *Johann Peter Hamm (1909)* Der Glaube muß mittätig sein in der Liebe, denn die Liebe ist das Königliche Gebot.

593 *Paul Tillich (1886–1965)* Die Liebe ist das Fundament, nicht die Verneinung der Macht.

594 *Mahatma Gandhi (1869–1948)* Die Liebe ist die subtilste Macht in der Welt.

595 *Erich Fromm (1900–1980)* Liebe ist eine Macht, die Liebe erzeugt.

596 *Martin Luther King jr. (1929–1968)* Liebe ist die beständigste Macht der Welt.

597 *Barbara Maria Kloos*
Ach, die Liebe is ne Höllenmacht
fällt dich an, wie Masern oder Mumps
du willst knutschen, daß es nur so kracht
und sein Herz macht nichtn kleinsten Plumps.

598 *Julien Freund* Die Liebe ist kaptativ, d. h., sie strebt danach, den anderen mit Leib und Seele zu erobern.

599 *Heinrich Frieling (1910)* Liebe ist keine Selbstdarstellung, sondern Forderung, Herausforderung des Ich am Anderen.

600 *Pierre Teilhard de Chardin (1881–1955)* Die Liebe ist die universellste, die ungeheuerlichste und die geheimnisvollste der kosmischen Energien. Nach jahrhundertelangem Tasten haben die sozialen Einrichtungen sie äußerlich eingedeicht und kanalisiert.

601 *Aldous Huxley (1894–1963)* Gleich jeder anderen wichtigen menschlichen Betätigung ist auch die Liebe das Ergebnis unveränderlicher Leidenschaften, Triebe und Begierden einerseits (das heißt, sie sind unveränderlich in der Menschheit als Ganzem, aber selbstverständlich beim einzelnen beträchtlich verschieden an Quantität und Qualität), und von Gesetzen und Konventionen, Überzeugungen und Idealen andrerseits, die durch die zeitlichen und örtlichen Umstände oder durch die willkürlichen Machtsprüche großer Persönlichkeiten einer mehr oder minder fügsamen Gesellschaft auferlegt werden.

602 *Sam Keen* Liebe ist unkritisches Akzeptieren. Unbedingt.

603 *Jean Mouroux* Jede Liebe ist eine »Unterwerfung« unter das geliebte Wesen, in dem Maße es als ein Empfangen angenommen und als ein Gehorchen dem Rufe des Vielgeliebten befolgt wird.

604 *Emanuel von Bodman (1874–1946)* Liebe ist höchste Tapferkeit: sie ist zu jedem Opfer bereit.

605 *John Henry Mackay (1864–1933)* Liebe ist die tiefe und geheimnisvolle Macht, die den einen Menschen zu dem anderen zieht – oft gegen seinen Willen, immer gegen seinen Widerstand.

606 *Gerhard Friedrich (1908)* Die Liebe ist nicht etwas Schwärmerisches, Laues, Weiches, sondern sie läßt von dem Menschen, wie er ist und wie er sich gibt, wenig übrig.

607 *Franz Kafka (1883–1924)* Liebe ist, daß Du mir das Messer bist, mit dem ich in mir wühle.

608 *Karin Struck (1947)* Liebe ist, daß du mir das Messer bist, mit dem ich in mir wühle. Liebe ist das Hervorkommen aller Fähigkeiten, Möglichkeiten, die in mir sind.

609 *Mahatma Gandhi (1869–1948)* Liebe ist ein seltenes Kraut, das selbst den geschworenen Feind zum Freund macht, und dieses Kraut erwächst aus der Gewaltlosigkeit.

610 *Ronald D. Laing (1927)* Liebe ist der Weg durch Zugeständnisse zur Disziplin – und durch Disziplin nur allzu oft zum Selbstverrat.

611 *Aldous Huxley (1894–1963)* Die Liebe ist das Ergebnis zweier entgegengesetzter Kräfte – eines triebhaften Impulses und eines gesellschaftlichen Widerstandes – die auf den einzelnen mit den

Mitteln ethischer, durch philosophische oder religiöse Mythen gerechtfertigter Imperative einwirken.

612 *Erik Grawert-May (1944)* Liebe ist Schwäche, und wer ihr erliegt, darf keinen Anspruch mehr erheben auf den Namen eines kühnen Eroberers.

613 *Pierre Teilhard de Chardin (1881–1955)* Die Liebe ist eine abenteuerliche Eroberung. Sie hält und entwickelt sich nur, wie das Universum selbst, durch eine dauernde Entdeckung.

614 *Aldous Huxley (1894–1963)* In jeder menschlichen Gesellschaft und zu jeder Zeit ist die Liebe, wie wir gesehen haben, das Ergebnis der Wechselwirkung zwischen dem unveränderlichen, triebhaften und physiologischen Rohstoff der Geschlechtlichkeit und den jeweils herrschenden Konventionen der Moral und Religion, den jeweils geltenden Gesetzen, Vorurteilen und Idealen.

615 *Julien Freund* ... die Liebe ist weder ein politischer Agent noch eine politische Lehre; sie ist die Instanz, deren Rolle es ist, die Ansprüche und Anmaßungen des Politischen zu beschränken.

616 *Werner Schneiders* Die Liebe ist, auch wenn dies nicht besonders festgestellt wird, per definitionem eine weichherzige Liebe; sie ist nichts anderes als eine vernünftige Weichherzigkeit.

617 *Pierre Teilhard de Chardin (1881–1955)* Die Liebe, höhere Form der Menschlichen Energie.

618 *Paul Helwig* Liebe ist keine Energiequantität, die von irgendwoher irgendwohin transportiert wird. Das ist psychologischer Okkultismus. Lieben ist liebendes Tun und Tun-wollen am Mitmenschen.

619 *Johannes Müller (1864–1949)* Die Liebe ist nicht fanatisch. Alles Gewalttätige, Zwangmäßige, Treiberische, Eifernde,

Rechthaberische ist ihr fremd. Denn sie ist lautere Güte und milde Gnade.

620 *Josef Rattner (1928)* Liebe ist gütig, zart, tolerant: das Geschick der Völker sollte in die Hand von Liebenden und Großherzigen gelegt werden.

621 *Römer 13,10* Die Liebe tut dem Nächsten nichts Böses. So ist nun die Liebe des Gesetzes Erfüllung.

622 *Bonaventura (1221–1274)* Durch diese Tugenden, ganz besonders durch die Liebe, muß die Seele neugestaltet werden. Von ihr sagt der Apostel: »Sie ist das Ziel der Gebote«, wenn sie »aus reinem Herzen, gutem Gewissen und ungeheucheltem Glauben stammt«. Die Liebe ist nach Paulus die Erfüllung des Gesetzes.

623 *Ibn al-Arabī (1165–1240)*
Die Liebe ist, wozu ich mich bekenne:
Wohin seine Kamele sich auch wenden mögen,
Die Liebe ist und bleibt mir Glaube und Gesetz.

624 *Benedictus Wincler* Amor est mensura juris, et justitiae spiritus, sine quo iniquum est quicquid justitiae nomen induit.

625 *Carl von Eckartshausen* Liebe ist das große Wesensgesetz der Schöpfung; durch sie allein lebt alles (. . .). Sie allein kettet alles aneinander, Menschen an Menschen, und Menschen an Gott. Sie ist die große Kette der Dinge, die Stufenleiter des Emporstrebens. Durch sie steigen Geister zu Geistern auf, immer höher und höher bis zur Anschaulichkeit der Alliebe (. . .).

626 *Sören Kierkegaard (1813–1855)* Liebe ist des Gesetzes Erfüllung; denn die Liebe ist kein Umgehen der Aufgaben, kein Anlaß, der sich, Befreiung fordernd oder Befreiung gebend, verwöhnend oder verwöhnt, zwischen die Liebe und des Gesetzes Erfüllung einschleicht, als sei die Liebe ein müßiges Gefühl, zu vor-

nehm, um sich in Handlungen zu äußern, eine anspruchsvolle Unfähigkeit, die weder Genüge tun kann noch will.

627 *Diotima* Die Liebe ist das große Weltgericht für jeden Menschen, seelisch und leiblich.

628 *Friedrich Nietzsche (1844–1900)* Warum überschätzt man die Liebe zu Ungunsten der Gerechtigkeit und sagt die schönsten Dinge von ihr, als ob sie ein viel höheres Wesen als jene sei? Ist sie denn nicht ersichtlich dümmer als jene? – Gewiss, aber gerade deshalb um so viel *angenehmer* für Alle. Sie ist dumm und besitzt ein reiches Füllhorn; aus ihm theilt sie ihre Gaben aus, an Jedermann, auch wenn er sie nicht verdient, ja ihr nicht einmal dafür dankt. Sie ist unparteiisch wie der Regen, welcher, nach der Bibel und nach der Erfahrung, nicht nur den Ungerechten, sondern unter Umständen auch den Gerechten bis auf die Haut nass macht.

629 *Johannes Müller (1864–1949)* Die Liebe freut sich nicht der Ungerechtigkeit, sondern freut sich mit der Wahrheit. Die Liebe ist nicht parteiisch und wählerisch. Sie setzt nicht zurück und zieht nicht vor, sondern nimmt jeden, wie er ist, und gibt sich hin, wo man ihr bedarf.

630 *Johannes Müller (1864–1949)* *Die Liebe benimmt sich nicht anstößig.* Sie ist immer voll Takt und Rücksicht. Denn sie quillt aus unmittelbarer seelischer Fühlung und ist feinstes Empfinden für die anderen, für ihre Art und Verfassung, für ihre Lage und Bedürftigkeit. Darum ist ihr alles Ungehörige, Unpassende, Verletzende, alle Aufdringlichkeit und Grobheit unmöglich, und wenn sie wehtun muß, was bei ihrer heiligen Sachlichkeit oft genug vorkommen muß, stillt sie durch sich selbst den Schmerz und gießt Balsam in die Wunden.

631 *Hans-Joachim Iwand (1899–1960)* Die Liebe ist die Erfüllung des Gesetzes. Ein Mensch, der Gott liebt, hat darin die Möglichkeit, unter dem Gesetz zu leben.

632 *Werner Schneiders* Liebe ist mehr als gerecht im Sinne der justitia particularis, die dann leicht zur sogenannten bloßen Gerechtigkeit wird.

633 *Emil Brunner (1889–1966)* Der Sinn aller Verantwortlichkeit ist die Liebe; denn die Liebe ist die Erfüllung des Gesetzes. Darum kann der Mensch nur von der Liebe her und auf die Liebe hin verstanden werden.

634 *Werner Schneiders* Um das Gesagte nochmals zusammenzufassen: Liebe ist unerzwingbare Liebe, Gerechtigkeit ist erzwingbare Gerechtigkeit.

635 *Paul Tillich (1886–1965)* Die Liebe tut nicht mehr, als die Gerechtigkeit fordert, aber die Liebe ist das letzte Prinzip der Gerechtigkeit.

636 *Werner Schneiders* Liebe ist fast nur noch der gute, um nicht zu sagen gerechte Wille, der die Gerechtigkeit zur Tugend macht, nämlich als Wille zum Gerechten: bona voluntas suum cuique tribuendi.

637 *Erich Przywara (1889–1972)* Es muß ein Drittes also sein, das Gesetz und Freiheit umschließt und ineinanderschließt, so daß in ihm das Gesetz in Freiheit gesetzt ist und die Freiheit das Gesetz vollzieht. Dieses Dritte – du weißt es – ist die Liebe.

Sie ist gottgeboren, ja ist Gott: Wird dann nicht das Gesetz, so es Gottes Gesetz ist, nur der erste Schattenwurf der Liebe sein und die Liebe die Erfüllung des Gesetzes?

638 *Ernesto Cardenal (1925)* Die Liebe ist das einzige Gesetz, das das Weltall regiert. Sie ist das Gesetz, das die Sonne und die Sterne bewegt, wie Dante sagt, weil sie das Gesetz der Kohäsion ist, das alle Dinge zusammenfügt. Die Materie, aus der das Universum gemacht ist, ist Liebe.

639 *Fritz Leist* Liebe ist die Kraft, die verzeihen kann.

640 *Diotima* Liebe ist Gnade und nicht Recht. Das Recht ist ein langweiliger Pedant und macht sich schlechtweg lächerlich in der Liebe.

641 *1. Korinther 13,4–7* Die Liebe ist langmütig und freundlich, die Liebe eifert nicht, die Liebe treibt nicht Mutwillen, sie bläht sich nicht auf, sie verhält sich nicht ungehörig, sie sucht nicht das Ihre, sie läßt sich nicht erbittern, sie rechnet das Böse nicht zu, sie freut sich nicht über die Ungerechtigkeit, sie freut sich aber an der Wahrheit; sie erträgt alles, sie glaubt alles, sie hofft alles, sie duldet alles.

642 *Gerhard Friedrich (1908)* Die Liebe ist langmütig. Sie ist nicht wetterwendisch, punktuell und unkontinuierlich, sondern sie hat, wie Bodelschwingh einmal gesagt hat, einen langen Atem. Sie ist nie mit einem Menschen fertig, für sie gibt es keine hoffnungslosen Fälle, sie ist nicht auf Augenblickserfolge aus, sondern sie kann warten, tragen und vergeben.

643 *Max Rößler* »Die Liebe ist geduldig« – Sie hält aus, sie hält durch, sie ist von zäher Energie und kennt keine Ermüdung. Ihre beharrliche, durch nichts zu erschütternde Ausdauer ist wahrlich mutiger als die aufsehen-erregende jähe Heldentat.

644 *Heinrich Schlier (1900–1978)* Die Liebe ist nicht fanatisch, und so sehr sie eifert – und wie kann sie eifern! –, so wenig ereifert sie sich und ist eifer-süchtig. Die Liebe hat einen tiefen Humor.

645 *Max Rößler* »Die Liebe ist gütig« – sie fragt nicht nach Dank, nicht nach Lob. Sie ist den väterlichen, den mütterlichen, den brüderlichen, den schwesterlichen Herzen eigen, jenen, die sich zur leidenden Kreatur herabbeugen, die das Niedere zu sich emporheben, die die Armut beschenken, die Gemeinheit verzeihen, die Feindlichen versöhnen, die Wunden heilen, die Tränen trocknen . . .

646 *Theodor Bovet (1900–1976)* Die Liebe sucht nicht das Ihre, sie läßt sich nicht erbittern, sie rechnet das Böse nicht an; sie freut sich nicht über die Ungerechtigkeit, sie freut sich aber mit der Wahrheit; sie erträgt alles, sie glaubt alles, sie hofft alles, sie erduldet alles. Die Liebe ist nie am Ende. Deshalb ist die Liebe nie sentimental.

647 *Gerhard Friedrich (1908)* Die Liebe kann es nicht verhindern, daß mir jemand unsympathisch ist und daß er auf mich aufreizend wirkt. Aber weil die Liebe nicht das Ihre sucht, sondern Hingabe ist, läßt sie sich durch das Verhalten der Mitmenschen, durch ihre Streitsucht nicht aufbringen; sie ist nicht verstimmt, nicht bissig, ironisch und spitz, sie läßt sich nicht aus dem Konzept bringen, sondern sie bleibt das, was sie auch sonst ist, sie bleibt sich immer gleich.

648 *José Ortega y Gasset (1883–1955)* Die Liebe ist eintönig, beharrlich, schwerfällig; niemand ertrüge, daß man ihm auch den geistvollsten Satz viele Male wiederholte, aber daß die Geliebte ihn liebt, möchte der Liebende wieder und wieder hören.

649 *Igor A. Caruso (1914)* Die Liebe ist nicht so sehr durch Gewöhnung und Alter gefährdet, als sie vielmehr durch die egoistische Ängstlichkeit, durch die Vorurteile, durch die von der Gesellschaft ausgehende Aggression, durch den Moralismus geschändet und gemordet wird.

650 *Wilhelm Heinen (1909)* Die Liebe jedes Menschen bedarf der Entfaltung, sie ist der Läuterung fähig.

651 *1. Timotheus 1,5* Die Hauptsumme aller Unterweisung aber ist Liebe aus reinem Herzen und aus gutem Gewissen und aus ungefärbtem Glauben.

652 *Johannes Müller (1864–1949)* Liebe im Sinne des Paulus ist keine Anlage, keine besondere Fähigkeit, kein eigentümliches Temperament, sondern Leben der Seele.

653 *Peter Lauster (1940)* Liebe ist kein Unterrichtsfach, sie wird nirgendwo gelehrt.

654 *Franz Sawicki (1877–1952)* Die Liebe ist etwas jedem Menschen Vertrautes, sie regt sich wie von selbst schon in der Seele des Kindes, es braucht sie niemand mühsam zu erlernen.

655 *Andreas Capellanus (um 1200)* O, was für ein wunderbares Ding ist die Liebe, die einen Mann in so viel Tugend strahlen läßt und jeden, gleich wer er ist, so viele guten Eigenschaften lehrt.

656 *Morton M. Hunt* Andreas macht keine Scherze; die Liebe ist eine ernsthafte und tugendhafte Übung der Seele, und geheuchelte Leidenschaft ist undenkbar, Aufrichtigkeit die absolute Voraussetzung.

657 *Martin Luther (1483–1546)* Die Liebe allein ist eine Tugend und schafft alle anderen Tugenden.

658 *Johann Heinrich Pestalozzi (1746–1827)* Die Liebe ist das einzige, das ewige Fundament der Bildung unserer Natur zur Menschlichkeit... Nein, nein, ich suche nicht Bildung unserer Natur zur Mathematik; ich suche Bildung zur Menschlichkeit, und diese entquillt nur durch die Liebe.

659 *Jean Paul (1763–1825)* Liebe ist das einzige, was gemeine Leute zärtlich, menschlich macht und ihnen einige Würde gibt.

660 *Sören Kierkegaard (1813–1855)* Liebe ist Sache des Gewissens, und muß deshalb von reinem Herzen und von ungefärbtem Glauben sein.

661 *Rudolf Steiner (1861–1925)* Der Okkultist sagt: Die Liebe ist für die Welt dasjenige, was die Sonne für das äußere Leben ist. Es würden keine Seelen mehr gedeihen können, wenn die Liebe weg wäre von der Welt. Die Liebe ist die moralische Sonne der Welt.

662 *Johannes Müller (1864–1949)* Die Liebe ist die Bürgschaft höchster Tüchtigkeit und Leistungsfähigkeit, die Grundlage eines gelingenden, aufbauenden, fruchtbaren, erfüllenden Lebens. Sie führt zur Vollmacht zu leben und zur Meisterung des Schicksals. So ist die Liebe die Quelle aller Tugenden.

663 *L. van der Weck-Erlen* Liebe ist Menschenpflicht. Jeder soll und muß lieben – wer nicht liebt, ist unsittlich!

664 *Diotima* Die Liebe ist ihrem Sinne nach der gewaltige Schmied, der das eigene Wesen wie die sozialen Anschauungen immer wieder umformt.

665 *Werner Schneiders* Die Liebe ist der Grund und das Maß aller Tugenden; kurz, sie ist die einzige Tugend überhaupt. Ja, die Liebe ist sogar ein viel deutlicherer Name für die Sittlichkeit als der Ausdruck Tugend selber.

666 *Robert Musil (1880–1942)* Aber die Liebe ist kein Gegenstand sinnlicher Erkenntnis, daß sie mit einem Blick, oder denn auch mit einem Gefühl, zu erfassen wäre, sondern ist ein moralisches Ereignis, wie es vorsätzlicher Mord, Gerechtigkeit oder Verachtung sind.

667 *Erich Fromm (1900–1980)* L'amour est l'enfant de la liberté heißt es in einem alten französischen Lied. Die Liebe ist das Kind der Freiheit und niemals das der Beherrschung.

668 *William Shakespeare (1564–1616)*
Ein Kind ist Liebe; drum hätt' ich geirrt,
Das reif zu nennen, was stets wächst und wird?

669 *Giacomo Casanova (1725–1798)* Die Liebe ist der Gott der Natur; aber was ist schon die Natur, wenn ihr Gott ein ungezogenes Kind ist?

670 *Emanuel von Bodman (1874–1946)*
Liebe ist immer rein,
Leib glänzt in ihrem Schein.
Durch Traum und Rausch und Schmerz
lächelt ihr Kinderherz.

671 *Giacomo Casanova (1725–1798)* Die Liebe ist ein Kind, das man durch Getändel beschwichtigen muß. Eine kräftige Nahrung wäre ihr Untergang.

672 *Jean Mouroux* Liebe ist immer das Kind der Armut und des Reichtums. Sie setzt also einen Einfluß des anderen auf den Willen voraus, eine Gegenwart des Geliebten, die den liebenden Willen verwandelt!

673 *Novalis (1772–1801)* Die Liebe ist frei – sie wählt das Ärmste und Hilfsbedürftigste am liebsten.

674 *Bettina von Arnim (1785–1859)* Das irdische Leben ist Gefängnis, der Schlüssel zur Freiheit ist Liebe, sie führt aus dem irdischen Leben ins Himmlische.

675 *Friedrich von Schiller (1759–1805)* Die Liebe allein ist also eine freye Empfindung, denn ihre reine Quelle strömt hervor aus dem Sitz der Freyheit, aus unserer göttlichen Natur.

676 *Thomas Merton (1915–1968)* Denn Liebe ist die Vollkommenheit der menschlichen Freiheit. Liebe ist die Wahrheit der Freiheit.

677 *Peter Lauster (1940)* Die Liebe ist frei, sie läßt sich in jedem Augenblick neu auf das nieder, was im Moment geschieht, ich kann sie nicht in den Käfig einer Beziehung sperren.

678 *Robert Jungk (1913)* Liebe ist ohne Bescheidenheit unmöglich. Ergreift sie Besitz, fordert und zwingt sie, so muß sie vergehen.

679 *Emil Brunner (1889–1966)* Liebe ist die einzige Freiwilligkeit, also der einzige Wille, der ganz Wille ist.

680 *Günther Küchenhoff (1907)* Liebe ist zwar ihrem Wesen nach frei. Sie zwingt nicht und kann nicht erzwungen werden. Ja, sie befiehlt nicht einmal und kann auch nicht durch Befehl erreicht werden. Sie kann also nicht selbst Inhalt des Rechts werden, bleibt vielmehr außerhalb seiner und über ihm stehen. Aber sie ist doch durch das Christentum als der zentrale Kern menschlichen Seins und menschlichen Verhaltens zum anderen herausgearbeitet worden.

681 *Silvano Arieti (1914)* Die Liebe ist wie die Freiheit etwas, was bewahrt werden muß, nicht als selbstverständlich hingenommen werden darf; sie verlangt dauernde Bemühung, ein Engagement.

682 *Eva Firkel* Liebe ist niemals vergeblich. Die Liebe ist da, um geliebt zu werden. Jedoch steht nirgends geschrieben, der Liebende muß zwangsläufig von dem wiedergeliebt werden, dem er seine Neigung schenkt. Nirgends erweist sich die Würde des Menschen deutlicher als in der Freiheit der Liebe. Der Mensch ist mancher Lebensäußerung fähig, die »keinen Nutzen bringen« und keinen Zweck verfolgen. Liebe zu einem Unerreichbaren gehört dazu.

683 *Gérard Bélanger* Die Liebe, der Weg der Freiheit, ist eng und voller Hindernisse.

Liebe als Erkenntnismittel

»Liebe macht blind« und »Liebe macht wahrhaft sehend« sind die beiden Eckpfeiler der Debatte um die Erkenntnisfähigkeit des Liebenden. Dabei sind »Sehen« oder »Blindheit« u. a. Metaphern vor allem für Erfahrungen mittels des »Herzens«, der Seele, die den Menschen entweder Grundwahrheiten erkennen lassen oder aber ihm Illusionen erhalten.

684 *Ovid (43 v. Chr. – 17/18 n. Chr.)* Jeder Liebende ist blind. Die Liebe ist keine gerechte Richterin. Das häßliche Vieh nennt sie schön.

685 *Ahmad Ghazzali (1058–1111)* Die Liebe ist eine Art Trunkenheit, die, wenn sie vollkommen ist, (den Liebenden) am (Sehen und) Wahrnehmen der Ganzheit des Geliebten hindert. (Denn die Liebe ist eine Trunkenheit im Werkzeug, und das Wahrnehmen verhindert vollkommenes Wahrnehmen).

686 *John Owen (1563/64–1622)*
Die Lieb' ist blind

Je langsamer die Liebe kommt, je länger hält sie an,
Weil Haftendes nur bleiben, nicht Heftiges sein kann.
Wer heftig in der Liebe ist, gleicht Hunden im Gebären,
Blind wie ihr Junges ist die Lieb' und wird nicht lange währen.

Die Lieb' ist nicht blind
Die Lieb' ist nicht wie eine Grub' . . .

687 *Friedrich Schleiermacher (1768–1834)* Die Liebe ist blind, das ist die gemeine Rede (. . .), aber ist sie nicht im Gegenteil allein sehend?

688 *Friedrich von Schlegel (1772–1829)*
Sehen ist die Liebe, will sich nicht erlauben,
Was reizend ihr erscheint, nur um zu fliehen,
Dem Augenblicke kühn und schnell zu rauben.

689 *Bettina von Arnim (1785–1859)* Die Liebe ist das geistige Auge, sie erkennt das Himmlische, es sind Ahnungen höherer Wahrheiten, die uns der Liebe begehren machen.

690 *Eduard Mörike (1804–1875)*
Lieb ist blinde
Fischerin;
Sagt dem Kinde,
Wo greifts hin?

691 *Sprichwort*
Die Lieb' ist blind und macht blind;
wer's nicht glaubt, der ist ein Kind.

692 *George Gordon Lord Byron (1788–1824)*
Die Lieb' ist launenvoll, mir ward es klar;
Sie trotzt dem Fieber, das sie selbst entzündet,
Doch flieht sie vor dem Husten und Katarrh,
Wie auch ein Halsweh leicht sie überwindet;
Standhaft bei jeder nobeln Krankheit zwar,
Hat mit gemeinen nie sie sich verbündet:
Ein Schnupfen stört das Seufzen, schlecht nur taugen,
Ist Lieb' auch blind, für sie die rothen Augen.

693 *Nicolai Hartmann (1882–1950)* Sagt doch der Volksmund »Liebe ist blind« und meint damit: sie ist glücklich in ihrer Blindheit, sie bedarf keines Sehens.

694 *Deutsches Sprichwort* Die Liebe ist nicht blind, aber sie sieht nicht.

695 *Deutsches Sprichwort* Die Liebe ist nicht blind, sie sieht, wo die meisten Thaler sind.

696 *Michael Lukas Moeller (1937)* Die Liebe ist die Kraft in uns, die Leben in all seinen Formen entstehen läßt: unser Gefühl, wirklich dazusein; unsere Kinder; unsere schöpferischen Werke; unser Spielen ohne nützliches Ziel. Liebe erkennt das Leben. Sie macht nicht blind – das tut Verliebtheit. Sie macht sehend.

697 *Reinhold Ruthe (1927)* Liebe ist auch Liebe auf den ersten Blick.

698 *Stendhal (1783–1842)* Die Liebe ist beim ersten Anblick einer Physiognomie zugetan, die zugleich etwas zu Verehrendes und zu Bemitleidenswertes ausdrückt.

699 *Elizabeth Barret-Browning (1806–1861)* ... Früher war ich unruhiger, und meinte, ich müßte Dich mich erkennen machen. Aber die Liebe ist besser als das Sehen, und die Liebe wird ohne das Sehen auskommen.

700 *Sam Keen* Liebe ist ausschließlich. Liebende sind voneinander fasziniert, haben für nichts anderes mehr Augen.

701 *Adrienne von Speyr (1902–1967)* Die Liebe ist es, die uns unfähig macht, uns selber zum Gegenstand unserer Betrachtung, unseres Wohlwollens und Mitleidens, kurz unserer Selbsteinschätzung zu machen.

702 *José Ortega y Gasset (1883–1955)* Aber ich fürchte, daß diejenigen, die so urteilen, fast immer einer optischen Täuschung unterliegen: sie sprechen ein wenig von weitem, und die Liebe ist ein Stoff von feinster Webart, den man nur aus großer Nähe gut sehen kann.

703 *Diotima* Jawohl, aber die Liebe ist eben nicht vernünftig, sie ist sogar völlig unvernünftig, und sie ist ihrem ganzen Wesen nach »überspannt«, das heißt die höchst gesteigerte Gipfelleistung der leiblichen und seelischen Kräfte des Menschen.

704 *Simone Weil (1909–1943)* Die Liebe ist der Blick der Seele. Das heißt einen Augenblick lang sein Warten und Horchen unterbrechen.

705 *Dietrich von Hildebrand (1889–1977)* Die Liebe ist ihrem Wesen nach ein »Von-innen-Sehen«.

706 *Diotima* Ohne Zweifel ist die Liebe die große Generalinspektion des inneren und äußeren Menschen. Des Allerinnersten und des Alleräußersten am Menschen.

707 *Adrienne von Speyr (1902–1967)* Die Liebe ist objektiv. So sehr, daß sie gleich groß ist dem erwählten wie dem kaum erträglichen Menschen gegenüber.

708 *Hans-Joachim Iwand (1899–1960)* Liebe ist in erster Linie ein neues Sehen.

709 *Gregor I. (ca. 540–604)* Die Liebe selbst ist Erkenntnis.

710 *Thomas von Aquin (1224/25–1274)* Denn die Liebe ist der Erkenntnis Ende; wo also die Erkenntnis aufhört, nämlich bei jenem Wirklichen selbst, das durch ein anderes erkannt wird, da kann die Liebe sogleich beginnen.

711 *Johann Peter Hamm (1909)* Die Liebe ist es, die den Glauben lebendig macht. Sie ist die Lebensweckerin des Glaubens, da sie ja, wie St. Thomas tief begründet, die Mutter aller Tugenden ist.

712 *Thomas von Aquin (1224/25–1274)* Erkenntnis ist, sofern das Erkannte im Erkennenden ist. Liebe aber ist, sofern der Liebende mit dem Geliebten wirklich sich vereint.

713 *Ludwig Feuerbach (1804–1872)* So ist die Liebe der wahre ontologische Beweis vom Dasein eines Gegenstands außer unserem Kopfe – und es gibt keinen anderen Beweis vom Sein als die Liebe, die Empfindung überhaupt.

714 *Bettina von Arnim (1785–1859)* Liebe ist kein Irrtum, aber ach! der Wahn, der sie verfolgt.

715 *Cesare Pavese (1908–1950)* Liebe ist Sehnsucht nach Erkenntnis.

716 *Hans-Jürg Braun* Ein Erkennen besonderer Art ist die Liebe. In ihr offenbaren sich das Geliebte und der Liebende.

717 *Gisbert Kranz (1921)* Die Liebe ist ebenso wie die Erkenntnis eine wechselseitige Beziehung zwischen Subjekt und Objekt. Nicht nur strebt das Subjekt zum Objekt hin, auch das Objekt ist wirkkräftig, zieht das Subjekt an und teilt sich dem Subjekt mit.

718 *Wilhelm Heinen (1909)* Liebe ist ebenso ein Erkennen wie Erkanntwerden, sie ist ebenso ein Erstreben wie ein Erstrebtwerden, sie ist die den Menschen universal erfassende und bestimmende Gesinnung, Haltung und Strebung.

719 *Jean Mouroux* Die Liebe ist jene Kraft, die Reife schenkt, die jedes Wesen sich selbst offenbart, die es in seinem innersten Verlangen aufsucht, um es zu erheben, in seinem tiefsten Ruf, um ihn wirken zu lassen, in seinem noch verhüllten und unentschiedenen Sinn, um ihn zu entdecken und zum Erstrahlen zu bringen.

720 *Erich Fromm (1900–1980)* Der andere Weg, »das Geheimnis« zu erkennen, ist die Liebe. Liebe ist ein aktives Eindringen in den andern, wobei das eigene Verlangen, ihn zu erkennen, durch die Vereinigung gestillt wird. Im Akt der Vereinigung erkenne ich dich, erkenne ich mich, erkenne ich alle die anderen, und ich »weiß« doch nichts. Ich erkenne auf die einzige Weise, in welcher dem Menschen Erkenntnis des Lebendigen möglich ist: im Erleben von Einheit – und nicht aufgrund des Wissens, das mir mein Verstand vermittelt.

721 *Theodor W. Adorno (1903–1969)* Liebe ist die Fähigkeit, Ähnliches an Unähnlichem wahrzunehmen.

722 *Erich Fromm (1900–1980)* Liebe ist der einzige Weg zur Erkenntnis, der im Akt der Vereinigung mein Verlangen stillt. Im Akt der Liebe, im Akt der Hingabe meiner selbst, im Akt des Eindringens in den anderen finde ich mich selbst, entdecke ich mich selbst, entdecke ich uns beide, entdecke ich den Menschen.

723 *Karlheinz Deschner (1924)*
Liebe: an jemand denken,
ohne nachzudenken.

724 *Jean-Paul Sartre (1905–1980)* Die Liebe ist das Genie des Armen.

725 *Bhagwan Shree Rajneesh* Liebe ist keine logische Konsequenz. Entweder ist sie vorhanden oder sie ist nicht vorhanden. Wenn sie da ist, laß sie wachsen; wenn sie nicht da ist, nimm es hin, du kannst nichts anderes tun.

726 *Gérard Bélanger* Daß die Liebe nicht objektive Erkenntnis ist, ist Allgemeingut: wir wissen alle, daß sie unser Bild vom anderen verwandelt.

727 *Giacomo Casanova (1725–1798)* Schweig. Die Liebe ist göttlich und hellseherisch; sie weiß alles.

728 *Bettina von Arnim (1785–1859)* Liebe ist Erkenntnis; ich kann Dich nur genießen im Denken, das Dich verstehen, empfinden lernt; wenn ich Dich aber einmal ganz verstehe, gehörst Du dann mein?

729 *Jill Tweedie* Liebe ist rational, weiß um ihre eigenen Wurzeln, ist moralisch und kontrollierbar, da sie dem Kopf entspringt und nicht dem Herzen.

730 *Johannes Müller (1864–1949)* Liebe ist die Genialität des Herzens.

731 *Sam Keen* Liebe ist geoffenbartes Geheimnis. Das Geheimnis ist im Herzen verborgen.

732 *Niklas Luhmann (1927)* Alles liest sich glatt und moralisch einwandfrei, mit kleinen schlauen Vorkehrungen: Die Liebe ist geheimzuhalten, damit sie der Ehre nicht schadet, denn alle großen Dinge der Welt sind ihrer Natur nach geheim.

733 *Ivan Sviták (1925)* Liebe erträgt Lächerlichkeit nicht, weil sie lächerlich ist, sie ist eine Clownerie des Geistes.

734 *Albert Paris Gütersloh (1887–1973)* Liebe ist Bruder- und Schwestererkenntnis über so viele Generationen hinweg, daß niemandem, mit Ausnahme der Liebenden, der ihr folgende Inzest als Inzest erscheint, und auch dem sich Paarenden nur als eine schöne Metapher voll dichterischer Unglaubwürdigkeit, dank welcher die durch sie diskret vermittelte Wahrheit rasch wieder zu verschlüsselter Botschaft wird.

735 *Ivan Sviták (1925)* Die Liebe ist emotioneller Ausdruck der Mystik des Daseins, das Mysterium der Genese der Dinge, Menschen, Gedanken.

736 *Paul Kluckhohn (1886–1957)* Und mehr noch: Die Liebe wirkt magisch, ist selbst Magie, da sie zugleich die Grundkraft des Alls ist.

737 *Diotima* Eine wirkliche und wahrhafte Zauberin ist die Liebe: sie verwandelt Menschen, und sie erschafft Dinge, die es zuvor nicht gab – und wiederum nicht mehr gibt, wenn sie verschwunden ist.

738 *Heinrich Frieling (1910)* Die Liebe ist der Schlüssel zum Verständnis der Welt.

739 *Ivan Sviták (1925)* Liebe ist die Praxis der Weisheit.

740 *Karl Heinz Türk (1928)* Liebe ist weder wissenschaftlich erfaßbar noch lehrbar. Sie ist jenes irrationale Element im Leben eines Menschen, das weder klar begründbar noch abprüfbar ist, das sich vielmehr situationsbedingt zeigt, das aber zu den immanent fundamentalen Werten gehört, gelegentlich sogar entscheidend sein kann.

741 *Ivan Sviták (1925)* Liebe ist Lüge und Wahrheit zugleich, wahrhafte Lüge, objektive und subjektive Tat, Schmerz und Freude, Unempfindlichkeit und Sensibilität, sentimentaler Zynismus, zärtliche Roheit, Spitzensystem der Paradoxe, paradoxe Einheit von Paradoxen. Liebe ist die unlösbare Lösung der gelösten Unlösbarkeit.

742 *Hāfez (1326–1390)*
Die Liebe ist kein eitles Spielen,
denn Herz und Kopf steht auf dem Spiele,
und nicht allein mit heißem Drange
gelangt das glüh'nde Herz zum Ziele.

743 *François Villon (1431 – ca. 1463)*
Die Liebe ist bei Gott kein Kartenspiel,
der man zur Not mit einer falschen Zehn
nachhelfen kann, um nicht belämmert heimzugehen.

744 *Marie Luise Kaschnitz (1901–1974)* Liebe – Ein Spiel.

745 *Diotima* ... die Liebe ist kein Kinderspiel, aber das schönste, tiefste und liebste Spiel des Lebens selber.

746 *Marie Luise Thurmair* Die Liebe ist kein Spiel. Sie ist das Schwerste, was uns aufgetragen ist.

747 *Friedrich von Schiller (1759–1805)* Liebe (...), das große unfehlbare Land der empfindenden Schöpfung, ist zuletzt nur ein glücklicher Betrug.

748 *Giacomo Casanova (1725–1798)* Ich bedaure ihn aufrichtig, ohne es mir einfallen zu lassen, ihn mit den Worten zu trösten, die Liebe sei nur ein Spiel, ein jämmerlicher Trost, den nur Schwachköpfe den Liebenden spenden; denn es ist nicht einmal wahr, daß die Liebe nur ein Spiel ist.

749 *Diotima* O nein! Die Liebe ist kein Spielzeug, wenn auch ihre freundlicheren Abbilder die beliebtesten Puppen sind, mit denen die Menschenkinder spielen und sich zerstreuen.

750 *Oscar Wilde (1854–1900)*
»Die Liebe?«
»Eine Illusion.«

751 *Heinrich Heine (1797–1856)* Liebe ist ja selber der stärkste Zauber, jede andere Verzauberung muß ihr weichen.

752 *Johann Wilhelm Ritter (1776–1810)* Schlaf ist Liebe, Wachen Leben. Im Leben ist man des Tages, im Lieben der Nacht. Liebe ist Schlaf im Wachen.

753 *Karlheinz Deschner (1924)* Liebe ist die Willenskraft der Träumer.

754 *L. van der Weck-Erlen* ... denn die Liebe ist nichts Halbes – was sie verlangt und gibt, soll vollkommen sein; darum ist sie das süßeste der Ziele und – darum erscheint sie, solange wir sie träumen, gar so erhaben, weil unser Träumen stets die vollste, feurigste Hingebung vor Augen hat.

755 *Iwan Goll (1891–1950)* Die Liebe ist dein Traum.

756 *Erik Grawert-May (1944)* Die Liebe ist eine Lücke, sie besteht aus lauter Lug und Trug, ist eine Vortäuschung falscher Tatsachen ...

757 *Friedrich von Schlegel (1772–1829)* Die Liebe ist eine Realistin ...

758 *Tobias Brocher (1917)* Liebe ist realistisch, Verliebtheit hängt Illusionen nach, die nicht erfüllbar sind.

759 *René Allendy (1889–1942)* Die Liebe projiziert das Bild eines Ideals auf eine bestimmte Person und ist damit zum Teil Illusion, zum Teil Realität, je nachdem, ob die geliebte Person diesem Ideal mehr oder weniger ähnlich ist.

760 *1. Korinther 13,13* Nun aber bleiben Glaube, Hoffnung, Liebe, diese drei; aber die Liebe ist die größte unter ihnen.

761 *Martin Luther (1483–1546)* Die Liebe ist die wirkende Kraft (die energeia) des Glaubens.

762 *Angelus Silesius (1624–1677)* Die Lieb ist's Glaubens Seele.

763 *Sören Kierkegaard (1813–1855)* Liebe ist genau das Gegenteil des Mißtrauens, und doch ist sie in das gleiche Wissen eingeweiht; im Wissen sind die beiden, wenn man so will, nicht von-

einander zu unterscheiden (das Wissen ist ja eben das im unendlichen Sinne Gleichgültige); nur in der Schlußfolgerung und der Entscheidung, im *Glauben* (alles glauben, und nichts glauben) sind sie einander genau entgegengesetzt. Wenn Liebe nämlich alles glaubt, so tut sie das keineswegs im gleichen Sinne wie der Leichtsinn, die Unerfahrenheit und die Arglosigkeit, die aufgrund von Unwissenheit und Unkenntnis alles glauben. Nein, die Liebe ist gleichwohl wissend, sie weiß von allem, was das Mißtrauen weiß, doch ohne mißtrauisch zu sein; sie weiß, was die Erfahrung weiß, weiß aber zugleich, daß die sogenannte Erfahrung eigentlich jene Mischung von Mißtrauen und Liebe ist.

764 *Hans Burkhardt (1904)* Liebe ist die Art der Verständigung, die nicht auf dem Weg über das Wissen mitgeteilt werden kann. Sie ist Sache des Glaubens.

765 *Ivan Sviták (1925)* Liebe ist der Glaube ans Du und erzwingt sich einen absurden Glauben, um überhaupt zu existieren.

766 *Tobias Brocher (1917)* Liebe ist nicht möglich ohne Glaube und Hoffnung, und wer könnte annehmen, daß wir diese drei aus eigener Kraft gefunden und entwickelt hätten? Könnten wir ohne sie leben?

767 *Louis Evely* Die Liebe ist der Glaube, den man in den anderen setzt. Der Glaube, die Hoffnung, alles ist dasselbe. Es gibt im anderen immer viel mehr, als man bisher entdeckt hat.

768 *Erich Fromm (1900–1980)* Liebe ist ein Akt des Glaubens, und wer nur wenig Glauben hat, der hat auch nur wenig Liebe.

769 *Gerhard Friedrich (1908)* Wenn die Liebe alles glaubt, so heißt das nicht, daß sie leichtgläubig ist und sich von jedem anführen läßt. Erst recht ist die Liebe aber auch nicht mißtrauisch, so daß sie überall etwas Böses wittert. Die Liebe glaubt nicht an den Menschen, sondern sie glaubt an Gott und an Christus, und darum kann sie Menschen trauen. Sie glaubt an das Unglaubli-

che, sie glaubt nämlich, daß Gott Wunder tun und aus Sündern Heilige machen kann.

770 *Suzanne Brøgger (1944)* Liebe ist der reinste Zynismus, denn sie basiert auf dem Verständnis für die Begrenztheit unseres Wissens und auf der Einsicht, daß wir niemals das ganze Geheimnis des Universums oder des Menschen erfassen werden, daß wir es jedoch manchmal durch Liebe erahnen werden.

771 *Richard Dehmel (1863–1920)*
Aber die Liebe
ist das Trübe.

Liebe als Hingabe

Für die menschliche Erkenntnis ist das Unterscheiden von Werten unabdingbar. Dabei sind quantitative Elemente – groß/klein, wenig/viel, schwer/leicht – ebenso wichtig wie qualitative – gut/böse, schön/häßlich usw.

Die Liebe spielt dabei auf zweifache Weise eine Rolle: Einerseits dient sie als wertbildende und -erhaltende Kraft: »Das lieb' ich und das lieb' ich nicht.« Andererseits aber ist sie die treibende Kraft bei der Suche nach Höherem, nach mehr, in der sie selbst oft den höchsten Wert verkörpert: immer angestrebt und nie erreicht.

772 *Bernhard von Clairvaux (1090–1153)* ...Liebe ist ohne Berechnung und hat dennoch zugleich ihren Lohn; sie kann ihren Lohn sogar nur dann empfangen, wenn sie ohne Berechnung ist...

773 *Marsilio Ficino (1433–1499)* Die Liebe ist frei und entspringt ungezwungen dem freien Willen, welchen nicht einmal Gott zu beugen vermag, weil er seine Freiheit von Anbeginn beschlossen hat. Die Liebe zwingt also jedermann und leidet selbst von niemandem Gewalt. So groß ist ihre Freiheit, daß, während die übrigen Fähigkeiten und Tätigkeiten der Seele einen von ihnen selbst verschiedenen Preis begehren, die Liebe mit sich selbst zufrieden, sich selber Lohn genug ist, gleichsam als ob es außer der Liebe keinen der Liebe würdigen Preis gäbe.

774 *Dante Alighieri (1265–1321)* Denn die Liebe besteht nicht als eine selbständige Substanz, sondern ist nur ein Akzidens einer Substanz.

775 *Marsilio Ficino (1433–1499)* Die Liebe entspringt also aus der Schönheit und endet bei dem Genuß. Dies meinten auch Hierotheos und Dionysios Areopagita in jenem erhabenen Hymnus, in welchem diese Gottesgelehrten sangen: »Die Liebe ist ein guter Kreislauf, welcher sich unaufhörlich vom Guten zum Guten wendet.« Notwendigerweise ist ja die Liebe gut, da sie, dem Guten entsprossen, zum Guten zurückkehrt...

776 *William Shakespeare (1564–1616)*
So treuer Narr ist Lieb': in deinem Wesen,
was du auch tust, kann er nur Gutes lesen.

777 *Angelus Silesius (1624–1677)* Die Lieb ists höchste Gut.

778 *Gillebert de Berneville*
Liebe ist ein großes Gut,
Hüte es wohl, wer es hat.

779 *Franz von Baader (1765–1841)* Liebe ist immer etwas Besseres, als jeder der Liebenden für sich oder beide miteinander sind; darum erscheinen sich diese, solange sie sich lieben, in einem Heiligenscheine, welcher aber wieder verschwindet, sowie die Liebe erlischt.

780 *Friedrich Wilhelm Joseph Schelling (1775–1854)* Die Liebe aber ist das Höchste.

781 *Henry Drummond (1786–1860)* Die Liebe aber ist die größte.

782 *Peter Lauster (1940)* Die Liebe ist immer groß genug, sie genügt sich selbst in ihrer Bedeutung, und wenn sie da ist, verstummt die Frage nach Größe und Schicksal.

783 *Auguste Staud-Weth* Liebe ist das Größte auf der Welt. Man darf nur nicht dem Irrtum unterliegen, daß Liebe zugleich ein alles ergreifendes stürmisches Gefühl sein müsse. (Das ist Leidenschaft.)

Liebe ist Haltung, ist Tun, ist Schweigen und zuweilen Leiden.

Liebe ist ständige Bereitschaft, dem Nächsten zu helfen: Eltern, Geschwistern, Kollegen, Freundinnen, Armen, Kranken.

Liebe geht aus sich heraus und sucht Zugang zum andern. Liebe ist gegen sich selber gütig. Fordert nichts Unmögliches, sondern beharrt dabei, das Mögliche gut zu tun. Liebe ist nicht blind, sondern hellsichtig. Sie denkt und überlegt, denn sie hat Vernunft und Verstand als Helfer.

784 *Andreas Gryphius (1616–1664)*
Lieb ist, der nichts gleich zu schätzen.
Wenn man alles Gold der Welt
Gleich wollt auf die Waage setzen.
Lieb ist, die den Anschlag hält;
Lieb ist trotz der Silber-Haufen
Nur durch Liebe zu erkaufen.

785 *Friedrich Schleiermacher (1768–1834)* Liebe ist der unmittelbarste Wendepunkt zwischen Physischem und Ethischem.

786 *Luc de Clapiers Marquis de Vauvenargues (1715–1747)* Liebe ist Wohlgefallen am geliebten Gegenstand; ein Ding lieben heißt, sich über seinen Besitz, seine Anmut und sein Wohlergehen freuen und sich grämen über seinen Verfall und seinen Verlust.

787 *Stendhal (1783–1842)* Die Liebe ist die einzige Leidenschaft, die mit einer Münze bezahlt wird, die sie selbst prägt.

788 *Susan Isaacs (1885–1948)* Liebe ist der Liebe Preis.

789 *Oscar Wilde (1854–1900)* Liebe ist mehr als Geld.

790 *Sören Kierkegaard (1813–1855)* Aber dennoch erinnert diese Rede allzusehr an ein wirkliches Verrechnungsverhältnis: eine Schuld ist abgelaufen, und sie soll abgezahlt werden; Liebe ist uns erwiesen worden, und sie soll durch Liebe abgezahlt werden.

791 *Rudolf Steiner (1861–1925)* Liebe ist dasjenige, was uns immer auf Lebensschulden der Vergangenheit verweist, und weil wir vom Bezahlen der Schulden für die Zukunft nichts haben, darum haben wir selbst nichts von unseren Liebestaten. Wir müssen unsere Liebestaten zurücklassen in der Welt, da aber sind sie eingeschrieben in das geistige Weltengeschehen. Wir vervollkommnen uns nicht durch unsere Liebestaten, nur durch die anderen Taten, aber die Welt wird reicher durch unsere Liebestaten. Denn Liebe ist das Schöpferische in der Welt.

792 *Theodor Bovet (1900–1976)* Die Liebe ist von Gott; deshalb kann sie nicht in unsere Rechnung eingehen. Wenn wir die Liebe verstehen wollen, müssen wir aufhören zu rechnen und unser Gesicht Gott zuwenden.

793 *Ed Wheat* Tatsache ist, Liebe ist kostspielig. Sie verlangt dem Liebenden viel ab, selbst wenn das Geben der Liebe eine reine Freude ist. Wenn Sie die Dinge sich selbst überlassen, werden Sie fast immer Fehler machen. Liebe ist eine Kunst, die man lernen muß, und eine Disziplin, die es aufrechtzuerhalten gilt.

794 *Heinrich Schlier (1900–1978)* Die Liebe ist sehr sachlich, weil sie die Wirklichkeit liebt und sie nicht durch lässiges und eitles Übertreiben jeder Art, am wenigsten durch Überhebung eigenen Tuns und Wesens verdunkelt. Dazu ist sie gesammelt und so mit Worten sparsam. Sie liebt, und das sagt genug.

795 *Hermann Hesse (1877–1962)* Jeder weiß und erlebt es, wie leicht es ist, sich zu verlieben, und wie schwer und schön es ist,

wirklich zu lieben. Liebe ist, wie alle wirklichen Werte, nicht käuflich. Es gibt einen käuflichen Genuß, aber keine käufliche Liebe.

796 *Peter Lauster (1940)* Liebe ist nicht käuflich, höchstens Sex.

797 *Tobias Brocher (1917)* Liebe ist nicht käuflich und läßt sich auch nicht durch Bestechung oder Erpressung erzwingen. Im Gegenteil, das Gefühl der Leere, Öde und Sinnlosigkeit verstärkt sich, sobald wir versuchen, durch Täuschung und Selbsttäuschung Abkürzungswege einzuschlagen, um Liebe zu »konsumieren«.

798 *Karlheinz Deschner (1924)* Liebe – das einzige Metier der Welt, in dem die Amateure besser sind als die Profis.

799 *Diotima* Liebe ist Besitzen und Besessenwerden; es kann keiner ihre Grundtendenz ändern, nur mildern. Sie kennt – und das ist ihre Seligkeit wie ihre Hölle – nur eine Vokabel: Mein, mein, mein!

800 *Geiselher von Slatheim* Liebe ist ein gewiegter Kaufmann. Sie gewinnt am Feinde mehr als am Freunde. Denn mein Freund ist mir nahe. Wenn ich ihn auch in guter Weise liebhabe, so mindert doch die Nähe und die Gegenliebe meinen Gewinn. Aber mein Feind ist mir fern, und soll meine Liebe dahinreichen, so muß sie sich dehnen und strecken und recken, und darin liegt mein Gewinn.

801 *Bernhard Welte (1906–1983)* Niemand wird wohl daran zweifeln, daß die Liebe in jedem guten Sinn dieses Wortes eine schöne Sache ist. Aber andererseits hat jeder, der sich ernstlich um die Liebe bekümmert, mit ihr doch auch seine liebe Not.

802 *Gustav Teichmüller (1832–1888)* Nun ist aber die Liebe das Begehren nach dem Guten, als nach seinem Ziele.

803 *Hans-Joachim Iwand (1899–1960)* Liebe ist Erinnerung daran, woher wir selbst kommen, wem wir unser Gutsein – wenn es je ein Gutsein sein sollte – verdanken.

804 *José Ortega y Gasset (1883–1955)* Die Liebe ist das Streben nach etwas Gutem, insofern es gut ist – concupiscibile circa bonum –; der Haß ist ein Widerstreben, ein Abgestoßenwerden von dem Schlechten als solchem – concupiscibile circa malum.

805 *Carl Gustav Jung (1875–1961)* Bekanntlich ist »Liebe« ein dehnbarer Begriff, der vom Himmel bis zur Hölle reicht, Gutes und Böses, Hohes und Niederes in sich vereinigt.

806 *Otto Weininger (1880–1903)* So ist die Liebe ein Projektionsphänomen gleich dem Haß, kein Äquationsphänomen gleich der Freundschaft. Voraussetzung dieser ist gleiche Geltung beider Individuen; Liebe ist stets ein Setzen der Ungleichheit, der Ungleichwertigkeit. Alles, was man selbst sein möchte und nie ganz sein kann, auf ein Individuum häufen, es zum Träger aller Werte machen, daß heißt Lieben.

807 *José Ortega y Gasset (1883–1955)* Liebe ist etwas Ernsteres und Bedeutungsvolleres als das Entzücken über die Linien eines Gesichts und die Farbe einer Wange; sie ist die Entscheidung für eine gewisse Ausprägung des Menschlichen, die sich symbolisch in den Einzelheiten des Gesichts, der Stimme, der Gebärde ankündigt.

808 *Dietrich von Hildebrand (1889–1977)* Die Liebe ist eine Über-Wertantwort erstens, weil der geliebte Mensch eine Quelle des Glückes für den Liebenden ist (. . .).

Zweitens ist die Liebe eine Über-Wertantwort, weil in ihr das Interesse für den Geliebten so weit geht, daß er aufgrund seines Wertes ein objektives Gut für mich wird, und zwar im engeren Sinn des Wortes.

Endlich ist sie eine Über-Wertantwort wegen der intentio unionis – diesem über alle anderen Wertantworten hinausgehenden Interesse an dem Geliebten.

809 *Walter Brugger (1904)* Liebe ist die wertbejahende und wertschöpferische Urkraft des wollenden Geistes. Wesentlich und in ihrem Erlebniskern betrachtet, ist sie eine Willensentfaltung, als Gesamterlebnis betrachtet, die bejahende (anerkennende, schöpferische, Einigung suchende) Totalhaltung der geistigen Seele gegenüber Personen als (wirklichen oder potentiellen) Trägern geistiger Werte und gegenüber diesen Werten selbst. So führt sie die individuelle Persönlichkeit aus ihrer Vereinzelung hinaus und zum »Wirwerden« in den verschiedenen Urformen menschlicher Gemeinschaft.

810 *Leo Pollmann (1930)* Die Liebe ist nicht absolut gut, sie trägt die Möglichkeit zum Bösen in sich, aber sie ist auch kein Schicksal sondern willkommene Aufgabe, die Meisterschaft des Willens zu zeigen.

811 *Dietrich von Hildebrand (1889–1977)* Liebe ist der Inbegriff aller freundlichen Gesinnung einem anderen gegenüber, so daß man in jeder freundlichen Gesinnung ein Element der Liebe erblicken kann. So liegt in jeder wertantwortenden Freude über eine andere Person ein Liebeselement, so in jeder Begeisterung über ihn, in jeder tiefen und ausgesprochenen Bewunderung. Sogar in der Achtung liegt ein gewisses Element der Liebe.

812 *Leo Pollmann (1930)* Die Liebe ist nicht möglicherweise gut oder schlecht, edel oder unedel, es gibt nicht eine bejahte geistige Liebe und eine abschirmende sinnliche, sondern die Liebe ist eine sich selbst genügende Sinnliches und Geistiges umschließende Einheit, die über alle Zweifel erhaben gut ist, dies muß betont werden, nicht dualistisch.

813 *Nathaniel Branden* Liebe im allgemeinsten Sinn ist unsere gefühlsmäßige Reaktion auf das, was wir hochschätzen. Sie ist

die Freude, die wir angesichts der Gegenwart des geliebten Objekts empfinden, die Freude, in seiner Nähe zu sein, das Vergnügen, mit dem geliebten Wesen in eine Wechselbeziehung zu treten und in seine Existenz einbezogen zu sein.

814 *Dietrich von Hildebrand (1889–1977)* Die Liebe ist die affektivste aller Stellungnahmen und, wie gesagt, in einer Hinsicht am wenigsten appreciativ. Sie impliziert nicht ein so ausgesprochenes objektives Werturteil wie z. B. Verehrung.

815 *Nathaniel Branden* Die Liebe ist unsere Reaktion auf das, was wir als Verkörperung unserer höchsten Werte empfinden. Die Liebe ist unsere Antwort auf bestimmte Merkmale, die manche Menschen besitzen und andere nicht.

816 *Dietrich von Hildebrand (1889–1977)* Diese Dimension der Wertantwort ist, wie wir sehen werden, in ganz einzigartiger Weise in der Liebe entfaltet; die Liebe ist die Antwort des Herzens par excellence.

817 *José Ortega y Gasset (1883–1955)* So ist die Liebe ihrem eigenen Wesen nach Wahl. Und da sie aus dem Kern der Person, aus der Seelentiefe, aufsteigt, sind die Auswahlprinzipien, die über sie entscheiden, zugleich die innersten und geheimsten Wertungen, die unseren individuellen Charakter formen.

818 *Theodor Henstorff* Die Liebe ist vor allem auf gegenseitige Achtung gegründet, soweit sie nicht nur rein körperlich bedingt ist, was jedoch einer Entwertung des wahren Begriffes der Liebe gleichkäme!

819 *Gerhard Friedrich (1908)* Die Liebe ist das Plus- oder das Minuszeichen, das vor alles Tun gesetzt wird.

820 *Hans von Hattingberg (1879–1944)* Liebe ist wesentlich Wert. Sie ist Ja und Nein in einem, aber immer der Gegenpol der »Gleichgültigkeit«.

821 *Gustav Teichmüller (1832–1888)* Die Liebe hat also gewiß ein Maß und ist mithin viel und wenig. Daß sie aber auch verschiedenartig ist, sieht man aus unzähligen Erfahrungen; ich erinnere zum Beispiel an die Heirathsanträge mit dem Bescheid, daß Sie diesen oder jenen Mann zwar als Freund lieben, aber nicht zum Gatten nehmen möchten. Sie unterscheiden also verschiedene Arten von Liebe.

822 *Brockhaus Enzyklopädie (1970)* **Liebe** (ahd. liob ›lieb‹, verwandt mit ›Lob‹ und got. lubains ›Hoffnung‹), Sammelbegriff einer Vielfalt menschlicher Gefühlsbindungen, denen die rational nur unvollständig begründbare Wertbejahung eines Objektes zugrunde liegt.

823 *Bernhard Hanssler (1907)* Liebe ist dem Menschen angeboren wie der Biene der Drang, Honig zu sammeln. So ist Liebe zunächst wertneutral. Des Wertes wird sie erst ansichtig, wenn der Intellekt ihr die Werte vor den Blick bringt.

824 *Friedrich von Schlegel (1772–1829)* Die Liebe ist mehr.

825 *Gerhard Friedrich (1908)* Die Liebe ist stets schlicht und bescheiden. Sie scheint nicht mehr, als sie ist, sondern sie ist mehr, als sie scheint.

826 *Ulrich Schaffer*
die liebe ist . . .

mehr als: gute worte sagen
mehr als: verträglich sein
mehr als: alles menschliche zusammenraffen und »liebsein«
mehr als: geduldig sein
mehr als: vergeben können
mehr als: nichts böses tun
mehr als: beten
mehr als: sich selbst überwinden
mehr als: freundlich sein

mehr als: dem andern noch eine chance geben
mehr als: hoffnung haben
mehr als: glauben
mehr mehr mehr mehr

827 *Henry Drummond (1786–1860)* Liebe ist auch mehr als alle ihre aufgezählten Bestandteile – ein pulsierendes, bebendes, empfindsames, lebendes Etwas.

828 *Peter Lauster (1940)* Liebe ist mehr, als wir bisher wußten.

Liebe als Nächstenliebe

Wie entsteht die Liebe in der Welt? Für die einen scheint sie gottgegeben – ein freundliches Geschenk von ihm an seine Geschöpfe. Die anderen gehen davon aus, erst durch ihr Handeln an den Mitmenschen könnten sie Liebe für alle erfahrbar machen. Liebe wäre dann davon abhängig, wie Menschen ihre Liebesfähigkeit umsetzen.

829 *Ahmad Ghazzali (1058–1111)* Die Liebe ist in Wirklichkeit eine Heimsuchung.

830 *Thomas von Aquin (1224/25–1274)* Liebe ist das Urgeschenk. Alles, was uns sonst noch unverdient gegeben werden mag, wird erst durch sie zum Geschenk.

831 *Thomas Hobbes (1588–1679)* Die Liebe aber, mit der ein Mensch den anderen liebt, hat zwiefache Bedeutung. In beiderlei Sinn ist sie Wohlwollen. Aber etwas anderes ist die Liebe, wenn wir uns, etwas anderes die Liebe, wenn wir anderen wohlwollen.

832 *Friedrich von Schiller (1759–1805)* Liebe ist zugleich das Großmüthigste und das Selbstsüchtigste in der Natur; das erste: denn sie empfängt von ihrem Gegenstande nichts, sondern giebt ihm alles, da der reine Geist nur geben, nicht empfangen kann; das zweyte: denn es ist immer nur ihr eigenes Selbst, was sie in ihrem Gegenstande sucht und schätzet.

833 *Multatuli (1820–1887)* Liebe – ich brauche Ihnen nicht zu sagen, daß ich dieses Wort in einem hohen Sinn, einem sehr hohen Sinn verstehe – Liebe ist das Bedürfnis, zu geben und zu empfangen. Täglich erkenne ich die Richtigkeit dieser Definition.

834 *Friedrich von Schlegel (1772–1829)* ...Liebe ist Freundschaft von Kopf bis zu Füßen.

835 *Sören Kierkegaard (1813–1855)* Aber die Liebe ist eben auch ein Ereignis, das allergrößte, aber daneben das erfreulichste; Liebe ist eine Veränderung, die allermerkwürdigste, aber auch die wünschenswerteste – wir sprechen ja gerade im vorzüglichen Sinne davon, daß jemand, der von Liebe ergriffen wird, sich ändere oder verändert werde; Liebe ist eine Umwälzung, die allertiefste, aber auch die seligste!

836 *Diotima* Die Liebe ist Fatum; wo sie es ist, ist es ebenso sinnlos, sich ihr entgegenzustemmen, von außen wie von innen, wie es unmöglich ist den Strom aufzuhalten, der zum Abgrund eilt und seinen Sturz sucht.

837 *Else Lasker-Schüler (1876–1945)* Die Liebe ist ein von allerhöchsten Höhen geweihter Zustand, den man wie Duft über sich kommen lassen sollte.

838 *Gustav Teichmüller (1832–1888)* Man weiß eben, daß die Liebe unbewußt entsteht und daß sie aller möglichen Überlegung vorangeht. Die Liebe ist deshalb eine Notwendigkeit, die wir in uns vorfinden, mit welcher wir rechnen müssen, wir mögen wollen oder nicht. Darum können wir ebensowenig nicht lieben, wenn wir lieben, als lieben, wenn wir nicht lieben.

839 *Else Lasker-Schüler (1876–1945)* Die Liebe ist eine Himmelsschnuppe, ein Stück zerborstener Himmel, das unversehens ins Zweiherze fällt und himmelhochjauchzenden Zustand verströmt.

840 *Diotima* Wenn du also die Tempel und Lustgärten der Liebe betrittst, so bedenke: Die Liebe ist eine Macht über dich hinaus, über deine Macht hinaus – aber du sollst ihr die Bahn bereiten. Sie ist eine Naturgewalt, sogar die stärkste Naturgewalt, die rücksichtslos über die Grenzen und Satzungen des Kulturlebens und der bürgerlichen Existenz hinwegfegt, oft Trümmer und Leichen hinterlassend; die dich hinreißt, wohin du nicht willst, gerade wenn es eine wirklich schicksalsvolle Liebe ist; die alles schlummernde Naturhafte in dir aufruft.

841 *Johannes Müller (1864–1949)* Weil die Liebe eine unwillkürliche, anlaßlose Bewegung ist, äußert sie sich unbedingt. Sie ist ganz unabhängig von unsern Verhältnissen und unserer Umgebung, ebenso wie der Sonnenschein von alledem, worauf sein Licht fällt.

842 *Franz-Josef Nocke (1932)* Liebe ist die fundamentale von Gott geschenkte Gabe. Damit ist gemeint: Liebe wird nicht nur gefordert, sie wird zuvor schon geschenkt. Und zwar nicht nur in dem Sinne, daß erst geschenkt und dann gefordert wird, sondern die Erfüllung der Forderung wird selbst geschenkt.

843 *Sören Kierkegaard (1813–1855)* Liebe ist ja Hingebung und Aufopferung, deshalb meint die Welt, daß der Gegenstand der Liebe (er sei nun eine Geliebte oder der Freund oder die Geliebte oder eine Gemeinschaft oder die Mitlebenden, was wir künftig um der Kürze willen »der Geliebte« nennen wollen) beurteilen soll, ob Hingebung und Aufopferung bewiesen werde, und ob die bewiesene Hingebung und Aufopferung Liebe sei.

844 *Honoré de Balzac (1799–1850)* Liebe (. . .) ist das Bewußtsein geschenkter und empfangener Freuden, die Gewißheit, sie zu schenken und zu empfangen; Liebe ist ein immerwährendes brennendes Verlangen, das stets befriedigt sein will und unersättlich ist.

845 *Leopold von Sacher-Masoch (1836–1895)* Die Liebe ist die geistige Hingabe an eine andere Persönlichkeit. Man gibt seine Seele hin für eine Seele.

846 *René Allendy (1889–1942)* Die Liebe ist die Schule des Opfers.

847 *Der große Brockhaus (1955)* Liebe, die ursprünglichste menschl. Gemeinschaftsbindung. In naturhaften Triebstrukturen, die bis in die Tierwelt reichen, vorgeformt, bildet sie das Fundament für den Bau des menschl. Soziallebens. Sie ist in vielerlei Formen und Arten lebendig und umgreift alle Gemütsbereiche; immer aber ist sie durch den Drang zur Hingabe gekennzeichnet, die sich über die Dienstbereitschaft zum Opferwillen steigern kann.

848 *Eric Berne (1910–1970)* Liebe ist eine süße Falle, aus der sich keiner ohne Tränen befreien kann.

849 *Theodor Henstorff* Liebe ist ein Geschenk Gottes an die Menschen, die guten Willens sind. Sie bringt viel Glück in die Welt und adelt die Seele. Es kann aber auch viel Bitterkeit von ihr ausgehen, wenn ihr Wesen mißverstanden oder mißbraucht wird. Liebe macht mitunter blind und egoistisch, wenn die Selbstkontrolle und Selbstüberwachung des eigenen Ichs vergessen wird.

850 *Erich Fromm (1900–1980)* Liebe ist eine Aktivität und kein passiver Affekt. Sie ist etwas, das man in sich selbst entwickelt, nicht etwas, dem man verfällt. Ganz allgemein kann man den aktiven Charakter der Liebe so beschreiben, daß man sagt, sie ist in erster Linie ein Geben und nicht ein Empfangen.

851 *Erich Fromm (1900–1980)* Liebe ist kein »Affekt« in dem Sinne, daß man von jemandem »angetan« ist. Sie ist ein tätiges Streben, das in der eigenen Liebesfähigkeit wurzelt und auf die Entfaltung und das Glück der geliebten Person bedacht ist. Liebe ist somit

ein Ausdruck der eigenen Liebesfähigkeit, und die Liebe zu jemandem ist die Verwirklichung und Konzentration dieser Fähigkeit in bezug auf eine Person.

852 *Franz-Josef Nocke (1932)*
Erste Teilthese

Liebe ist wesentlich Hingabe. Weil und insofern sie Dasein-für und Mit-sein bedeutet, Sich-Einlassen auf das Schicksal anderer und Einsatz für sie, bedeutet sie Loslassen von sich selbst, Sich-Ausliefern, Sich-Aufgeben.

853 *Peter Lauster (1940)* Liebe ist Selbstfindung.

854 *Andreas Domke (1958)* Liebe ist nur die Suche nach sich selbst: Finde dich!

855 *Ernest Bornemann (1915)* Liebe ist das Klima, in dem Selbstsucht sich in Hilfe verwandelt, Liebe ist der Mikrokosmos der menschlichen Existenz.

856 *Peter Lauster (1940)* Liebe ist Zuwendung, Meditation, Kontemplation und Lebendigkeit im Augenblick. Liebe realisiert sich in der Autonomie des Individuellen als ein Ereignis, das keiner Komplimente bedarf – keine Begierde wird geweckt, keine Angst soll verdrängt werden; Liebe ist voll entfaltetes Selbstbewußtsein, das keiner Bestätigung bedarf.

857 *Erich Fromm (1900–1980)* Die Liebe ist aber nicht nur ein Geben, ihr »aktiver« Charakter zeigt sich auch darin, daß sie in allen ihren Formen stets folgende Grundelemente enthält: Fürsorge, Verantwortungsgefühl, Achtung vor dem anderen und Erkenntnis.

858 *René Allendy (1889–1942)* Die Liebe ist das menschliche Gefühl, das zum Altruismus führt, das die Schönheit des Opfers

offenbart, indem es fähig macht, an der Freude anderer teilzuhaben.

859 *Charles Baudelaire (1821–1867)* Alle Liebe ist also Prostitution.

860 *Ivan Sviták (1925)* Die Liebe ist ein Geschenk der Persönlichkeit eines Menschen dem anderen und kein Austausch von Sekreten, es ist das Geschenk der erwählten Persönlichkeit.

861 *Jean Mouroux* Hier kommt das erste Paradox der Liebe zutage: Sie ist ein Streben, das durch ein Streben, das durch ein Geschenk hervorgerufen wurde. Um ihr diesen unvollkommenen Charakter zu nehmen, müßte das Geschenk und das Streben als notwendigerweise einander bedingend, als gleicherweise absolut und ewig angenommen werden.

862 *Manfred Lay (1946)* Liebe wird niemals etwas erzwingen. Liebe ermöglicht nicht nur Freiheit, sondern erträgt und duldet sie auch, selbst dann, wenn es schmerzt, weil der Geliebte sich abwendet, sich verschließt oder gar den Liebenden bewußt verletzt. Jede Form von Zwang tötet Liebe. Liebe ist immer nur Geschenk und Angebot.

863 *Peter Lauster (1940)* Liebe ist ein Zufall, sie ist kein geplantes Geschäft.

864 *Bernhard Welte (1906–1983)* Liebe ist das Gegenteil eines bloß gemachten Gemächtes, eines bloß ausgedachten Gedankens. Sie widerfährt den Menschen, sie schenkt sich ihnen zuweilen, sie hat auch den Charakter des Glücks, das gar nicht sein muß, aber das sich schenken, eben glücken kann.

865 *Ernest Bornemann (1915)* Die »Liebe«, wenn sie überhaupt funktioniert, ist eine großzügige Emotion: Sie denkt zuerst an den anderen. Sie findet ihre größte Befriedigung in der Befriedigung, die wir einem anderen geben.

866 *Erich Fromm (1900–1980)* Kann man Liebe *haben*? Wenn man das könnte, wäre Liebe ein Ding, eine Substanz, mithin etwas, das man haben und besitzen kann. Die Wahrheit ist, daß es kein solches Ding wie »Liebe« gibt. »Liebe« ist eine Abstraktion; vielleicht eine Göttin oder ein fremdes Wesen, obwohl niemand je diese Göttin gesehen hat. In Wirklichkeit gibt es nur den *Akt des Liebens*. Lieben ist ein produktives Tätigsein, es impliziert, für jemanden (oder etwas) zu sorgen, ihn zu kennen, auf ihn einzugehen, ihn zu bestätigen, sich an ihm zu erfreuen – sei es ein Mensch, ein Baum, ein Bild, eine Idee. Es bedeutet, ihn (sie, es) zum Leben zu erwecken, seine (ihre) Lebendigkeit zu steigern. Es ist ein Prozeß, der einen erneuert und wachsen läßt.

867 *Erich Fromm (1900–1980)* Die Liebe wird nicht primär durch ein bestimmtes Objekt »hervorgerufen«, sondern es handelt sich dabei um eine im Menschen bereitliegende Eigenschaft, die durch ein bestimmtes »Objekt« aktualisiert wird. Haß ist der leidenschaftliche Wunsch zu zerstören; Liebe ist eine leidenschaftliche Bejahung eines »Objekts«. Sie ist kein »Affekt«, sondern ein tätiges Streben und eine innere Bezogenheit, deren Ziel das Glück, das Wachstum und die Freiheit ihres Objektes ist. Sie ist eine Bereitschaft, die sich grundsätzlich jeder Person und jedem Objekt einschließlich unserer selbst zuwenden kann.

868 *Tobias Brocher (1917)* Die Liebe ist fair: Sie erbringt nur das, was wir selbst bereit sind einzusetzen, und auch dann nicht als Tauschgeschäft, sondern als Überraschung.

869 *Dorothee Sölle (1929)* Die Liebe ist ein doppelseitiges Nehmen und Geben. Das bedeutet nicht, daß in jedem Augenblick einer Beziehung der Gebende auch der Nehmende ist.

870 *Erich Fromm (1900–1980)* Liebe ist die tätige Sorge für das Leben und das Wachstum dessen, was wir lieben. Wo diese tätige Sorge fehlt, ist auch keine Liebe vorhanden.

871 *Thomas Ohm (1892–1962)* Schon mit der *Etymologie* kommen wir nicht weit. »Liebe«, althochdeutsch »luba«, ist mit dem lateinischen »lubens«, das ist »gern«, verwandt und gehört mit »Lob« und »geloben« zusammen. In allen diesen Worten steckt die indogermanische Wurzel lubh oder leubh, das ist »gutheißen« und »verlangen«.

872 *Sam Keen* Liebe ist Bewunderung. Ich küsse den Boden, auf dem sie geht.

873 *Eric Berne (1910–1970)* Liebe ist die vollkommenste und edelste Beziehung zwischen den Menschen und birgt in sich das Beste aller anderen – Respekt, Bewunderung, Auslösung, Freundschaft und Intimität –, fügt aber alldem noch den eigenen Reiz und Zauber hinzu.

874 *Georg Simmel (1858–1918)* Liebe ist immer eine sozusagen aus der Selbstgenügsamkeit des Innern sich erzeugende Dynamik, die durch ihr äußeres Objekt wohl aus dem latenten in den aktuellen Zustand übergeführt, aber nicht im genauen Sinn hervorgerufen werden kann; die Seele hat sie als eine letzte Tatsache oder hat sie nicht, wir können nicht hinter sie auf irgendein äußeres oder inneres Movens zurückgehen, das mehr als gleichsam ihre Gelegenheitsursache wäre.

875 *Gerhard Friedrich (1908)* Die Liebe ist nicht nur Tat, sondern auch Nichttun. Sie ist nicht nur ein Handeln, sondern auch ein aktives Unterlassen.

876 *Deutsches Sprichwort* Die Liebe ist wie Löcher in den Strümpfen.

877 *Peter Lauster (1940)* Die Liebe ist ein Phänomen, das keine Phasen durchläuft. Entweder wir lieben oder wir lieben nicht. Es gibt nichts dazwischen. Wenn die Liebe da ist, dann gibt es keine Steigerung mehr. Es gibt nur Phasen innerhalb der Beziehung zu

dem Menschen, den wir lieben. Die Liebe ist getrennt von den Vorgängen der Beziehung.

878 *Johannes Müller (1864–1949)* Die Liebe ist Hilfe und Lebenseinfluß im eigentlichsten, tiefsten und umfassendsten Sinne. Aber sie ist unwillkürlicher Einfluß und Hilfe als unmittelbarer Beistand und innerlich notwendige Lebensäußerung. Die Liebe ist schöpferisch, aber nicht gewalttätig, ist sie doch durchaus voll Glauben und freudiger Bejahung. Sie richtet nicht, sondern ergreift. Sie setzt sich nicht auseinander, sondern in eins. Sie ist leidenschaftlicher Wille für den andern, in dem Ehrfurcht und Güte gegenüber der anderen Art und Entartung verborgen sind.

879 *Karin Struck (1947)* Liebe ist: praktisch für einen Menschen etwas tun. Nicht: sich in schönen Reden erschöpfen.

880 *Sam Keen* Liebe ist Schicksal und Gnade, nicht Arbeit oder Leistung.

881 *Bazon Brock (1936)* Auch Liebe ist Arbeit.

Liebe und Zeit

»Liebe ist ewig« – diese Idealvorstellung gilt vielleicht für das Prinzip Liebe. Bei der Liebe zwischen zwei Menschen jedoch zeigen sich temporale Aspekte. Diese Liebe hat Anfang und Ende, Vergangenheit, Gegenwart, Zukunft, ist also zumindest vom zeitlichen Gesichtspunkt her faßbar. Ankunft, Beisammensein und Abschied gehören dazu, sowie die Übereinkunft der Beteiligten, dies sei nun Liebe (gewesen).

882 *Ahmad Ghazzali (1058–1111)* Denn die Liebe ist ein Chamäleon. Immer wieder zeigt sie eine andere Farbe. Und manchmal sagt sie: Ich gehe!, aber sie geht nicht.

883 *Raimundus Lullus (1232/34–1316)* Es fragt der Geliebte den Freund: »Was ist Liebe?« Der antwortet: Die Gegenwart des Bildes und der Worte des Geliebten im seufzenden Herzen des Liebenden und die Sehnsucht in Lust und Tränen im Herzen des Freundes.

884 *William Shakespeare (1564–1616)*
Sprecht nicht, wo treue Geister eng umschlungen,
Von Hindernissen, denn das ist nicht Liebe,
Die sich verändert durch Veränderungen
Und die getrieben wird durch äußre Triebe.
O nein, sie ist der ewig feste Turm,
Der jeder Barke leuchtet durch die Nacht,
Der unzerstörbar steht in jedem Sturm,

Ihr meßt die Höhe, aber nicht die Macht.
Und Lieb' ist nimmermehr der Narr der Zeit,
Trifft rosige Wangen selbst der Sichel Schlag;
Lieb' wechselt nicht mit Stund' und Woche, weit
Reicht ihre Kraft bis zu dem letzten Tag.

885 *Angelus Silesius (1624–1677)*
Die Lieb ists schnellste Ding, sie kann für sich allein
In einem Augenblick im höchsten Himmel sein.

886 *Matthias Claudius (1740–1815)*
Die Liebe hemmet nichts;
sie kennt nicht Tür noch Riegel
Und dringt durch alles sich;

Sie ist ohn Anbeginn,
schlug ewig ihre Flügel
Und schlägt sie ewiglich.

887 *Eduard Mörike (1804–1875)*
So ist die Lieb! So ist die Lieb!
Mit Küssen nicht zu stillen:
Wer ist der Tor und will ein Sieb
Mit eitel Wasser füllen?

888 *Angelus Silesius (1624–1677)* Die Lieb ist ewig.

889 *William Shakespeare (1564–1616)*
Was ist die Lieb? Sie ist nicht künftig;
Gleich gedacht ist gleich vernünftig,
Was noch kommen soll ist wert.
Wenn ich zögre, so verscherz ich;
Komm denn Liebchen, küß mich herzig!
Jugend hält so kurze Zeit.

890 *Eduard Mörike (1804–1875)*
Lieb ist wie der Wind,

Rasch und lebendig,
Ruhet nie,
Ewig ist sie,
Aber nicht immer beständig.

891 *Ernst Moritz Arndt (1769–1860)* Darum ist auch Liebe bis auf den heutigen Tag ein unbegreifliches Wunder; darum ist Liebe der Anfang und das Ende aller Dinge; darum ist Liebe der ewige Klang und Mitlaut aller Gefühle und Geschichten, sobald der Mensch sich in Liedern und Saitenspiel über das endliche Leben hinausschwingt.

892 *William Shakespeare (1564–1616)*
Lieb' ist nicht Narr der Zeit, – von Wang' und Mund
Die Rosen ihre Sichel bald zwar bricht.
Lieb' wechselt nicht nach kurzer Woch' und Stund',
Nein, sie hält aus selbst bis zum Weltgericht.

893 *Joseph von Eichendorff (1788–1857)* Die Liebe – darüber sind nun alle Gelehrten einig – ist eine der couragiösesten Eigenschaften des menschlichen Herzens, die Bastionen von Rang und Stand schmettert sie mit einem Feuerblicke darnieder, die Welt ist ihr zu eng und die Ewigkeit zu kurz. Ja, sie ist eigentlich ein Poetenmantel, den jeder Phantast einmal in der kalten Welt umnimmt, um nach Arkadien auszuwandern.

894 *Friedrich von Schlegel (1772–1829)* Die Liebe ist nicht bloß das stille Verlangen nach dem Unendlichen; sie ist auch der heilige Genuß einer schönen Gegenwart. Sie ist nicht bloß eine Mischung, ein Übergang vom Sterblichen zum Unsterblichen, sondern sie ist eine völlige Einheit beider.

895 *anonym (18./19. Jh.)*
Lieb' ist nicht wenig, Lieb' ist nicht viel;
denn Lieb' ist ohne Maß und Ziel,
Lieb ist die ewig eine.

896 *Bettina von Arnim (1785–1859)* Liebe ist immerdar erstgeboren, sie ist ewig ein einziger Moment, Zeit ist ihr nichts, sie ist nicht in der Zeit, da sie ewig ist; sie ist kurz, die Liebe. Ewigkeit ist eine himmlische Kürze.

897 *Sören Kierkegaard (1813–1855)* Aber dies ist ein Unendlichkeitsverhältnis, und Liebe ist unendlich.

898 *Friedrich von Schiller (1759–1805)* Liebe, mein Raphael, ist das wuchernde Arkan, den entadelten König des Goldes aus dem scheinbaren Kalke wieder herzustellen, das Ewige aus dem Vergänglichen und aus dem zerstörenden Brande der Zeit das große Orakel der Dauer zu retten.

899 *Diotima* Denn die Liebe ist die einzige Urgewalt, die hartnäkkig sich ewig erhält – weil sie die Welt trägt.

900 *Margarete Susman (1872–1966)* Denn die Liebe ist es, die den Weg vom Zeitlichen zum Ewigen und vom Ewigen zum Zeitlichen zu weisen nicht aufhört und nach keiner festen Gestalt dieses Ewigen fragt, an keine sich bindet, weil diesen Weg, diese Verbindung zu schaffen das Wesen der Liebe selbst ist.

901 *Louis Evely* Die Liebe ist so weit, so schöpferisch und so wunderbar, wir werden nicht in Verlegenheit kommen, die Zeit auszufüllen, die uns gegeben ist, damit wir einander lieben lernen!

902 *Hans Rotter (1932)* Die Liebe ist das Unwandelbare in der Gestalt des Wandelbaren.

903 *Johannes Müller (1864–1949)* Die Liebe hält stand. Denn sie ist unerschöpflich, widerstandfähig gegen alle Anfechtungen, stetig und unerschütterlich, voll Hingabe und unbedingter Bereitschaft für den anderen.

904 *Novalis (1772–1801)* Die Liebe ist der Endzweck der Weltgeschichte – das Amen des Universums.

905 *Sam Keen* Liebe ist das A und O, der Morgen- und der Abendstern.

906 *Josef Rattner (1928)* Liebe ist nicht nur ein kurzfristiges Zusammenspiel von Denken, Fühlen, Wollen, Aufmerksamkeit und Einbildungskraft: sie ist eine kontinuierliche Wesensbeschaffenheit, ein psychisches Gebilde, zusammengesetzt aus Haltungen, Einstellungen und Dauermotivationen.

907 *Max Picard (1888–1965)* Die Liebe ist es, welche die echte, die innere Kontinuität schafft. Die Liebe ist es, die die Vergangenheit eines Menschen, alles, was ihm geschehen ist, zu einer inneren Einheit zusammenschließt.

908 *Otto Weininger (1880–1903)* Die Liebe überspringt die Zeit und setzt sich über die Kausalität hinweg, ohne eigenes Zutun will sie Reinheit plötzlich und unvermittelt gewinnen. Darum ist sie, als ein Wunder von außen statt von innen, in sich unmöglich, und kann ihren Zweck nie erfüllen, am wenigsten bei jenen Menschen, welche allein eigentlich in ganz unermeßlicher Weise ihrer fähig wären. Sie ist der gefährlichste Selbstbetrug, gerade weil sie den Kampf um das Gute am stärksten zu fördern scheint.

909 *Alexander Lowen* Liebe ist unsere Suche nach dem verlorenen Paradies.

910 *Jean Mouroux* Die Liebe ist ferner eine Vereinigung und eine Bewegung. Sie besteht nur durch die Gegenwart des Geliebten, nicht allein gegenüber dem Liebenden, sondern in ihm selbst. Sie ist eine innerliche, tief eingeprägte Gegenwart eines Wesens im Schoße eines anderen.

911 *L. van der Weck-Erlen* »Liebe« ist die Überzeugung, miteinander für die Dauer glücklich werden und bleiben zu können.

912 *Bhagwan Shree Rajneesh* Die Beziehung zweier Liebender hat ein Ende, aber Liebe als solche hört nie auf. Sie ist eine Kontinuität, ein Tätigkeitswort, kein Hauptwort.

913 *Joseph Ratzinger (1927)* Liebe fordert Unendlichkeit, Unzerstörbarkeit, ja sie ist gleichsam ein Schrei nach Unendlichkeit.

914 *René Allendy (1889–1942)* Die Liebe ist ein Prozeß der Person-Werdung, und dies genügt zum Nachweis, daß sie auf Unsterblichkeit zielt.

915 *Friedrich Heinrich Jacobi (1743–1819)* Die Liebe ist ein Mittel der Erhebung aus dem Sinnlichen zum Übersinnlichen, aus dem Sterblichen zum Unsterblichen; dieses Mittel geht durch die ganze Weltbildung, belebt sie, ist das lebendige Mittelglied zwischen dem Schöpfer und dem Geschöpf. Gemeines soll in Edles, Sterbliches in Unsterbliches verwandelt werden.

916 *Rudolf Steiner (1861–1925)* Liebe ist etwas, was eine ganz andere Natur hat als Weisheit und Macht. Liebe erweckt keine Hoffnungen auf die Zukunft, Liebe ist Abschlagszahlung für die Vergangenheit.

917 *Sam Keen* Liebe ist eine Sache der Zukunft, nicht der Vergangenheit.

918 *Jill Tweedie* Mit anderen Worten: Die Liebe ist in der Zukunft ansässig, eine Art rückwärts strahlender Stern, dessen Licht uns erreicht, noch ehe er zu existieren begonnen hat – und nicht erst, wenn er längst erloschen ist.

919 *Michael Lukas Moeller (1937)* Liebe ist schon Geschichte, bevor sie beginnt.

920 *Albert Paris Gütersloh (1887–1973)* Unsere persönliche Geschichte kennt ebenso gut und schmerzlich wie die biblische die Tatsache, daß Adam sehr lange allein gelebt hat, weil Eva erst

sehr spät zu ihm gestoßen ist. Die Liebe ist also der fast immer vergebliche Versuch, jenen großen Zeitraum zu überbrücken, während welchem die beiden Geschlechter keine gemeinsame Geschichte gehabt haben.

921 *John Cage (1912)* Liebe ist Erinnerung.

922 *Karin Struck (1947)* Liebe ist rücksichtslos; rücksichtsvoll ist sie nur in jenem Sinn: voll Erinnerung an Geburt, Kindheit, Tod; sie sieht zurück, sie ist nicht rücksichtsvoll, aber voll von Zurücksehen; sie ist nicht vorsichtig, aber voll von Voraussicht.

923 *Erik Grawert-May (1944)* Die Liebe ist eine Lücke, sie besteht aus lauter Lug und Trug, ist eine Vortäuschung falscher Tatsachen (. . .). Sie ist eine ewige Verschiebung, die ihre Wirkung erhält, ja erhöht, eine bleibende Distanz in Raum und Zeit.

924 *Helmut Kuhn (1899)* Die Liebe kennt kein Lebensalter und ist immer neu. Aber sie ist mehr dem frühen Lebensstadium verwandt wie umgekehrt die Eheliebe mehr dem späteren.

925 *Sam Keen* Liebe ist in unserem Lebensmittag eine Siedlerin, sie versucht, ein Haus zu bauen, einen »eigenen Herd« zu bewirtschaften, tiefe Wurzeln in die Familienerde zu schlagen, ein Stück Boden zu beackern, das durch feste Zäune abgegrenzt ist.

926 *Tobias Brocher (1917)* Auch wenn wir es gerne leugnen möchten: Liebe und Leben sind unlösbar miteinander verbunden. Die Strecke zwischen Geburt und Tod ist nicht umkehrbar. Wir vergehen und wandeln uns in jedem Augenblick. Die Liebe aber ist zeitlos. Sie reicht über diese Strecke hinaus, weit über Zeit und Raum in eine andere Dimension.

927 *Bertolt Brecht (1898–1956)* Liebe, die ist doch an Zeit nicht gebunden.

928 *Gerhard Friedrich (1908)* Während die Gnadengaben vergehen, bleibt die Liebe. Sie ist das einzig Reale. Sie ist nicht der Relativierung ausgesetzt, sondern sie ist das über diese Zeit hinausgehende Beständige.

929 *Ivan Sviták (1925)* Liebe ist nie beidseitig, sie macht Wandlungen durch in der Zeit.

930 *David Herbert Lawrence (1885–1930)* Liebe ist ein Vorrücken zum Ziel. Daher ist sie ein Wegrücken vom entgegengesetzten Ziel. Die Liebe reist himmelwärts. Von wo ist die Liebe dann aufgebrochen? Was liegt höllenwärts? Liebe ist letztlich eine positive Unendlichkeit.

931 *Denis de Rougemont (1906–1986)* Denn die Liebe ist der Weg, der über Stufen der Ekstase zu dem einigen Ursprung allem, was ist, führt, weit vom Körperlichen und von der Materie, weit von allem, was teilt und unterscheidet, jenseits des Übels, ich zu sein und zwei zu sein in der Liebe selbst.

932 *José Ortega y Gasset (1883–1955)* Hieraus ergibt sich ein neues Merkmal der Liebe: sie ist ein Strömen, ein Strahl aus Seelenmaterie, ein Fluß, der ohne Unterbruch wie aus einer Quelle hervorsprudelt. Wollten wir Metaphern suchen, die den gemeinten Wesenszug für die Anschauung deutlich machen, so könnten wir sagen, daß die Liebe keine Explosion ist, sondern ein dauerndes Quellen, eine seelische Ausstrahlung, die von dem Liebenden zum Geliebten geht.

933 *Karin Struck (1947)* Liebe ist, mit einem Geliebten in Vergangenheit und Gegenwart gehen. Liebe ist eine lange Wanderung.

934 *Bhagwan Shree Rajneesh* Jeder Liebende hat immer das Gefühl, daß etwas fehlt, weil Liebe an sich unvollkommen ist; sie ist ein Prozeß und keine Sache. Jeder Liebende glaubt deshalb,

daß etwas fehlt – aber deute dieses Gefühl nicht falsch . . . es zeigt nur, daß die selbst etwas Dynamisches ist. Sie ist wie ein Fluß, der immer weiter fließt, immer weiter.

935 *Zenta Maurina (1897–1978)* Die Liebe ist nicht ein immer gleichbleibender Edelstein, sie ist ein Fluß, der entweder zu einem Strom anschwillt oder im Sumpf versickert.

936 *Meyers Konversationslexikon (1896)* **Liebe**, rechter Nebenfluß der Weichsel in Westpreußen, entspringt im Kleinen See westlich vom Geserichsee, durchfließt den Großen-, Januschauer-, Sorgen- und Schloßsee, tritt bei Marienwerder in die Weichselniederung und mündet als *Alte Nogat* in den Weichselarm Nogat.

937 *David Herbert Lawrence (1885–1930)* Liebe ist nicht ein Ziel; sie ist nur ein Reisen.

938 *Kindervers*
Die Liebe ist ein Autobus,
Auf den man lange warten muß.
Kommt er endlich angewetzt,
Ist er meistens schon besetzt.

939 *David Herbert Lawrence (1885–1930)* Denn die Liebe ist, genaugenommen, ein Reisen. »Reisen ist besser als Ankommen«, hat einmal jemand gesagt. Das ist die Essenz des Unglaubens. Es ist ein Glaube an absolute Liebe, wo doch die Liebe von Natur relativ ist. Es ist ein Glaube an das Mittel, aber nicht an das Ziel. Es ist, genaugenommen, der Glaube an eine Kraft, denn Liebe ist eine einigende Kraft.

940 *Jill Tweedie* Aber Liebe ist etwas ganz anderes, und all diese anderen Bedürfnisse und Gefühle winden sich wie Gase, die durch den Weltraum wirbeln, in einer immer enger werdenden Spirale durch die Jahrhunderte, bis sie sich schließlich um einen kleinen festen Kern zentrieren werden, Gase, die als solche nur heiße Luft sind, die aber eines Tages für die Erschaffung einer

neuen Welt notwendig sein werden, einer Welt wahrer Liebe. Eines Tages werden wir vielleicht, wenn uns genug Zeit dazu bleibt, dahin kommen, aber noch sind wir nicht dort angelangt.

941 *Sören Kierkegaard (1813–1855)* Die Liebe ist für die Vorstellung der bloß menschlichen Auffassung wie der feurige, schnaubende Renner, der den Reiter rasch müde reitet, anstatt daß der Reiter, falls es nötig ist, den Renner sollte müde reiten können.

942 *Giacomo Casanova (1725–1798)* Ein Mädchen, das einen Mann durch das wenige, was es ihn sehen läßt, auf das übrige neugierig macht, hat ihn bereits zu drei Vierteln verliebt gemacht; denn was ist die Liebe anderes als eine Art Neugier, wie ich wetten möchte, die stärkste, die man in der Natur finden kann.

943 *Charles Fourier (1772–1837)* Darum ist die Liebe diejenige Leidenschaft, die am geeignetsten ist, Beziehungen zwischen den Menschen zu knüpfen. Keine andere überwindet so mühelos alle Entfernungen; das einfache Hirtenmädchen wird einem König ebenbürtig, sobald die Liebe es befiehlt.

944 *Franz Sawicki (1877–1952)* Die Liebe ist der höchste Adel der Seele, sie ist auch der unerschöpfliche Quellgrund ihrer Kraft. Alles Große hat die Liebe, die Begeisterung geschaffen. Die Liebe weckt die schlummernden Kräfte, sie beflügelt den Geist, sie überwindet jede Schwere, sie läßt das größte Opfer gering erscheinen.

945 *Morton M. Hunt* Ein vierter Glaubenssatz behauptet, daß die Liebe alles überwindet. Als Vergil vor langen Zeiten Omnia vincit amor schrieb, meinte er das mehr dichterisch, aber die Amerikaner mit ihrer unbelehrbar demokratischen Einstellung und ihrem unvernünftigen Optimismus glauben im Ernst, daß die Macht der Liebe alle Hindernisse, alle Vernunftgründe und alle Bindungen beseitigen kann; die Liebe ist Eltern und Lehrern, Schwiegereltern und Gesetzen überlegen und ist größer als Logik und Logi-

stik. Die Tochter eines Bergmanns aus Litauen gewinnt einen Schönheitswettbewerb und wird von Winthrop Rockefeller bemerkt; ist es nicht unvermeidlich, daß sie sich ineinander verlieben und heiraten? Die Amerikaner sind entzückt; hier ist ein Beweis, daß die Liebe alle Grenzen überwindet und alle Klüfte mühelos überspringt. Aber als Bobo und Winthrop sich nach einem Jahr trennen, schauen die Amerikaner (die eine bemerkenswerte Fähigkeit haben, die Liebe von zwei Seiten zu betrachten) weise und säuerlich drein und fragen: Was konnte man schon anderes erwarten? Und wenn sie fünf Jahre später die Scheidung und fünf Millionen Dollar bekommt, kichern sie und gestehen ein, daß sie schon immer gewußt hätten, worauf das Mädchen aus war.

946 *Bertolt Brecht (1898–1956)* Und die Liebe, und die Liebe ist vorbei.

Liebe als Liebe

Zum Schluß wollen wir bei dem Wort »Liebe« bleiben, sie als solche betrachten – herausgelöst aus jedem sozialen oder historischen Zusammenhang, losgelöst von allen Bezugspunkten.

Ist es möglich, Liebe aus sich selbst heraus zu definieren? Urteilen Sie selbst.

947 *Ahmad Ghazzali (1058–1111)* Sie (die Liebe) ist selber der Vogel, und das Nest ist sie selber. Das Wesen ist sie selber, und die Eigenschaften sind sie selber. Das Gefieder ist sie selber, und die Schwinge ist sie selber. Die Luft ist sie selber, und der Flug ist sie selber. Der Jäger ist sie selber, und das Jagdwild ist sie selber. Sie ist selber der Orientierungspunkt der Gebetsrichtung, und der sich danach Ausrichtende ist sie selber. Der Suchende ist sie selber, und das Gesuchte ist sie selber. Das Erste ist sie selber, und das Letzte ist sie selber. Der Herrscher ist sie selber, und die Untertanen sind sie selber. Das Schwert ist sie selber, und die Scheide ist sie selber. Sie ist sowohl Garten als auch Baum, sie ist sowohl Zweig als auch Frucht, sie ist sowohl Nest als auch Vogel.

948 *Andreas Capellanus (um 1200)* Also ist in dewtscher sprach lieb und lieb ain wesen, wann dann die war bestätt mynn allain mit lieb gen lieb gezaigt wirt, vnd darumb das lieb die lieb bedewt vnd sunst niehcz, daz im gleichen müg, dadurch ergeczung solicher freüd geschechen mag als lieb mit der lieb, darumb ist lieb nach dem lieb genannt.

949 *Ahmad Ghazzali (1058–1111)*
Die Liebe ist verborgen. Nie hat jemand sie von Angesicht gesehen.
Wie lange noch reden diese Liebenden sinnloses Gefasel?
Ein jeder faselt nach seinem eigenen Denken über die Liebe;
Doch die Liebe ist jenseits von allem Denken, von diesem und jenem.

950 *Andreas Capellanus (um 1200)* Lieb ist nicht auf ainem vessten grunt gepflantzet.

951 *Giordano Bruno (1548–1600)* Die Liebe ist alles und wirkt alles, und von ihr kann man alles sagen, und alles kann man ihr zuschreiben.

952 *Matthias Claudius (1740–1815)* Ja, die Lieb ist'n eigen Ding.

953 *Friedrich von Schiller (1759–1805)* Die Liebe ist das einzige in der Natur, wo auch die Einbildungskraft selbst keinen Grund findet und keine Grenze sieht.

954 *Novalis (1772–1801)* Der Liebe geht's wie der Philosophie – sie ist und soll allen alles und jedes sein. Liebe ist also das Ich – das Ideal jeder Bestrebung.

955 *Wissarion G. Belinski (1811–1848)* Die Liebe kennt ebenso viele Gattungen, wie es Menschen auf der Erde gibt, denn jeder liebt entsprechend seinem Charakter, seinen Begriffen u. s. w. Und jede Liebe ist auf ihre Weise echt und schön, wenn sie nur aus dem Herzen und nicht aus dem Kopf kommt.

956 *Friedrich Hebbel (1813–1863)* Die Liebe ist der Kern des Menschen, sie darf deshalb in ihrem gesunden Zustande so wenig zum Gegenstand der Darstellung gemacht werden, wie etwa Essen und Trinken.

957 *Erich Mühsam (1878–1934)* Was ist Liebe? Liebe ist, wenn man – – Ach was! Liebe ist Liebe!

958 *André Heller (1947)*
Das ist die Liebe.
Ist das die Liebe?
Kann sein, vielleicht ist das die Liebe.

959 *Antworten einer Umfrage* »Es gibt viele Arten von Liebe, zu einer Pflanze, zu seinem Land. Allen voran steht die Liebe zu Gott. An zweiter Stelle kommt die zum Vater oder zur Mutter. Liebe ist auch die Liebe zu seiner Frau und die Liebe zu seinen heranwachsenden und sich entwickelnden Söhnen. Man hat viele Arten von Lieben.«

»Liebe ist, alles, was menschlich ist, zu achten. Es ist ein Gefühl, das man sogar zu einer Pflanze empfinden kann. Ich bearbeite mein Land mit Liebe, weil meine Kinder und ich von den Pflanzen leben.«

»Sie ist unser Wesen, sie ermöglicht uns, in der Welt zu leben.«

»Sie ist notwendig, denn zu leben, ohne jemanden zu lieben, ist als ob man nicht lebte.«

»Man kann Liebe auf verschiedene Weise verstehen. Jemand kann ein Stück Land lieben, in das er die Arbeit fast seines ganzen Lebens hineingesteckt hat. Es kann sich auch um die Liebe zur Familie, zur Arbeit, zu allen Dingen handeln, die man unter Opfern vollbringt und für die man echte Liebe fühlt. Ich glaube, daß Liebe all das ist, was ich unter Opfern vollbringe, und daß es sich dabei um ein Gefühl handelt, das im tiefsten Teil unserer Seele geboren wird.«

»Liebe ist etwas sehr Heiliges, denn ohne Liebe gäbe es keine bessere Welt; wenn es auch Freundschaft gibt, so ist das doch nicht genug. Zunächst ist da die Liebe zu den Eltern, zum Geliebten, die Liebe zu seinem Mann, die Liebe zu den Kindern, die Liebe einer guten Freundschaft; sogar wenn man ein Tier aufzieht, muß man es lieben. Sie ist etwas Unvergleichliches, die Menschen begehen sogar Selbstmord, wenn sie die Liebe nicht kennen. Die Liebe eines Vaters ist ewig. Man hat die Liebe seiner Freunde auch, wenn sie fern sind. Auch Liebe zu Gott muß man haben, denn Gott sendet uns Liebe in Form von Verständnis.«

960 *Ivan Sviták (1925)* Liebe ist ebenso unerklärlich wie der Mensch.

961 *John Henry Mackay (1864–1933)* Liebe ist – lassen sie mich von ihr sprechen, wie wir Alle unterschiedslos von ihr sprechen, und mit den Worten, wie sie mir grade einfallen.

Liebe ist: die ›Erfüllung unseres Lebens‹, sein ›Anfang und Ende‹, der ›Weisheit letzter Schluß‹ . . .

Wir wissen nicht, woher sie kommt und wohin sie geht. Sie ›ist da‹, und sie ›stirbt an sich‹ . . .

Sie ist unser erstes und letztes Glück, macht uns ›erst zu Menschen‹, ›hebt uns über uns‹, erschließt die ›Schätze unseres Inneren‹, ist die Erweckerin unserer besten Kräfte; sie ist das Feuer unseres Hauses und ›wandelt die Erde in ein Paradies‹ . . .

962 *Anaïs Nin (1903–1977)* Liebe ist umfassend genug, um alles in sich aufzunehmen: einen in einem Buch gelesenen Satz, die Form eines in der Menge gesehenen und nun begehrten Nakkens, ein im Fenster einer vorbeifahrenden Untergrundbahn erspähtes und seither geliebtes, begehrtes Antlitz; sie ist weit genug, um eine einstige Liebe, eine zukünftige Liebe, einen Film, eine Reise, eine Szene aus einem Traum, eine Halluzination, eine Vision zu umfassen.

963 *José Ortega y Gasset (1883–1955)* Die Liebe ist eine sehr viel umfassendere, tiefere und ernstere, aber weniger heftige Leistung des Menschen. Jede Liebe geht durch die heiße Zone der »Verliebtheit« hindurch; dagegen gibt es »Verliebtheiten«, denen keine echte Liebe folgt. Verwechseln wir also nicht den Teil mit dem Ganzen!

964 *Reinhold Ruthe (1927)* Liebe ist ein komplexes Gebilde, das viele notwendige Ausdrucksformen widerspiegelt. Fehlt ein wichtiges Teilstück, läuft die Liebe nicht mehr.

965 *Peter Lauster (1940)* Die Liebe ist keine komplizierte Angelegenheit, und dennoch ist sie in der Seele der Menschen so selten anzutreffen, weil aus einer einfachen Sache etwas Kompliziertes gemacht wird, weil das Denken und die Ideologien dazwischentreten.

966 *Dagmar (30 Jahre)* Ich glaube, Liebe ist ein einziger dialektischer Prozeß. Insofern gibt es auch keine feste Definition von Liebe, denn es ist ein ständiger Entwicklungsprozeß. Liebe ist für mich letztlich auch nicht nur die zwischen Mann und Frau; das ist nur eine mögliche Form von Liebe. Ich denke, Liebe heißt auch, kämpfen und sich trennen. Wahrscheinlich ist Liebe sogar oft das Gegenteil von dem, was wir denken, im Namen der Liebe zu tun. Wir irren uns wahrscheinlich viel zu viel, was Liebe anbetrifft. Viele Handlungen, die gar keine Liebeshandlungen sind, begehen wir unter der Fahne der Liebe. Eigentlich ist Liebe etwas ganz Radikales, etwas Revolutionäres. Es ist Entwicklung an sich und auch rückhaltlose Kritik an dir selber.

Oft vollzieht sich Liebe auch nur in kleinen Handlungen. Da fühlst du etwas wie Schwingungen. Dieses nicht Greifbare und doch Spürbare.

Alles zu fühlen und zu reflektieren, was in uns ist, bis ins kleinste Gehäuse, das ist auch Liebe.

Und das ist das Revolutionäre, denn es ist die totale und schonungslose Ehrlichkeit mit dir selber. Und sie ist oft so unangenehm, weil du da zu deinen eigenen schrecklichen Ursprüngen und Widersprüchen kommst; wo du z. B. bemerkst, daß du dem anderen etwas Schreckliches wünschst.

Die Kraft der Liebe ist zum Teil wohl auch Ausstrahlung. Du spürst, wie jemand etwas meint. Es kann dir jemand sagen: »Ich liebe dich«, und du spürst, wie es gemeint ist, ob es ehrlich ist oder nicht.

Liebe ist auch Wahrheit, und das ist vielleicht das Revolutionäre.

967 *Franz Sawicki (1877–1952)* Jede(r) spricht von Liebe, aber jede(r) meint etwas anderes. Sie zeigen, wie vieldeutig oder umfassend der Begriff der Liebe ist. Wenn eine Mutter am Lager ihres kranken Kindes wacht: das ist Liebe. Wenn eine Ordensfrau die Freuden der Welt verläßt, um ihr Leben Gott und der leidenden Menschheit zu weihen: das ist Liebe. Wenn ein anderer sich in den Strudel sinnlicher Freuden stürzt, wenn er in leichtfertiger Gesellschaft sein Hab und Gut verschwendet: auch das ist Liebe. Wenn zwei Menschen ineinander die Seligkeit ihres Lebens finden: das ist Liebe.

968 *Nicolai Hartmann (1882–1950)* Liebe ist um den Ausdruck nicht verlegen, sie hat tausend Sprachen, Symbole, Offenbarungen.

969 *Eugen Fink (1905–1975)* Die Liebe hat tausend Gesichter und ist doch immer dasselbe; sie ist zugleich vieldeutig und einfach, ist labyrinthisch und schlicht. In ihrem Raume ist die äußerste leidenschaftliche Benommenheit möglich, aber auch das reinste Opfer. Sie reicht hinab in die Abgründe der Seele, in die verhängten Zonen, auf denen uraltes Tabu liegt und wo Schrecknisse lauern, und sie reicht hinauf in den Gipfel der höchsten Geistigkeit.

970 *Bernhard Welte (1906–1983)* Die Liebe ist immer eine Verheißung oder ein Versprechen in allen ihren irdischen Formen.

971 *Johannes Müller (1864–1949)* Von nichts wird so viel geredet wie von Liebe, und nichts ist so wenig bekannt und wird so wenig erfahren wie Liebe.

972 *Morton M. Hunt* Und so ist die Liebe wieder einmal, wie schon so oft in der Vergangenheit, eine paradoxe Sache.

973 *Helmut Kentler (1928)* Liebe: Jeder glaubt zu wissen, was L. ist, aber das Wort ist nicht zu definieren (denn eine Definition ist eine Bestimmung durch Abgrenzung von allem anderen, und kennzeichnend für die L. ist gerade, daß sie nicht abzugrenzen ist).

974 *Reinhold Ruthe (1927)* Liebe ist ein vertrautes Wort. Ein Begriff, der Vokabeln wie »Romanze«, »Verliebtsein«, »Glück«, »Unglück«, »Herzklopfen«, »Berauschtsein« und »Sehnsucht« umfaßt, der Tränen der Freude und Tränen des Schmerzes auslöst.

975 *Karl Neumann (1939)* »Liebe«, ein Phänomen, wie es vielschichtiger kaum angetroffen wird, hat die Menschheit im Laufe der Geschichte mit einem Vokabular bedacht, das an Vielfalt kaum übertroffen und nur schwer auf einen einheitlichen Begriff gebracht werden kann. Liebe ist Welt, Leben und Beziehungen schaffende Kraft.

976 *L. van der Weck-Erlen* Die Liebe ist zur Ausschweifung herabgewürdigt worden, gerade von denjenigen »Berufenen«, die ihr eine Literatur hätten schaffen sollen, statt dessen aber eine Pfütze zusammensudelten, in deren Dunstkreis die Geschlechtlichkeit im Auge der Sittenrichter zum Scheusal hatte herabkranken müssen; die Liebe ist zur Fratze verzerrt worden von denjenigen »Berufenen«, deren Schaffen ihr einen herrlichen und hoch gen Himmel ragenden Ehrentempel hätte aufbauen können; sie ist bis zur gesellschaftlich verpönten Unflätigkeit entartet durch diejenigen, die ihren erotischen Geschmack mittelbar oder unmittelbar der eben gekennzeichneten Kunst und Literatur verdanken.

977 *Johannes Mario Simmel (1924)* Liebe ist nur ein Wort.

978 *Bob Dylan (1941)* Liebe ist nur ein peinliches Wort.

979 *Helmut Santner* Liebe ist nicht nur ein Wort.

980 *Gerhard Kiefel (1924)*
Liebe ist mehr als ein Wort,
das einer dem anderen sagt,
Liebe geht von uns fort,
wenn sie keiner mehr wagt.

Liebe ist mehr als ein Traum,
der die Schönheit des anderen sieht,
Liebe gibt allem Raum,
auch der Nacht, der das Glück entflieht.

Liebe ist mehr als ein Ja,
das einer dem andern verspricht,
Liebe ist einfach da,
sie schenkt sich und fordert nicht.

Liebe ist mehr als ein Spiel,
das einer, der Glück hat, gewinnt.
Liebe ist immer zuviel
für den, der zu lieben beginnt.

Liebe ist mehr als ein Lied,
das einer dem anderen singt.

981 *Katja Oldenburg (1971)*
Liebe ist mehr

Liebe ist mehr –
mehr als ein Wort
Liebe ist mehr –
mehr als ein Gefühl
Liebe ist mehr –
mehr als ein Ausdruck
Liebe ist mehr
mehr als Sehnsucht
Liebe ist mehr –
mehr als Vertrauen
Liebe ist mehr –
mehr als Glaube

Liebe ist mehr –
mehr als Hoffnung
Liebe ist mehr –
mehr als das Wissen um Liebe
Liebe ist mehr –
mehr als Liebe erleben
LIEBE bist DU

982 *Antoine de Saint-Exupéry (1900–1944)* Die Liebe ist ein Ruf nach Liebe.

983 *Pierre Teilhard de Chardin (1881–1955)* Die Liebe ist, ihrer Definition nach, das Wort, dessen wir uns bedienen, um die Anziehung personaler Natur zu bezeichnen. Da im denkend gewordenen Universum alles letzten Endes sich im und zum Personalen bewegt, bildet notwendig die Liebe, eine Art von Liebe, und zwar immer mehr, in reinem Zustand den Stoff der Menschlichen Energie.

984 *Jill Tweedie* Das Wort »Liebe« ist ein weitgefaßter Oberbegriff für eine Vielzahl von Tugenden und Sünden, und da wir mit sämtlichen Vor- und Ersatzformen der Liebe bestens vertraut sind, bilden wir uns schon ein, die Liebe selbst dingfest gemacht zu haben, wo uns in Wirklichkeit nur ihr Schatten in die Hände gefallen ist.

985 *Morton M. Hunt* »Liebe«, das ist klar, ist ein Wort wie Quecksilber: Obwohl man es genau vor sich sieht, braucht man nur seinen Finger draufzulegen, und schon ist es nicht mehr dort, sondern ganz woanders.

986 *Ernest Bornemann (1915)* Denn die Liebe ist ein Dialog. Manchmal spricht der eine, und der andere hört zu. Dann wieder spricht der andere, und der erste hört zu. Sprächen beide gleichzeitig, verstünden sie einander nicht.

987 *Robert Musil (1880–1942)* Man muß sich also selbst den Reim darauf bilden, daß Gespräche in der Liebe fast eine größere Rolle spielen als alles andere. Sie ist das gesprächigste aller Gefühle und besteht zum großen Teil ganz aus Gesprächigkeit.

988 *Reinhold Ruthe (1927)*
– Liebe ist ein Wort und hat doch viele Gesichter;
– Liebe ist eine Kraft und setzt sich aus vielen Kräften zusammen;
– Liebe ist ein Ganzes, das durch viele Spielarten, Elemente und Ausdrucksformen bestimmt wird;
– Liebe drückt sich auf mancherlei Weise aus und beschreibt viele Wege zum Du.

989 *Vladimir Solov'ëv (1853–1900)* Die Liebe ist für den Menschen vorläufig dasselbe, was die Vernunft für die Tierwelt war: Sie existiert als Keim oder Anlage, aber nicht in der Wirklichkeit.

990 *Franz Alt (1938)* Liebe ist möglich.

991 *Erich Fromm (1900–1980)* Liebe ist nur möglich, wenn sich zwei Menschen aus der Mitte ihrer Existenz heraus miteinander verbinden, wenn also jeder sich selbst aus der Mitte seiner Existenz heraus erlebt. Nur dieses »Leben aus der Mitte« ist menschliche Wirklichkeit, nur hier ist Lebendigkeit, nur hier ist die Basis für Liebe.

992 *Peter Lauster (1940)* Liebe ist nur dann möglich, wenn völlige Offenheit herrscht, wenn die Sinne wach sind, wenn die Seele bereit ist zu empfinden, wenn ich verletzlich und empfänglich für das Neue des Tages bin. Liebe ist etwas, das aus dem Augenblick heraus entsteht und das man deshalb nicht festhalten kann, sondern das nur im Augenblick lebendig ist.

993 *Thomas Ohm (1892–1962)* Der Liebe ist alles möglich. Die Liebe ist zu allem fähig.

994 *Thomas Merton (1915–1968)* Wir sprechen von Liebe, aber wir leben im Haß: wir hassen im Namen der Liebe. Der Haß wird unser Protest gegen die »Unerreichbarkeit« der Liebe. In solchen Situationen wird es erforderlich zu behaupten, daß Liebe nicht unmöglich ist. Aber Liebe ist nicht irreal. Im Gegenteil, Liebe ist die einzige Realität. Alle Dinge der Welt haben ihren Ursprung in der Liebe, und wenn die Liebe nicht überall erkennbar ist, so deshalb, weil wir die Liebe nicht sehen wollen. Um es noch einmal mit allem Nachdruck zu sagen: Liebe ist die einzige Möglichkeit. Alles, was nicht Liebe ist, ist letztlich unmöglich.

995 *George Bernard Shaw (1856–1950)* Liebe ist ungewiß.

996 *André Breton (1896–1966)* Die Liebe ist vielleicht mit allen möglichen Ablenkungen zu vereinbaren, aber die Idee der Liebe ist mit keiner vereinbar.

997 *Jill Tweedie* Liebe ist alles, heißt es. Die ganze Welt dreht sich um die Liebe, heißt es.

998 *Lothar Dithmar (1958)* Liebe ist ja wohl das letzte: der letzte Schrei bei geöffnetem Fenster. Und sonst gar nichts.

999 *Dieter Duhm (1942)* Die Liebe ist ein Rätsel, das bis heute nicht gelöst ist, weder theoretisch noch praktisch, denn sie trägt noch mehr die Züge des Suchens als die der Verwirklichung.

1000 *Suzanne Brøgger (1944)* Die gängige Auffassung von Liebe als einem universellen, ewig gültigen, allgemein menschlichen Anliegen, einem Rätsel, das wir Menschen nun einmal akzeptieren oder auch verwerfen müssen je nach Begabung, ist ein totales Mißverständnis. Die Liebe ist nur aus politischen Gründen zum Rätsel gemacht worden.

1001 *Heinrich Heine (1797–1856)*

Und er sprach: Das größte Rätsel,
Süßes Kind, das ist die Liebe –
Doch wir wollen es nicht lösen.

Quellennachweis

1 zit. in: K. Menninger, *Liebe und Haß. Gedanken zur Zivilisation unserer Zeit,* Klett-Cotta, Stuttgart 1985, S. 304

2 Helmut Kuhn: *»Liebe«,* Kösel-Verlag, München 1975, S. 16

4 Ahmad Ghazzali: *Gedanken über die Liebe,* übers. und erl. von R. Gramlich, in: *Abhandlungen der Geistes- und Sozialwissenschaftlichen Klasse, Akademie der Wissenschaften und Literatur,* Mainz 1976, S. 25

5 in: *Was heißt Liebe?,* Hrsg. Rabanus-Maurus-Akademie, Verlag Josef Knecht, Frankfurt/M. 1982, S. 102

6 in: *Was heißt Liebe?,* Hrsg. Rabanus-Maurus-Akademie, Verlag Josef Knecht, Frankfurt/M. 1982, S. 92

7 zit. in: P. Kluckhohn, *Die Auffassung der Liebe in der Literatur des 18. Jahrhunderts und in der deutschen Romantik,* Halle 1922, S. 544

8 in: *Rationalität und Mystik,* Hrsg. H. D. Zimmermann, Suhrkamp Verlag, Frankfurt/M. 1981, S. 84

9 Franz von Baader: *Über Liebe, Ehe und Kunst,* Hrsg. E. Grassl, München 1953, S. 91

10 zit. in: P. Kluckhohn, *Die Auffassung der Liebe in der Literatur des 18. Jahrhunderts und in der deutschen Romantik,* Halle 1922, S. 598

11 zit. in: P. Hirt, *Das Wesen der Liebe,* phil. Diss. Immensee 1943, S. 4

12 Novalis: *Fragmente I,* Hrsg. E. Wasmuth, Heidelberg 1957, S. 442

13 Friedrich von Schlegel: *Kritische Ausgabe seiner Werke,* Bd. XVIII, *(Philosophische Lehrjahre I),* Hrsg. E. Behler, Ferdinand Schöningh Verlag, München/Paderborn/Wien 1963, S. 126

14 Bettina von Arnim: *Werke und Briefe,* Bd. II, Hrsg. G. Konrad, Frechen/Köln 1959, S. 305

15 Niklas Luhmann: *Liebe als Passion,* Suhrkamp Verlag, 2. Aufl. Frankfurt/M. 1983, S. 172

16 Bettina von Arnim: *Werke und Briefe,* Bd. II, Hrsg. G. Konrad, Frechen/Köln 1959, S. 112

17 Diotima: *Schule der Liebe,* Eugen Diederichs Verlag, Düsseldorf/Köln 1951, S. 109

18 Paul Tillich: *Liebe, Macht, Gerechtigkeit,* Verlag J. C. B. Mohr (Paul Siebeck), Tübingen 1955, S. 25

19 Friedrich von Schlegel: *Kritische Ausgabe seiner Werke,* Bd. XVIII, *(Philosophische Lehrjahre I),* Hrsg. E. Behler, Ferdinand Schöningh Verlag, München/Paderborn/Wien 1963, S. 153

20 Georg Wilhelm Friedrich Hegel: *Sämtliche Werke,* Bd. XVI, Hrsg. H. Glockner, Verlag Frommann-Holzboog, Stuttgart/Bad Cannstadt 1965, S. 227

21 Charles Baudelaire: *Gesammelte Schriften,* Bd. Vb, Dreieich 1981, S. 88

22 Friedrich Nietzsche: *Werke,* 8. Abt., Bd. II, Hrsg. G. Colli/M. Montinari, Verlag Walter de Gruyter, Berlin/New York 1970, S. 325

23 zit. in: P. Kluckhohn, *Die Auffassung der Liebe in der Literatur des 18. Jahrhunderts und in der deutschen Romantik,* Halle 1922, S. 588

24 Johann Wilhelm Ritter: *Fragmente aus dem Nachlaß eines jungen Physikers,* Verlag Freies Geistesleben, Stuttgart 1968, S. 58

25 Otto Weininger: *Geschlecht und Charakter,* Wien/Leipzig 1903, S. 337

26 Josef Stürmann: *Systematische Anthropologie,* Max Hueber Verlag, 2. Aufl. München 1957, S. 336

27 José Ortega y Gasset: *Über die Liebe,* Deutsche Verlags-Anstalt, Stuttgart 1949, S. 100

28 in: *Lust und Liebe,* Hrsg. Ch. Wulf, R. Piper Verlag, München 1985, S. 9

29 Sören Kierkegaard: *Der Liebe Tun,* Bd. I, Gütersloher Verlagshaus Gerd Mohn, Gütersloh 1983, S. 61

30 in: *Lust und Liebe,* Hrsg. Ch. Wulf, R. Piper Verlag, München 1985, S. 7f.

31 Theodor Bovet: *Die Liebe ist in unserer Mitte,* Katzmann Verlag, 3. Aufl. Tübingen 1968, S. 37f.

32 Gerhard Kiefel: *Liebe ist mehr als ein Wort,* Wuppertal/Stuttgart/Gladbeck 1980, S. 12, (c) Johannes Kiefel Verlag

33 Helmut Santner: *Über allem die Liebe,* Tyrolia-Verlag, 2. Aufl. Innsbruck/Wien 1986, Buchdeckelrückseite

34 Friedrich Nietzsche: *Werke,* 6. Abt. Bd. I, Hrsg. G. Colli/M. Montinari, Verlag Walter de Gruyter, Berlin/New York 1968, S. 192

35 Zenta Maurina: *Um des Menschen willen,* Maximilian Dietrich Verlag, Memmingen 1955, S. 95

36 Franz Sawicki: *Philosophie der Liebe,* Ferdinand Schöningh Verlag, Paderborn 1924, S. 87

37 Reinhold Ruthe: *So stell' ich mir die Liebe vor,* Herder Verlag, Freiburg/Br. 1982, S. 58

38 Heinrich Frieling: *Das Mysterium der Liebe,* Novalis Verlag, Schaffhausen 1975, S. 9

39 Andreas Domke: Empfehlung vom 19. 11. 1986 an den Herausgeber

40 Diotima: *Schule der Liebe,* Eugen Diederichs Verlag, Düsseldorf/Köln 1951, S. 44

41 Sören Kierkegaard: *Der Liebe Tun,* Bd. II, Gütersloher Verlagshaus Gerd Mohn, Gütersloh 1983, S. 248

42 Khalil Gibran: *Sand und Schaum,* Walter-Verlag, Olten/Freiburg/Br. 1976, S. 25

43 Louis Evely: *Liebe und Ehe,* Herder Verlag, Freiburg/Basel/Wien 1969, S. 54

44 Erich Fromm: *Gesamtausgabe,* Bd. IX, *(Die Kunst des Liebens),* Hrsg. R. Funk, Deutsche Verlags-Anstalt, Stuttgart 1981, S. 475

45 Vladimir Solov'ëv: *Der Sinn der Liebe,* Hrsg. P. R. Blum, Verlag Felix Meiner, (Philosophische Bibliothek Bd. 373), Hamburg 1985, S. 16

46 in: V. Solov'ëv, *Der Sinn der Liebe,* Hrsg. P. R. Blum, Verlag Felix Meiner, (Philosophische Bibliothek Bd. 373), Hamburg 1985, S. 100f.

47 Helmut Kuhn: *»Liebe«,* Kösel-Verlag, München 1975, S. 158f.

48 Ahmad Ghazzali: *Gedanken über die Liebe,* übers. und erl. von R. Gramlich, in: *Abhandlungen der Geistes- und Sozialwissenschaftlichen Klasse, Akademie der Wissenschaften und Literatur,* Mainz 1976, S. 77f.

49 Luc de Clapiers Marquis de Vauvenargues: *Gedanken und Grundsätze,* München/Leipzig 1906, S. 147

50 zit. in: R. Allendy, *Die Liebe,* Kindler Verlag, München 1975, S. 108

51 Paul Valéry: *Schlimme Gedanken und andere,* Insel Verlag, Frankfurt/M. 1963, S. 57

52 Friedrich Hebbel: *Der Mensch und die Mächte,* Hrsg. E. Vincent, Leipzig o. J., S. 143

53 René Allendy: *Die Liebe,* Kindler Verlag, 4. Aufl. München 1975, S. 58

54 Luc de Clapiers Marquis de Vauvenargues: *Betrachtungen und Maximen,* Jena 1906, S. 109

55 Friedrich Hebbel: *Der Mensch und die Mächte,* Hrsg. E. Vincent, Leipzig o. J., S. 371

56 Ivan Sviták: *Unwissenschaftliche Anthropologie,* Hrsg. P. Kruntorad, S. Fischer Verlag, Frankfurt/M. 1972, S. 254

57 Luc de Clapiers Marquis de Vauvenargues: *Gedanken und Grundsätze,* München/Leipzig 1906, S. 147

58 Friedrich Siegmund-Schultze: *Die Überwindung des Hasses,* Europa Verlag, Zürich 1946, S. 26

59 Nathaniel Branden: *Liebe für ein ganzes Leben,* Rowohlt Verlag, Reinbek b. H. 1985, S. 96f.

60 Paul Helwig: *Liebe und Feindschaft,* Ernst Reinhardt Verlag, München/Basel 1964, S. 121

61 David Herbert Lawrence: *Liebe, Sex und Emanzipation,* Diogenes Verlag, Zürich 1971, S. 121

62 Erich Fromm: *Gesamtausgabe,* Bd. II, *(Die Natur des Menschen und sein Charakter),* Hrsg. R. Funk, Deutsche Verlags-Anstalt, Stuttgart 1980, S. 73

63 Alois Hicklin: *Begegnung und Beziehung,* Benteli Verlag, Bern 1982, S. 127

64 Jill Tweedie: *Die sogenannte Liebe,* Rowohlt Verlag, 2. Aufl. Reinbek b. H. 1983, S. 172

65 Hans Rotter: *Strukturen sittlichen Handelns,* Hrsg. Universität Innsbruck, Mainz o. J., S. 29

66 René Allendy: *Die Liebe,* Kindler Verlag, 4. Aufl. München 1975, S. 21f.

67 Paul Helwig: *Liebe und Feindschaft,* Ernst Reinhardt Verlag, München/Basel 1964, S. 97

68 Paul Tillich: *Liebe, Macht, Gerechtigkeit,* Verlag J. C. B. Mohr (Paul Siebeck), Tübingen 1955, S. 71

69 Peter Lauster: *Lebenskunst,* Rowohlt Verlag, Reinbek b. H. 1984, S. 197

70 Christiane Schäfers: Nachricht vom 3. 9. 1986: schöner wär's in mir ... (A. M.)

71 Martin Buber: *Das dialogische Prinzip (Ich und Du),* Verlag Lambert Schneider, 5. Aufl. Heidelberg 1984, S. 19

72 Vladimir Solov'ëv: *Der Sinn der Liebe,* Hrsg. P. R. Blum, Verlag Felix Meiner, (Philosophische Bibliothek Bd. 373), Hamburg 1985, S. 32

73 Louis Evely: *Liebe und Ehe,* Herder Verlag, Freiburg/Basel/Wien 1969, S. 172

74 David Herbert Lawrence: *Liebe, Sex und Emanzipation,* Diogenes Verlag, Zürich 1971, S. 117

75 Pierre Teilhard de Chardin: *Werke,* Bd. VI, Walter-Verlag, Olten/Freiburg/Br. 1966, S. 283

76 in: *Kindlers Enzyklopädie – Der Mensch,* Bd. IX, *(Die Liebe des Menschen),* Hrsg. H. Wendt/N. Loacker, Kindler Verlag, Zürich 1984, S. 27

77 Martin Luther King jr.: *Kraft zum Lieben,* Christliche Verlagsanstalt, Konstanz 1983, S. 210f.

78 Emil Brunner: *Der Mensch im Widerspruch,* Theologischer Verlag, 5. Aufl. Zürich 1985, S. 218

79 in: *Frauen schreiben neue Liebesgedichte,* Hrsg. A. Thuja, Verlag Bert Schlender, 2. Aufl. Göttingen 1983, S. 9

80 *Wörterbuch der philosophischen Grundbegriffe,* Hrsg. W. Hoffmeister, Verlag Felix Meiner, (Philosophische Bibliothek Bd. 225), 2. Aufl. Hamburg 1955, S. 378f.

81 Bhagwan Shree Rajneesh: *Beziehungsdrama oder Liebesabenteuer,* Sannyas Verlag, Margarethenried 1981, S. 20

82 Erich Fromm: *Gesamtausgabe,* Bd. IX, *(Die Kunst des Liebens),* Hrsg. R. Funk, Deutsche Verlags-Anstalt, Stuttgart 1981, S. 467

83 Hans von Hattingberg: *Über die Liebe,* Ernst Reinhardt Verlag, 3. Aufl. München/Basel 1949, S. 197

84 Reinhold Ruthe: *So stell' ich mir die Liebe vor,* Herder Verlag, Freiburg/Br. 1982, S. 90

85 Friedrich von Schlegel: *Kritische Ausgabe seiner Werke,* Bd. II, *(Charakteristiken und Kriterien I),* Hrsg. H. Eichner, Ferdinand Schöningh Verlag, München/Paderborn/Wien 1967, S. 229

86 Christian Morgenstern: *Gesammelte Werke in einem Band,* Hrsg. M. Morgenstern, R. Piper Verlag, 14. Aufl. München/Zürich 1981, S. 412

87 Zenta Maurina: *Verfremdung und Freundschaft,* Maximilian Dietrich Verlag, Memmingen 1966, S. 125

88 Bhagwan Shree Rajneesh: *Beziehungsdrama oder Liebesabenteuer,* Sannyas-Verlag, Margarethenried 1981, S. 20

89 zit. in: M. M. Hunt, *Der siebte Himmel,* Ullstein Verlag, Berlin/Frankfurt/M./Wien 1963, S. 203

90 in: C. Bresgen, *Europäische Liebeslieder aus acht Jahrhunderten,* Fischer Taschenbuch Verlag, Frankfurt/M. 1981, S. 17

91 Diotima: *Schule der Liebe,* Eugen Diederichs Verlag, Düsseldorf/Köln 1951, S. 312

92 zit. in: P. Kluckhohn, *Die Auffassung der Liebe in der Literatur des 18. Jahrhunderts und in der deutschen Romantik,* Halle 1922, S. 613

93 Friedrich von Schlegel: *Kritische Ausgabe seiner Werke,* Bd. XVIII, *(Philosophische Lehrjahre I),* Hrsg. E. Behler, Ferdinand Schöningh Verlag, München/Paderborn/Wien 1963, S. 126

94 Sören Kierkegaard: *Der Liebe Tun,* Bd. I, Gütersloher Verlagshaus Gerd Mohn, Gütersloh 1983, S. 125

95 Hans Rotter: *Strukturen sittlichen Handelns,* Hrsg. Universität Innsbruck, Mainz o. J., S. 74

96 Irenäus Eibl-Eibesfeld: *Liebe und Haß,* R. Piper Verlag, 5. Aufl. München 1972, S. 182

97 Reinhold Ruthe: *So stell' ich mir die Liebe vor,* Herder Verlag, Freiburg/Br. 1982, S. 116

98 Honoré de Balzac: *Briefe an die Fremde,* Bd. II, Insel Verlag, Leipzig 1911, S. 40

99 in: (Zs.) *Sexualität Konkret,* Hrsg. H. L. Gremliza/V. Sigusch, Gremliza Verlag, Hamburg 1984, S. 21

100 Diotima: *Schule der Liebe,* Eugen Diederichs Verlag, Düsseldorf/Köln 1951, S. 296

101 Bhagwan Shree Rajneesh: *Beziehungsdrama oder Liebesabenteuer,* Sannyas Verlag, Margarethenried 1981, S. 108

102 Peter Lauster: *Die Liebe,* Rowohlt Verlag, Reinbek b. H. 1982, S. 219

103 Alex Comfort: *Joy of Sex,* Ullstein Verlag, Frankfurt/M./Berlin/Wien 1981, S. 50

104 in: *Kindlers Enzyklopädie – Der Mensch,* Bd. IX, *(Die Liebe des Menschen),* Hrsg. H. Wendt/N. Loacker, Kindler Verlag, Zürich 1984, S. 85

105 Christiane Schäfers: Nachricht vom 3. 9. 1986: Aber was ist ein Indefinitum, wenn schon die gemeinsamen Fakten bisher so dünne sind? (A. M.)

106 Francesco Alberoni: *Verliebt sein und lieben,* Deutsche Verlags-Anstalt, Stuttgart 1983, S. 36

107 Ivan Sviták: *Unwissenschaftliche Anthropologie,* Hrsg. P. Kruntorad, S. Fischer Verlag, Frankfurt/M. 1972, S. 166

108 Josef Rattner: *Menschenkenntnis durch Charakterkunde,* Verlag Hoffmann & Campe, Hamburg 1983, S. 374

109 Stendhal: *Über die Liebe,* 3. Aufl. Frankfurt/M. 1979, S. 99

110 in: *Kindlers Enzyklopädie – Der Mensch,* Bd. IX, *(Die Liebe des Menschen),* Hrsg. H. Wendt/N. Loacker, Kindler Verlag, Zürich 1984, S. 18

111 Andreas Domke: Mitteilung vom 19. 11. 1986 (A. M.)

112 Ed Wheat: *Liebe ist Leben,* Verlag Schulte & Gerth, 3. Aufl. Asslar 1986, S. 49

113 Oscar Wilde: *Das Bildnis des Dorian Gray,* 3. Aufl. München 1981, S. 85

114 Diotima, *Schule der Liebe,* Eugen Diederichs Verlag, Düsseldorf/Köln 1951, S. 18

115 Erich Fromm: *Gesamtausgabe,* Bd. IV, *(Wege aus einer kranken Gesellschaft),* Hrsg. R. Funk, Deutsche Verlags-Anstalt, Stuttgart 1980, S. 27

116 Bhagwan Shree Rajneesh: *Beziehungsdrama oder Liebesabenteuer,* Sannyas Verlag, Margarethenried 1981, S. 49

117 Erich Fromm: *Gesamtausgabe,* Bd. IX, *(Die Kunst des Liebens),* Hrsg. R. Funk, Deutsche Verlags-Anstalt, Stuttgart 1981, S. 518
118 Volkmar Sigusch: *Vom Trieb und von der Liebe,* Campus Verlag, 2. Aufl. Frankfurt/M./New York 1984, S. 18
119 in: *Führende Worte,* Bd. IV, Hrsg. A. Grunow, Berlin 1965, S. 245
121 Franz von Baader: *Über Liebe, Ehe und Kunst,* Hrsg. E. Grassl, München 1953, S. 123
122 zit. in: Th. Ohm, *Die Liebe zu Gott in den nichtchristlichen Religionen,* Erich Wewel Verlag, Krailling vor München 1950, S. 344
123 Ahmad Ghazzali: *Gedanken über die Liebe,* übers. und erl. von R. Gramlich, in: *Abhandlungen der Geistes- und Sozialwissenschaftlichen Klasse, Akademie der Wissenschaften und Literatur,* Mainz 1976, S. 65f.
124 Marsilio Ficino: *Über die Liebe oder Platons Gastmahl,* Hrsg. P. R. Blum, Verlag Felix Meiner, (Philosophische Bibliothek Bd. 368), Hamburg 1984, S. 81
125 in: *Lutherlexikon,* Hrsg. K. Aland, Verlag Vandenhoeck & Ruprecht, 4. Aufl. Göttingen 1983, S. 219
126 zit. in: M. Rößler, *Liebe – Das Ja zum Leben,* Don Bosco Verlag, 3. Aufl. München 1984, S. 60
127 Angelus Silesius: *Cherubinischer Wandersmann,* Hrsg. W.-E. Peuckert, Wiesbaden 1948, S. 10
128 Friedrich Heinrich Jacobi: *Fliegende Blätter,* Hrsg. R. Gumpert, Heidelberg 1965, S. 79
129 Friedrich von Schlegel: *Kritische Ausgabe seiner Werke,* Bd. XVIII, *(Philosophische Lehrjahre I),* Hrsg. E. Behler, Ferdinand Schöningh Verlag, München/Paderborn/Wien 1963, S. 186
130 Franz Marc: *Schriften,* Hrsg. K. Lankheit, DuMont Buchverlag, Köln 1978, S. 207
131 Novalis: *Werke,* Bd. II, Hrsg. J. Minor, Jena 1907, S. 285
132 in: *Achim von Arnim und die ihm nahestanden,* Bd. II, *(Achim von Arnim und Bettina Brentano),* Hrsg. R. Steig/H. Grimm, Stuttgart/Berlin 1913, S. 77
133 zit. in: Th. Ohm, *Die Liebe zu Gott in den nichtchristlichen Religionen,* Erich Wewel Verlag, Krailling vor München 1950, S. 497
134 in: *Leibniz,* ausgew. und eingel. von F. Heer, Frankfurt/M. 1958, S. 170
135 Angelus Silesius: *Cherubinischer Wandersmann,* Hrsg. W.-E. Peuckert, Wiesbaden 1948, S. 174
136 Friedrich von Schlegel: *Kritische Ausgabe seiner Werke,* Bd. XVIII, *(Philosophische Lehrjahre I),* Hrsg. E. Behler, Ferdinand Schöningh Verlag, München/Paderborn/Wien 1963, S. 374

137 Bettina von Arnim: *Werke und Briefe,* Bd. II, Hrsg. G. Konrad, Frechen/Köln 1959, S. 363

138 Angelus Silesius: *Cherubinischer Wandersmann,* Hrsg. W.-E. Peuckert, Wiesbaden 1948, S. 40

139 Friedrich von Schlegel: *Kritische Ausgabe seiner Werke,* Bd. XVIII, *(Philosophische Lehrjahre I),* Hrsg. E. Behler, Ferdinand Schöningh Verlag, München/Paderborn/Wien 1963, S. 153

140 Friedrich von Schiller: *Werke,* Bd. XX, Hrsg. B. von Wiese, Weimar 1962, S. 119

141 Bettina von Arnim: *Werke und Briefe,* Bd. II, Hrsg. G. Konrad, Frechen/Köln 1959, S. 178

142 Angelus Silesius: *Cherubinischer Wandersmann,* Hrsg. W.-E. Peuckert, Wiesbaden 1948, S. 205

143 Bettina von Arnim: *Werke und Briefe,* Bd. II, Hrsg. G. Konrad, Frechen/Köln 1959, S. 333

144 Friedrich von Schlegel: *Kritische Ausgabe seiner Werke,* Bd. XVIII, *(Philosophische Lehrjahre I),* Hrsg. E. Behler, Ferdinand Schöningh Verlag, München/Paderborn/Wien 1963, S. 558

145 zit. in: P. Kluckhohn: *Die Auffassung der Liebe in der Literatur des 18. Jahrhunderts und in der deutschen Romantik,* Halle 1922, S. 330f.

146 zit. in: P. Kluckhohn, *Die Auffassung der Liebe in der Literatur des 18. Jahrhunderts und in der deutschen Romantik,* Halle 1922, S. 294

147 Bettina von Arnim: *Werke und Briefe,* Bd. II, Hrsg. G. Konrad, Frechen/Köln 1959, S. 174

148 zit. in: P. Kluckhohn, *Die Auffassung der Liebe in der Literatur des 18. Jahrhunderts und in der deutschen Romantik,* Halle 1922, S. 268

149 Friedrich von Schiller: *Werke,* Bd. I, Salzburg 1980, S. 404

150 Sören Kierkegaard: *Der Liebe Tun,* Bd. II, Gütersloher Verlagshaus Gerd Mohn, Gütersloh 1983, S. 240

151 Knut Hamsun: *Sämtliche Romane und Erzählungen,* Bd. I, *(Victoria),* Paul List Verlag, München 1977, S. 1003

152 in: Sri Aurobindo/Die Mutter, *Über die Liebe,* Hrsg. B. P. Saint-Hilaire, Sri Aurobindo Ashram Publications, 2. Aufl. o. O. 1977, S. 18

153 Louis Evely: *Liebe und Ehe,* Herder Verlag, Freiburg/Basel/Wien 1969, S. 26

154 Khalil Gibran: *Sand und Schaum,* Walter-Verlag, Freiburg/Br. 1976, S. 25

155 Rudolf Steiner: *Credo. Der einzelne und das All,* in: *Wahrspruchworte,* (Gesamtausgabe (GA) 140), Hrsg. E. Froböse/P. Jenny, Rudolf Steiner Verlag, Dornach 1986, S. 274f.

156 Hans-Joachim Iwand: *Nachgelassene Werke,* Bd. IV, Christian Kaiser Verlag, München 1964, S. 76
157 René Allendy: *Die Liebe,* Kindler Verlag, 4. Aufl. München 1975, S. 113
158 Hugo von Hofmannsthal: *Aufzeichnungen,* Hrsg. H. Steiner, S. Fischer Verlag, Frankfurt/M. 1959, S. 194
159 Gustav Teichmüller: *Ueber das Wesen der Liebe,* Leipzig 1879, S. 102
160 Heinrich Frieling: *Das Mysterium der Liebe,* Novalis Verlag, Schaffhausen 1975, S. 49f.
161 in: Sri Aurobindo/Die Mutter, *Über die Liebe,* Hrsg. B. P. Saint-Hilaire, Sri Aurobindo Ashram Publications, 2. Aufl. o. O. 1977, S. 3f.
162 in: *Was heißt Liebe?,* Hrsg. Rabanus-Maurus-Akademie, Verlag Josef Knecht, Frankfurt/M. 1982, S. 39
163 Bernhard Welte: *Dialektik der Liebe,* Verlag Josef Knecht, Frankfurt/M. 1973, S. 38
164 Helmut Kuhn: *»Liebe«,* Kösel-Verlag, München 1975, S. 143f.
165 Walter-Gerd Bauer: *Revolution des Geistes,* Ernst Reinhardt Verlag, München/Basel 1958, S. 89
166 zit. in: Th. Ohm, *Die Liebe zu Gott in den nichtchristlichen Religionen,* Erich Wewel Verlag, Krailling vor München 1950, S. 392
167 Jack H. Holland: *Die Macht der Liebe,* Ariston Verlag, Genf 1984, S. 108
168 Friedrich von Schlegel: *Kritische Ausgabe seiner Werke,* Bd. XXII, *(Philosophische Vorlesungen I),* Hrsg. J.-J. Anstett, Ferdinand Schöningh Verlag, München/Paderborn/Wien 1964, S. 53
169 Theodor Bovet: *Die Liebe ist in unserer Mitte,* Katzmann Verlag, 3. Aufl. Tübingen 1968, S. 274
170 Gabriel Marcel: *Metaphysisches Tagebuch,* Herold Verlag, Wien/München 1955, S. 305
171 in: *Was ist Liebe?,* Hrsg. Vorstand des Engadiner Kollegiums, M & T Verlag, 2. Aufl. Zürich 1985, S. 67
172 Anne Philipe: *Nur einen Seufzer lang,* Rowohlt Verlag, Reinbek b. H. 1964, S. 44
173 Sören Kierkegaard: *Der Liebe Tun,* Bd. II, Gütersloher Verlagshaus Gerd Mohn, Gütersloh 1983, S. 240
174 José Ortega y Gasset: *Über die Liebe,* Deutsche Verlags-Anstalt, Stuttgart 1949, S. 99
175 David Herbert Lawrence: *Liebe, Sex und Emanzipation,* Diogenes Verlag, Zürich 1971, S. 118
176 Peter Lauster: *Die Liebe,* Rowohlt Verlag, Reinbek b. H. 1982, S. 34
177 Max Rößler: *Liebe – Das Ja zum Leben,* Don Bosco Verlag, 3. Aufl. München 1984, S. 22

178 José Ortega y Gasset: *Über die Liebe,* Deutsche Verlags-Anstalt, Stuttgart 1949, S. 108
179 Else Lasker-Schüler: *Dichtungen und Dokumente,* Hrsg. E. Ginsberg, Kösel-Verlag, München 1951, S. 118
180 Sören Kierkegaard: *Der Liebe Tun,* Bd. I, Gütersloher Verlagshaus Gerd Mohn, Gütersloh 1983, S. 134
181 Johannes Müller: *Die Liebe,* C. H. Beck'sche Verlagsbuchhandlung, München 1922, S. 79
182 August Adam: *Der Primat der Liebe,* Verlag Butzon & Bercker, 6. Aufl. Kevelaer 1954, S. 103
183 Johannes Müller: *Die Liebe,* C. H. Beck'sche Verlagsbuchhandlung, München 1922, S. 1
184 Ernesto Cardenal: *Das poetische Werk,* Bd. IV, *(Das Buch von der Liebe),* Peter Hammer Verlag, Wuppertal 1985, S. 39
185 August Adam: *Der Primat der Liebe,* Verlag Butzon & Bercker, 6. Aufl. Kevelaer 1954, S. 217
186 Adrienne von Speyr: *Über die Liebe,* Johannes Verlag, Einsiedeln 1976, S. 38
187 Thomas Ohm: *Die Liebe zu Gott in den nichtchristlichen Religionen,* Erich Wewel Verlag, Krailling vor München, S. 265
188 Ferdinand Krenzer: *Morgen wird man wieder glauben,* Lahn-Verlag, 33. Aufl. Limburg 1987, S. 87
189 Reinhold Ruthe: *So stell' ich mir die Liebe vor,* Herder Verlag, Freiburg/Br. 1982, S. 136
190 Rudolf Steiner: *Die Liebe und ihre Bedeutung in der Welt,* Rudolf Steiner Verlag, Dornach 1980, S. 13
191 Hans-Joachim Iwand: *Nachgelassene Werke,* Bd. II, Christian Kaiser Verlag, München 1966, S. 122
192 Erich Przywara: *Liebe,* Herder Verlagsbuchhandlung, Freiburg/Br. 1924, S. 33f.
193 Bernhard Welte: *Dialektik der Liebe,* Verlag Josef Knecht, Frankfurt/M. 1973, S. 50
194 Gerhard Friedrich: *Was heißt das: Liebe?,* Calwer Verlag, Stuttgart 1972, S. 40f.
195 Gérard Bélanger: *Über das Unbehagen der Menschen,* Lahn-Verlag, Limburg 1969, S. 125
196 Johannes Müller: *Die Liebe,* C. H. Beck'sche Verlagsbuchhandlung, München 1922, S. 5f.
197 Lew Nikolajewitsch Tolstoi: *Tagebuch 1895–1898,* Hrsg. L. Rubiner, Zürich/Leipzig/Stuttgart 1929, S. 207f.

198 Johannes Müller: *Die Liebe,* C. H. Beck'sche Verlagsbuchhandlung, München 1922, S. 63

199 Johann Peter Hamm: *Die Macht der Liebe,* Augustinus-Verlag, Würzburg o. J., S. 142

200 Günther Küchenhoff: *Naturrecht und Liebesrecht,* Georg Olms Verlagsbuchhandlung, Hildesheim 1962, S. 82

201 Thomas Ohm: *Die Liebe zu Gott in den nichtchristlichen Religionen,* Erich Wewel Verlag, Krailling vor München 1950, S. 422

202 August Adam: *Der Primat der Liebe,* Verlag Butzon & Bercker, 6. Aufl. Kevelaer 1954, S. 205

203 in: F. Krenzer/M. Lay/M. Belzer, *Das glaub ich und so leb ich,* Lahn-Verlag, Limburg 1985, S. 34

204 in: *Zeit der Kirche,* Herder Verlag, 3. Aufl. Freiburg/Br. 1962, S. 190

205 Martin Luther King jr.: *Kraft zum Lieben,* Christliche Verlagsanstalt, Konstanz 1983, S. 69

206 Günther Küchenhoff: *Naturrecht und Liebesrecht,* Georg Olms Verlagsbuchhandlung, Hildesheim 1962, S. 65

207 in: E. Bornemann, *Wir machen keinen langen Mist . . .,* Fischer Taschenbuch Verlag, Frankfurt/M. 1981, S. 124

208 Ivan Sviták: *Unwissenschaftliche Anthropologie,* Hrsg. P. Kruntorad, S. Fischer Verlag, Frankfurt/M. 1972, S. 256

209 Henry Miller: *Meine Jugend hat spät begonnen,* Fischer Taschenbuch Verlag, Frankfurt/M. 1973, S. 107

210 Thomas Ohm: *Die Liebe zu Gott in den nichtchristlichen Religionen,* Erich Wewel Verlag, Krailling vor München 1950, S. 493

211 in: *Was heißt Liebe?,* Hrsg. Rabanus-Maurus-Akademie, Verlag Josef Knecht, Frankfurt/M. 1982, S. 103

212 Jean Mouroux: *Größe und Elend des Menschen,* Herder Verlag, Wien o. J., S. 252f.

213 Cesare Pavese: *Das Handwerk des Lebens – Tagebuch 1935–1950,* Claassen Verlag, Hamburg 1956, S. 178

214 Bernhard Welte: *Dialektik der Liebe,* Verlag Josef Knecht, Frankfurt/M. 1973, S. 70

215 Lothar Dithmar: Gedrechseltes vom Sept. 1986 – Tja, mein Jungää: durchhalten . . .

216 Diotima: *Schule der Liebe,* Eugen Diederichs Verlag, Düsseldorf/Köln 1951, S. 89

217 in: *Die Psychologie des 20. Jahrhunderts,* Bd. XV, Hrsg. G. Condrau, Kindler Verlag, Zürich 1979, S. 416

218 Jack H. Holland: *Die Macht der Liebe,* Ariston Verlag, Genf 1984, S. 65

219 Bernhard Welte: *Dialektik der Liebe,* Verlag Josef Knecht, Frankfurt/M. 1973, S. 71
220 Jean Mouroux: *Größe und Elend des Menschen,* Herder Verlag, Wien o. J., S. 270
221 Jack H. Holland: *Die Macht der Liebe,* Ariston Verlag, Genf 1984, S. 107
222 Karl Adam: *Glaube und Liebe,* Verlag Josef Habbel, 2. Aufl. Regensburg 1927, S. 10
223 Hans-Joachim Iwand: *Nachgelassene Werke,* Bd. II, Christian Kaiser Verlag, München 1966, S. 122
224 Helmut Kuhn: *»Liebe«,* Kösel-Verlag, München 1975, S. 104
225 Heinrich Scholz: *Eros und Caritas,* Max Niemeyer Verlag, Halle (Saale) 1929, S. 55
226 Sören Kierkegaard: *Der Liebe Tun,* Bd. II, Gütersloher Verlagshaus Gerd Mohn, Gütersloh 1983, S. 332
227 Otto Weininger: *Geschlecht und Charakter,* Wien/Leipzig 1903, S. 340
228 Emmanuelle Arsan: *Emmanuelle oder Die Schule der Lust,* Rowohlt Verlag, Reinbek b. H. 1986, S. 165
229 Herbert Meier: *Der verborgene Gott,* Verlag Glock & Lutz, Nürnberg 1963, S. 57
230 Herbert Achternbusch: *Das Gespenst,* 2001-Verlag, 2. Aufl. Frankfurt/M. 1983, S. 77
231 Lothar Dithmar: Dieses kam postalisch am 18. 4. 1986 zu mir: keep cool man . . . (A. M.)
232 in: *Was ist Liebe?,* Hrsg. Vorstand des Engadiner Kollegiums, M & T Verlag, 2. Aufl. Zürich 1985, S. 65
233 Eugen Fink: *Grundphänomene des menschlichen Daseins,* Hrsg. E. Schütz/F.-A. Schwarz, Verlag Karl Alber, Freiburg/München 1979, S. 336
234 Zenta Maurina: *Über Liebe und Tod,* Maximilian Dietrich Verlag, Memmingen 1960, S. 45
235 Henry Drummond: *Die Liebe aber ist die größte,* Verlag Schulte & Gerth, 8. Aufl. Asslar 1983, S. 45
236 in: *Gedichte des Barock,* Hrsg. U. Maché/V. Meid, Reclam Verlag, Stuttgart 1980, S. 16
237 in: *Kindlers Enzyklopädie – Der Mensch,* Bd. IX, *(Die Liebe des Menschen),* Hrsg. H. Wendt/N. Loacker, Kindler Verlag, Zürich 1984, S. 303
238 Friedrich Heinrich Jacobi: *Fliegende Blätter,* Hrsg. R. Gumpert, Heidelberg 1965, S. 80

239 Friedrich von Schlegel: *Kritische Ausgabe seiner Werke,* Bd. V, *(Dichtungen),* Hrsg. H. Eichner, Ferdinand Schöningh Verlag, München/Paderborn/Wien 1962, S. 197

240 zit. in: P. Kluckhohn, *Die Auffassung der Liebe in der Literatur des 18. Jahrhunderts und in der deutschen Romantik,* Halle 1922, S. 515

241 zit. in: P. Kluckhohn, *Die Auffassung der Liebe in der Literatur des 18. Jahrhunderts und in der deutschen Romantik,* Halle 1922, S. 320

242 Bettina von Arnim: *Werke und Briefe,* Bd. II. Hrsg. G. Konrad, Frechen/Köln 1959, S. 112

243 Bhagwan Shree Rajneesh: *Beziehungsdrama oder Liebesabenteuer,* Sannyas Verlag, Margarethenried 1981, S. 80

244 Peter Lauster: *Die Liebe,* Rowohlt Verlag, Reinbek b. H. 1982, S. 131

245 in: *Der große Herder,* Bd. V, Herder Verlag, 5. Aufl. Freiburg/Br. 1954, S. 1313

246 Johannes Müller: *Die Liebe,* C. H. Beck'sche Verlagsbuchhandlung, München 1922, S. 17

247 Zenta Maurina: *Über Liebe und Tod,* Maximilian Dietrich Verlag, Memmingen 1960, S. 7

248 Bhagwan Shree Rajneesh: *Beziehungsdrama oder Liebesabenteuer,* Sannyas Verlag, Margarethenried 1981, S. 115

249 Peter Lauster: *Die Liebe,* Rowohlt Verlag, Reinbek b. H. 1982, S. 82

250 in: F. Krenzer/M. Lay/M. Belzer, *Das glaub ich und so leb ich,* Lahn-Verlag, Limburg 1985, S. 28

251 Adrienne von Speyr: *Über die Liebe,* Johannes Verlag, Einsiedeln 1976, S. 98f.

252 Bhagwan Shree Rajneesh: *Beziehungsdrama oder Liebesabenteuer,* Sannyas Verlag, Margarethenried 1981, S. 48

253 Dietrich von Hildebrand: *Gesammelte Werke,* Bd. III, *(Das Wesen der Liebe),* Verlag Josef Habbel/W. Kohlhammer, Regensburg 1971, S. 57

254 Hans von Hattingberg: *Über die Liebe,* Ernst Reinhardt Verlag, 3. Aufl. München/Basel 1949, S. 16

255 José Ortega y Gasset: *Über die Liebe,* Deutsche Verlags-Anstalt, Stuttgart 1949, S. 114

256 Kim Amani: *Manchmal denke ich im Traum,* Verlag Bert Schlender, 2. Aufl. Göttingen 1984, S. 8

257 Aleke Thuja: *Träf dich nur das Zauberwort,* Verlag Bert Schlender, Göttingen 1985, S. 72

258 Paul Helwig: *Liebe und Feindschaft,* Ernst Reinhardt Verlag, München/Basel 1964, S. 105

259 Max Rößler: *Liebe – Das Ja zum Leben,* Don Bosco Verlag, 3. Aufl. München 1984

260 José Ortega y Gasset: *Über die Liebe,* Deutsche Verlags-Anstalt, Stuttgart 1949, S. 196

261 Diotima: *Schule der Liebe,* Eugen Diederichs Verlag, Düsseldorf/Köln 1951, S. 19

262 in: *Sexualität Konkret,* Bd. I, Hrsg. L. Gremliza, Neuer Konkret Verlag, Hamburg 1979, S. 15

263 in: E. Cardenal, *Das poetische Werk,* Bd. IV, *(Das Buch von der Liebe),* Peter Hammer Verlag, Wuppertal 1985, S. 9

264 Franz Sawicki: *Philosophie der Liebe,* Ferdinand Schöningh Verlag, Paderborn 1924, S. 82

265 L. van der Weck-Erlen: *Das goldene Buch der Liebe,* Bd. I, Rowohlt Verlag, Reinbek b. H. 1978, S. 64

266 Peter Lauster: *Die Liebe,* Rowohlt Verlag, Reinbek b. H. 1982, S. 233

267 in: *Radius Almanach 1981/82,* Hrsg. W. Erk, Radius Verlag, Stuttgart 1981, S. 31

268 Reinhold Ruthe: *So stell' ich mir die Liebe vor,* Herder Verlag, Freiburg/Br. 1982, S. 13

269 Diotima: *Schule der Liebe,* Eugen Diederichs Verlag, Düsseldorf/Köln 1951, S. 43

270 Theodor Lorch: *Lust und Last der Liebe,* Calwer Verlag, Stuttgart 1963, S. 6

271 Peter Lauster: *Die Liebe,* Rowohlt Verlag, Reinbek b. H. 1982, S. 235

272 in: G. Uhlenbruck/H. H. Skupy/H. H. Kersten, *Ein gebildeter Kranker,* Gustav Fischer Verlag, 2. Aufl. Stuttgart/New York 1983, S. 8

273 Emil Brunner: *Der Mensch im Widerspruch,* Theologischer Verlag, 5. Aufl. Zürich 1985, S. 485

274 Alexander Lowen: *Der Verrat am Körper,* Rowohlt Verlag, Reinbek b. H. 1982, S. 107

275 Wilhelm Busch: *Sämtliche Werke,* Bd. II, *(Was beliebt ist auch erlaubt),* Hrsg. R. Hochhuth, C. Bertelsmann Verlag, Gütersloh o. J., S. 316

276 Jill Tweedie: *Die sogenannte Liebe,* Rowohlt Verlag, 2. Aufl. Reinbek b. H. 1983, S. 10

277 in: Ch. Mei/G. Reinke, *Jenseits von Mond und Mitternacht: Frauen sprechen über Liebe,* Fischer Taschenbuch Verlag, Frankfurt/M. 1983, S. 125

278 Jill Tweedie: *Die sogenannte Liebe,* Rowohlt Verlag, 2. Aufl. Reinbek b. H. 1983, S. 262

279 Franz Sawicki: *Philosophie der Liebe,* Ferdinand Schöningh Verlag, Paderborn 1924, S. 89

280 Diotima: *Schule der Liebe,* Eugen Diederichs Verlag, Düsseldorf/Köln 1951, S. 42

281 Peter Lauster: *Die Liebe,* Rowohlt Verlag, Reinbek b. H. 1982, S. 242

282 L. van der Weck-Erlen: *Das goldene Buch der Liebe,* Bd. I, Rowohlt Verlag, Reinbek b. H. 1978, S. 9

284 Knut Hamsun: *Sämtliche Romane und Erzählungen,* Bd. I, *(Victoria),* Paul List Verlag, München 1977, S. 1054

285 Angelus Silesius: *Cherubinischer Wandersmann,* Hrsg. W.-E. Peuckert, Wiesbaden 1948, S. 111

286 Marsilio Ficino: *Über die Liebe oder Platons Gastmahl,* Hrsg. P. R. Blum, Verlag Felix Meiner, (Philosophische Bibliothek Bd. 368), Hamburg 1984, S. 67

287 Bertolt Brecht: *Gedichte über die Liebe,* ausg. von W. Hecht, Suhrkamp Verlag, Frankfurt/M. 1982, S. 137

288 Angelus Silesius: *Cherubinischer Wandersmann,* Hrsg. W.-E. Peuckert, Wiesbaden 1948, S. 92

289 in: *Liebe,* Hrsg. H. Mönnich, Bruckmann Verlag, München 1978, S. 39

290 Johannes Müller: *Die Liebe,* C. H. Beck'sche Verlagsbuchhandlung, München 1922, S. 68

291 Franz-Josef Nocke: *Liebe, Tod und Auferstehung,* Kösel-Verlag, 2. durchges. Aufl. München 1986, S. 159

292 Karin Struck: *Lieben,* Suhrkamp Verlag, 3. Aufl. Frankfurt/M. 1981, S. 32

293 Karin Struck: *Lieben,* Suhrkamp Verlag, 3. Aufl. Frankfurt/M. 1981, S. 150

294 Heiner Müller: *Quartett,* Verlag der Autoren, Frankfurt/M. 1981, S. 25

295 Karin Struck: *Lieben,* Suhrkamp Verlag, 3. Aufl. Frankfurt/M. 1981, S. 447

296 Max Rößler: *Liebe – Das Ja zum Leben,* Don Bosco Verlag, 3. Aufl. München 1984, S. 18

297 in: *Was heißt Liebe?,* Hrsg. Rabanus-Maurus-Akademie, Verlag Josef Knecht, Frankfurt/M. 1982, S. 95

298 Bhagwan Shree Rajneesh: *Beziehungsdrama oder Liebesabenteuer,* Sannyas Verlag, Margarethenried 1981, S. 64

299 Franz-Josef Nocke: *Liebe, Tod und Auferstehung,* Kösel-Verlag, 2. durchges. Aufl. München 1986, S. 169

300 René Allendy: *Die Liebe,* Kindler Verlag, 4. Aufl. München 1975, S. 115

301 Eugen Fink: *Grundphänomene des menschlichen Daseins,* Hrsg. E. Schütz/F.-A. Schwarz, Verlag Karl Alber, Freiburg/München 1979, S. 349

302 Eugen Fink: *Grundphänomene des menschlichen Daseins,* Hrsg. E. Schütz/F.-A. Schwarz, Verlag Karl Alber, Freiburg/München 1979, S. 348

303 Alexander Lowen: *Liebe und Orgasmus,* Kösel-Verlag, München 1980, S. 82

304 Zenta Maurina: *Mosaik des Herzens,* Maximilian Dietrich Verlag, 6. Aufl. Memmingen 1958, S. 148f.

305 Cesare Pavese: *Das Handwerk des Lebens – Tagebuch 1935–1950,* Claassen Verlag, Hamburg 1956, S. 408

306 Eugen Fink: *Grundphänomene des menschlichen Daseins,* Hrsg. E. Schütz/F.-A. Schwarz, Verlag Karl Alber, Freiburg/München 1979, S. 349

307 Hans von Hattingberg: *Über die Liebe,* Ernst Reinhardt Verlag, 3. Aufl. München/Basel 1949, S. 83

308 in: *Deutsches Sprichwörter-Lexikon,* Bd. III, Hrsg. K. F. W. Wander, Leipzig 1873, S. 136 (Nr. 148)

309 zit. in: P. Kluckhohn, *Die Auffassung der Liebe in der Literatur des 18. Jahrhunderts und in der deutschen Romantik,* Halle 1922, S. 19

310 Angelus Silesius: *Cherubinischer Wandersmann,* Hrsg. W.-E. Peuckert, Wiesbaden 1948, S. 130

311 zit. in: M. M. Hunt, *Der siebte Himmel,* Berlin/Frankfurt/M./Wien 1963, S. 17

312 Friedrich von Schlegel: *Kritische Ausgabe seiner Werke,* Bd. XXII, *(Philosophische Vorlesungen I),* Hrsg. J.-J. Anstett, Ferdinand Schöningh Verlag, München/Paderborn/Wien 1964, S. 66

313 Jean Paul: *Werke,* Bd. V, Hrsg. N. Miller, Carl Hanser Verlag, München 1963, S. 797

314 Friedrich Hebbel: *Der Mensch und die Mächte,* Hrsg. E. Vincent, Leipzig o. J., S. 371

315 Helmut Kuhn: *»Liebe«,* Kösel-Verlag, München 1975, S. 89

316 Diotima: *Schule der Liebe,* Eugen Diederichs Verlag, Düsseldorf/Köln 1951, S. 271

317 Georg Simmel: *Fragmente und Aufsätze,* Hrsg. G. Kantorowicz, Georg Olms Verlag, Hildesheim 1967, S. 115

318 Franz von Baader: *Über Liebe, Ehe und Kunst,* Hrsg. E. Grassl, München 1953, S. 133

319 Johannes Müller: *Die Liebe,* C. H. Beck'sche Verlagsbuchhandlung, München 1922, S. 18f.
320 Diotima: *Schule der Liebe,* Eugen Diederichs Verlag, Düsseldorf/Köln 1951, S. 102
321 René Allendy: *Die Liebe,* Kindler Verlag, 4. Aufl. München 1975, S. 29
322 Johann Wolfgang von Goethe: *Wilhelm Meisters Lehrjahre,* Bd. I, München o. J., S. 52
323 Peter Lauster: *Die Liebe,* Rowohlt Verlag, Reinbek b. H. 1982, S. 30
324 José Ortega y Gasset: *Über die Liebe,* Deutsche Verlags-Anstalt, Stuttgart 1949, S. 132
325 Arthur Koestler: *Der Mensch – Irrläufer der Evolution,* Scherz Verlag, Bern/München 1978, S. 88
326 Ninon de Lenclos: *Briefe der Ninon de Lenclos,* Verlag Rogner & Bernhard, München 1968, S. 72
327 Jean Mouroux: *Größe und Elend des Menschen,* Herder Verlag, Wien o. J., S. 251
328 Walter Trobisch: *Liebe ist ein Gefühl, das man lernen muß,* R. Brockhaus Verlag, 13. Aufl. Wuppertal 1983, S. 11
329 in: *Was ist Liebe?,* Hrsg. Vorstand des Engadiner Kollegiums, M & T Verlag, 2. Aufl. Zürich 1985, S. 52
330 Michael Lukas Moeller: *Die Liebe ist das Kind der Freiheit,* Rowohlt Verlag, Reinbek b. H. 1986, S. 47
331 Joan Walsh Anglund: *Liebe ist ein wundersames Gefühl,* Walter-Verlag, 39. Aufl. Olten/Freiburg/Br. 1983, o. S.
332 Martin Luther King jr.: *Kraft zum Lieben,* Christliche Verlagsanstalt, Konstanz 1983, S. 64
333 in: A. Müller, *Entblößungen,* Goldmann Verlag, München 1979, S. 285
334 Werner Schneiders: *Naturrecht und Liebesethik,* Georg Olms Verlag, Hildesheim 1971, S. 205
335 Alois Hicklin: *Begegnung und Beziehung,* Benteli Verlag, Bern 1982, S. 127
336 Max Müller: *Philosophische Anthropologie,* Hrsg. W. Vossenkuhl, Verlag Karl Alber, Freiburg/München 1974, S. 172f.
337 Joan Walsh Anglund: *Liebe ist ein wundersames Gefühl,* Walter-Verlag, 39. Aufl. Olten/Freiburg i. Br. 1983, o. S.
338 Konrad Wilutzky: *Die Liebe,* Eugen Diederichs Verlag, Jena 1920, S. 18
339 Georg Simmel: *Fragmente und Aufsätze,* Hrsg. G. Kantorowicz, Georg Olms Verlag, Hildesheim 1967, S. 63
340 Peter Lauster: *Die Liebe,* Rowohlt Verlag, Reinbek b. H. 1982, S. 166

341 zit. in: E. Walster/W. Walster: *Liebe ist mehr,* mgv-Moderne Verlagsgesellschaft, München 1979, S. 23
342 Sri Aurobindo/Die Mutter: *Über die Liebe,* Hrsg. B. P. Saint-Hilaire, Sri Aurobindo Ashram Publications, 2. Aufl. o. O. 1977, S. 51
343 in: Ch. Mei/G. Reinke, *Jenseits von Mond und Mitternacht: Frauen sprechen über Liebe,* Fischer Taschenbuch Verlag, Frankfurt/M. 1983, S. 58
344 in: Ch. Mei/G. Reinke, *Jenseits von Mond und Mitternacht: Frauen sprechen über Liebe,* Fischer Taschenbuch Verlag, Frankfurt/M. 1983, S. 125
345 in: *Was ist Liebe?,* Hrsg. Vorstand des Engadiner Kollegiums, M & T Verlag, 2. Aufl. Zürich 1985, S. 66
346 Gabriel Laub: *Denken verdirbt den Charakter,* Carl Hanser Verlag, München/Wien 1984, S. 86
347 Walter Trobisch: *Liebe ist ein Gefühl, das man lernen muß,* R. Brockhaus Verlag, 13. Aufl. Wuppertal 1983, S. 19
348 Walter Trobisch: *Liebe ist ein Gefühl, das man lernen muß,* R. Brockhaus Verlag, 13. Aufl. Wuppertal 1983, S. 8
349 zit. in: M. M. Hunt, *Der siebte Himmel,* Ullstein Verlag, Berlin/Frankfurt/M./Wien 1963, S. 50
350 Andreas Capellanus: *De amore,* Hrsg. A. Karnein, München 1970, S. 67
351 in: *Lyrik des Abendlands,* Hrsg. G. Britting, München 1953, S. 226
352 Andreas Capellanus: *De amore,* Hrsg. A. Karnein, München 1970, S. 68
353 in: *Weisheiten der Zigeuner,* Hrsg. M. Bonsack, Wiesbaden 1982, S. 58
354 Andreas Capellanus: *De amore,* Hrsg. A. Karnein, München 1970, S. 67
355 Benedictus de Spinoza: *Werke,* Bd. II, Hrsg. K. Blumenstock, Darmstadt 1978, S. 357
356 José Ortega y Gasset: *Über die Liebe,* Deutsche Verlags-Anstalt, Stuttgart 1949, S. 102
357 Peter Lauster: *Die Liebe,* Rowohlt Verlag, Reinbek b. H. 1982, S. 120
358 William Shakespeare: *Romeo und Julia,* I, 1
359 Heinrich Heine: *Buch der Lieder,* München o. J., S. 72f.
360 Richard Wagner: *Dichtungen und Schriften,* Bd. X, Hrsg. D. Borchmeyer, Insel Verlag, Frankfurt/M. 1983, S. 174
361 Ninon de Lenclos: *Briefe der Ninon de Lenclos,* Verlag Rogner & Bernhard, München 1968, S. 139
362 in: *Deutsches Sprichwörter-Lexikon,* Bd. III, Hrsg. K. F. W. Wander, Leipzig 1873, S. 136 (Nr. 157)
363 Honoré de Balzac: *Briefe an die Fremde,* Bd. II, Insel Verlag, Leipzig 1911, S. 231

364 Udo Rabsch: *Der Hauptmann von Stuttgart,* Konkursbuch Verlag, Tübingen 1981, S. 333
365 Herbert Meier: *Der verborgene Gott,* Verlag Glock & Lutz, Nürnberg 1963, S. 56
366 Otto Weininger: *Geschlecht und Charakter,* Wien/Leipzig 1903, S. 332
367 Diotima: *Schule der Liebe,* Eugen Diederichs Verlag, Düsseldorf/Köln 1951, S. 373
368 Wilhelm Busch: *Gesamtausgabe,* Bd. V, Hrsg. O. Nöldeke, 4. Aufl. München 1943, S. 305
369 Diotima: *Schule der Liebe,* Eugen Diederichs Verlag, Düsseldorf/Köln 1951, S. 350
370 Ninon de Lenclos: *Briefe der Ninon de Lenclos,* Verlag Rogner & Bernhard, München 1968, S. 30
371 zit. in: H. Kuhn, *Liebe und Gesellschaft,* Stuttgart 1980, S. 64
372 Stendhal: *Über die Liebe,* 3. Aufl. Frankfurt/M. 1979, S. 66
373 Jean Paul: *Sämtliche Werke,* 2. Abt. Bd. V, Hrsg. Preußische Akademie der Wissenschaften, Weimar 1936, S. 75
374 Heinrich Heine: *Sämtliche Werke,* Bd. VIII, Hrsg. O. Walzel, Leipzig 1913, S. 244f.
375 Johann Heinrich Zedler: *Großes Universal Lexikon,* Bd. XVII, Halle/Leipzig 1738, S. 950
376 Johann Wolfgang von Goethe zu Riemer am 11. 7. 1810
377 Ninon de Lenclos: *Briefe der Ninon de Lenclos,* Verlag Rogner & Bernhard, München 1968, S. 175
378 Ludwig Feuerbach: *Anthropologischer Materialismus,* Bd. I, Hrsg. A. Schmidt, Frankfurt/M./Wien 1967, S. 141
379 Franz von Baader: *Über Liebe, Ehe und Kunst,* Hrsg. H. Grassl, München 1953, S. 65
380 Erich Fromm: *Gesamtausgabe,* Bd. IV, *(Wege aus einer kranken Gesellschaft),* Hrsg. R. Funk, Deutsche Verlags-Anstalt, Stuttgart 1980, S. 26f.
381 Denis de Rougemont: *Die Liebe und das Abendland,* Verlag Kiepenheuer & Witsch, Köln/Berlin 1966, S. 216
382 Bhagwan Shree Rajneesh: *Beziehungsdrama oder Liebesabenteuer,* Sannyas Verlag, Margarethenried 1981, S. 27
383 in: *Kindlers Enzyklopädie – Der Mensch,* Bd. IX, *(Die Liebe des Menschen),* Hrsg. H. Wendt/N. Loacker, Kindler Verlag, Zürich 1984, S. 85
384 Thomas Ohm: *Die Liebe zu Gott in den nichtchristlichen Religionen,* Erich Wewel Verlag, Krailling vor München 1950, S. 4
385 Stendhal: *Über die Liebe,* Zürich 1981, S. 181

386 in: *Sexualität Konkret,* Bd. I, Hrsg. H. L. Gremliza, Neuer Konkret Verlag, Hamburg 1979, S. 15

387 Birgitta Assheuer, 27. Nov. 1986: Nachricht aus Köln von B. – auch kein Rosengarten dort . . . (A. M.)

388 Niklas Luhmann: *Liebe als Passion*, Suhrkamp Verlag, 2. Aufl. Frankfurt/M. 1983, S. 57

389 Franz-Josef Nocke: *Liebe, Tod und Auferstehung,* Kösel-Verlag, München 1986, S. 93

390 Hans Burkhardt: *Die unverstandene Sinnlichkeit,* Wiesbaden 1973, S. 31, (c) by Limes Verlag, München und Hans Burkhardt, München

391 Bhagwan Shree Rajneesh: *Beziehungsdrama oder Liebesabenteuer,* Sannyas Verlag, Margarethenried 1981, S. 113

392 Karin Struck: *Lieben,* Suhrkamp Verlag, 3. Aufl. Frankfurt/M. 1981, S. 54

393 Diotima: *Schule der Liebe,* Eugen Diederichs Verlag, Düsseldorf/Köln 1951, S. 36f.

394 Friedrich Georg Jünger: *Gespräche,* Vittorio Klostermann Verlag, Frankfurt/M. 1948, S. 78

395 Pablo Neruda: *Viele sind wir,* herausgegeben, übertragen und eingeleitet von Erich Arendt, Hermann Luchterhand Verlag, (Sammlung Luchterhand Bd. 73), 4. Aufl. Neuwied/Darmstadt 1975, S. 200

396 Eugen Fink: *Grundphänomene des menschlichen Daseins,* Hrsg. E. Schütz/F.-A. Schwarz, Verlag Karl Alber, Freiburg/München 1979, S. 429

397 Jean Mouroux: *Größe und Elend des Menschen,* Herder Verlag, Wien o. J., S. 252

398 Cesare Pavese: *Das Handwerk des Lebens – Tagebuch 1935–1950,* Claassen Verlag, Hamburg 1956, S. 302

399 in: V. Solov'ëv, *Der Sinn der Liebe,* Hrsg. P. R. Blum, Verlag Felix Meiner, (Philosophische Bibliothek Bd. 373), Hamburg 1985, S. XXXII

400 Nicolai Hartmann: *Ethik,* Verlag Walter de Gruyter, Berlin/Leipzig 1926, S. 492

401 Ivan Sviták: *Unwissenschaftliche Anthropologie,* Hrsg. P. Kruntorad, S. Fischer Verlag, Frankfurt/M. 1972, S. 257

402 Louis Evely: *Liebe und Ehe,* Herder Verlag, Freiburg/Basel/Wien 1969, S. 104

403 Hermann Hesse: *Gesammelte Werke,* Bd. I, Suhrkamp Verlag, Frankfurt/M. 1973, S. 400

404 Ernst Penzoldt: *Die Liebende,* Hrsg. F. Penzoldt, Suhrkamp Verlag, Frankfurt/M. 1958, S. 218

405 Margarete Susman: *Vom Sinn der Liebe,* Eugen Diederichs Verlag, Jena 1912, S. 33
406 Marie von Ebner-Eschenbach: *Aphorismen,* Insel Verlag, o. O. 1948, S. 40
407 Pablo Neruda: *Viele sind wir,* herausgegeben, übertragen und eingeleitet von Erich Arendt, Hermann Luchterhand Verlag, (Sammlung Luchterhand Bd. 73), 4. Aufl. Neuwied/Darmstadt 1975, S. 108
408 L. van der Weck-Erlen: *Das goldene Buch der Liebe,* Bd. I, Rowohlt Verlag, Reinbek b. H. 1978, S. 93
409 Franz Blei: *Schriften in Auswahl,* Biederstein Verlag, München 1960, S. 131, (c) Erbengemeinschaft Franz Blei, vertreten durch Intern. Literatuur Bureau B. V., Hilversum/Holland
410 in: *Arabische Weisheiten,* Hrsg. M. Kluge, München 1980, S. 11
411 zit. in: *Archiv für Kulturgeschichte,* Bd. III, Köln 1905, S. 83
412 Ninon de Lenclos: *Briefe der Ninon de Lenclos,* Verlag Rogner & Bernhard, München 1968, S. 55
413 in: C. Bresgen, *Europäische Liebeslieder aus acht Jahrhunderten,* Fischer Taschenbuch Verlag, Frankfurt/M. 1981, S. 13
414 in: *Lyrik des Abendlands,* Hrsg. G. Britting, München 1953, S. 225
415 in: *Gedichte des Barock,* Hrsg. U. Maché/V. Meid, Reclam Verlag, Stuttgart 1980, S. 182
416 in: *Indische Sprüche,* Hrsg. O. Böhtlingk, St. Petersburg 1870ff., Nr. 5401
417 zit. in: M. M. Hunt, *Der siebte Himmel,* Berlin/Frankfurt/M./Wien 1963, S. 58
418 in: *Indische Sprüche,* Hrsg. O. Böhtlingk, St. Petersburg 1870ff., Nr. 4692
419 in: C. Bresgen, *Europäische Liebeslieder aus acht Jahrhunderten,* Fischer Taschenbuch Verlag, Frankfurt/M. 1981, S. 10
420 Novalis: *Fragmente I,* Hrsg. E. Wasmuth, Heidelberg 1957, S. 482
421 Giacomo Casanova: *Geschichte meines Lebens,* Bd. I, Hrsg. E. Loos, Frankfurt/M. o. J., S. 164
422 Heinrich Heine: *Sämtliche Werke,* Bd. VIII, Hrsg. O. Walzel, Leipzig 1913, S. 301
423 Giacomo Casanova: *Geschichte meines Lebens,* Bd. II, Hrsg. E. Loos, Frankfurt/M. o. J., S. 169f.
424 Sudhir Kakar/John Ross: *Über die Liebe und die Abgründe des Gefühls,* Verlag C. H. Beck, München 1986, S. 55
425 Ricarda Huch: *Urphänomene,* Atlantis Verlag, Zürich 1946, S. 156

426 Ernst Zolligkofer: *Ehe ohne Trauschein,* Verlag Adolf Bonz, Stuttgart 1977, S. 44

427 in: Ch. Mei/G. Reinke, *Jenseits von Mond und Mitternacht: Frauen sprechen über Liebe,* Fischer Taschenbuch Verlag, Frankfurt/M. 1983, S. 43

428 Stendhal: *Über die Liebe,* Zürich 1981, S. 42

429 Diotima: *Schule der Liebe,* Eugen Diederichs Verlag, Düsseldorf/Köln 1951, S. 84

430 Johannes Müller: *Die Liebe,* C. H. Beck'sche Verlagsbuchhandlung, München 1922, S. 18

431 in: J.-M. Sabatier, *Kinski,* München 1979, o. S., (c) 1979 by Verlag Rogner & Bernhard, München

432 Karin Struck: *Lieben,* Suhrkamp Verlag, 3. Aufl. Frankfurt/M. 1981, S. 358

433 René Allendy: *Die Liebe,* Kindler Verlag, 4. Aufl. München 1975, S. 100

434 Peter Lauster: *Die Liebe,* Rowohlt Verlag, Reinbek b. H. 1982, S. 90

435 Gerhart Hauptmann: *Sämtliche Werke,* Bd. VI, Hrsg. H.-E. Hass, Wissenschaftliche Buchgesellschaft, Darmstadt 1963, S. 1015

436 Peter Lauster: *Die Liebe,* Rowohlt Verlag, Reinbek b. H. 1982, S. 75

437 Gabriel Laub: *Denken verdirbt den Charakter,* Carl Hanser Verlag, München/Wien 1984, S. 85

438 Kurt Tucholsky: *Schnipsel,* Hrsg. M. Gerold-Tucholsky/F. J. Raddatz, Rowohlt Verlag, 2. Aufl. Reinbek b. H. 1973, S. 8

439 Karl Menninger: *Liebe und Haß. Gedanken zur Zivilisation unserer Zeit,* Klett-Cotta, Stuttgart 1985, S. 303

440 zit. in: D. Tennov, *Limmerenz – über Liebe und Verliebtsein,* Kösel-Verlag, München 1981, S. 142f.

441 in: E. Bornemann, *Wir machen keinen langen Mist . . .,* Fischer Taschenbuch Verlag, Frankfurt/M. 1981, S. 124

442 zit. in: J. Ortega y Gasset, *Über die Liebe,* Deutsche Verlags-Anstalt, Stuttgart 1949, S. 123

443 Marsilio Ficino: *Über die Liebe oder Platons Gastmahl,* Hrsg. P. R. Blum, Verlag Felix Meiner, (Philosophische Bibliothek Bd. 368), Hamburg 1984, S. 143

444 Konrad Wilutzky: *Die Liebe,* Eugen Diederichs Verlag, Jena 1920, S. 35

445 Leo Pollmann: *Die Liebe in der hochmittelalterlichen Literatur Frankreichs,* Vittorio Klostermann Verlag, Frankfurt/M. 1966, S. 17

446 zit. in: M. M. Hunt, *Der siebte Himmel,* Berlin/Frankfurt/M./Wien 1963, S. 14

447 Marsilio Ficino: *Über die Liebe oder Platons Gastmahl,* Hrsg. P. R. Blum, Verlag Felix Meiner, (Philosophische Bibliothek Bd. 368), Hamburg 1984, S. 75
448 zit. in: J. Pieper, *Über die Liebe,* Kösel-Verlag, 3. Aufl. München 1972, S. 120
449 Johann Wilhelm Ritter: *Fragmente aus dem Nachlaß eines jungen Physikers,* Verlag Freies Geistesleben, Stuttgart 1968, S. 53
450 zit. in: P. Kluckhohn, *Die Auffassung der Liebe in der Literatur des 18. Jahrhunderts und in der deutschen Romantik,* Halle 1922, S. 222
451 Marsilio Ficino: *Über die Liebe oder Platons Gastmahl,* Hrsg. P. R. Blum, Verlag Felix Meiner, (Philosophische Bibliothek Bd. 368), Hamburg 1984, S. 31
452 zit. in: P. Kluckhohn, *Die Auffassung der Liebe in der Literatur des 18. Jahrhunderts und in der deutschen Romantik,* Halle 1922, S. 36
453 Bettina von Arnim: *Werke,* Bd. II, Hrsg. G. Konrad, Frechen/Köln 1959, S. 93
454 in: *Zeit der Kirche,* Herder Verlag, 3. Aufl. Freiburg/Br. 1962, S. 190
455 Kim Amani: *Manchmal denke ich im Traum,* Verlag Bert Schlender, 2. Aufl. Göttingen 1984, S. 14
456 Bettina von Arnim: *Werke,* Bd. II, Hrsg. G. Konrad, Frechen/Köln 1959, S. 93
457 Knut Hamsun: *Sämtliche Romane und Erzählungen,* Bd. I, *(Victoria),* Paul List Verlag, München 1977, S. 1003
458 Diotima: *Schule der Liebe,* Eugen Diederichs Verlag, Düsseldorf/Köln 1951, S. 20
459 L. van der Weck-Erlen: *Das goldene Buch der Liebe,* Bd. I, Rowohlt Verlag, Reinbek b. H. 1978, S. 103
460 Bernhard Welte: *Dialektik der Liebe,* Verlag Josef Knecht, Frankfurt/M. 1973, S. 42
461 Gustav Teichmüller: *Ueber das Wesen der Liebe,* Leipzig 1879, S. 151
462 Dietrich von Hildebrand: *Gesammelte Werke,* Bd. III, *(Das Wesen der Liebe),* Verlag Josef Habbel/W. Kohlhammer, Regensburg 1971, S. 44f.
463 zit. in: E. Fromm, *Gesamtausgabe,* Bd. III, Hrsg. R. Funk, Deutsche Verlags-Anstalt, Stuttgart 1980, S. 490
464 Helmut Kuhn: *»Liebe«,* Kösel-Verlag, München 1975, S. 47
465 L. van der Weck-Erlen: *Das goldene Buch der Liebe,* Bd. I, Rowohlt Verlag, Reinbek b. H. 1978, S. 168f.
466 in: *Wer nicht begehrt lebt verkehrt,* Hrsg. B. Heidebrecht, Verlag Kleine Schritte, Bonn 1982, S. 96

467 Heinrich Heine: *Sämtliche Werke,* Bd. II, Hrsg. O. Walzel, Leipzig 1912, S. 91

468 Stendhal: *Über die Liebe,* Zürich 1981, S. 15

469 Lou Andreas-Salomé: *Die Erotik,* Verlag Matthes & Seitz, München 1979, S. 81

470 in: *Meyers Konversationslexikon,* Bd. XI, Bibliographisches Institut, 5. Aufl. Leipzig/Wien 1896, S. 327

471 in: *Was heißt Liebe?,* Hrsg. Rabanus-Maurus-Akademie, Verlag Josef Knecht, Frankfurt/M. 1982, S. 24

472 José Ortega y Gasset: *Über die Liebe,* Deutsche Verlags-Anstalt, Stuttgart 1949, S. 107

473 Martin Luther King jr.: *Kraft zum Lieben,* Christliche Verlagsanstalt, Konstanz 1983, S. 179

474 zit. in: Th. Ohm, *Die Liebe zu Gott in den nichtchristlichen Religionen,* Erich Wewel Verlag, Krailling vor München 1950, S. 488

475 Angelus Silesius: *Cherubinischer Wandersmann,* Hrsg. W.-E. Peuckert, Wiesbaden 1948, S. 40

476 Gisbert Kranz: *Liebe und Erkenntnis,* Verlag Anton Pustet, München/Salzburg 1972, S. 35

477 Sophokles: *Antigone,* in: *Die Tragödien,* Alfred Kröner Verlag, Stuttgart 1957, S. 281

478 Angelus Silesius: *Cherubinischer Wandersmann,* Hrsg. W.-E. Peuckert, Wiesbaden 1948, S. 92

479 zit. in: P. Kluckhohn, *Die Auffassung der Liebe in der Literatur des 18. Jahrhunderts und in der deutschen Romantik,* Halle 1922, S. 538

480 zit. in: P. Kluckhohn, *Die Auffassung der Liebe in der Literatur des 18. Jahrhunderts und in der deutschen Romantik,* Halle 1922, S. 328f.

481 Ninon de Lenclos: *Briefe der Ninon de Lenclos,* Verlag Rogner & Bernhard, München 1968, S. 42

482 in: *Briefe von Robert Browning an Elizabeth Barret-Browning,* ins Deutsche übertr. von F. P. Greve, S. Fischer Verlag, Berlin 1905, S. 184

483 Shulamith Firestone: *Frauenbefreiung und sexuelle Revolution,* Fischer Taschenbuch Verlag, 5. Aufl. Frankfurt/M. 1981, S. 119

484 zit. in: P. Kluckhohn, *Die Auffassung der Liebe in der Literatur des 18. Jahrhunderts und in der deutschen Romantik,* Halle 1922, S. 254

485 zit. in: I. Lepp, *Psychoanalyse der Liebe,* Arena Verlag, Würzburg 1960, S. 46

486 Charles Baudelaire: *Gesammelte Schriften,* Bd. Vb, Dreieich 1981, S. 1

487 Emmanuelle Arsan: *Emmanuelle oder Die Schule der Lust,* Rowohlt Verlag, Reinbek b. H. 1986, S. 165

488 Charles Baudelaire: *Gesammelte Schriften,* Bd. Vb, Dreieich 1981, S. 79
489 Diotima: *Schule der Liebe,* Eugen Diederichs Verlag, Düsseldorf/Köln 1951, S. 127
490 Jill Tweedie: *Die sogenannte Liebe,* Rowohlt Verlag, 2. Aufl. Reinbek b. H. 1983, S. 51
491 Suzanne Brøgger: ... *sondern erlöse uns von der Liebe,* Econ Verlag, Düsseldorf/Wien 1978, S. 252
492 in: *Indische Sprüche,* Hrsg. O. Böhtlingk, St. Petersburg 1870ff., Nr. 548
493 Pius de Hemptinne: *Mehr Liebe,* bearb. von B. von Spiegel, Herder Verlag, 4./5. Aufl. Freiburg/Br. 1920, S. 113
494 Ivan Sviták: *Unwissenschaftliche Anthropologie,* Hrsg. P. Kruntorad, S. Fischer Verlag, Frankfurt/M. 1972, S. 259
495 Jill Tweedie: *Die sogenannte Liebe,* Rowohlt Verlag, 2. Aufl. Reinbek b. H. 1983, S. 107
496 Gabriel Laub: *Denken verdirbt den Charakter,* Carl Hanser Verlag, München/Wien 1984, S. 83
497 zit. in: E. Fromm, *Gesamtausgabe,* Bd. III, Hrsg. R. Funk, Deutsche Verlags-Anstalt, Stuttgart 1980, S. 490f.
498 L. van der Weck-Erlen: *Das goldene Buch der Liebe,* Bd. I, Rowohlt Verlag, Reinbek b. H. 1978, S. 96
499 Jill Tweedie: *Die sogenannte Liebe,* Rowohlt Verlag, 2. Aufl. Reinbek b. H. 1983, S. 51
500 Shulamith Firestone: *Frauenbefreiung und sexuelle Revolution,* Fischer Taschenbuch Verlag, 5. Aufl. Frankfurt/M. 1981, S. 120f.
501 Karin Struck: *Lieben,* Suhrkamp Verlag, 3. Aufl. Frankfurt/M. 1981, S. 259f.
502 Ivan Sviták: *Unwissenschaftliche Anthropologie,* Hrsg. P. Kruntorad, S. Fischer Verlag, Frankfurt/M. 1972, S. 230
503 Karin Struck: *Lieben,* Suhrkamp Verlag, 3. Aufl. Frankfurt/M. 1981, S. 230
504 L. van der Weck-Erlen: *Das goldene Buch der Liebe,* Bd. I, Rowohlt Verlag, Reinbek b. H. 1978, S. 125
505 Georges Bastin: *Wörterbuch der Sexualpsychologie,* Herder Verlag, Freiburg/Br./Basel/Wien 1972, S. 201f.
506 in: *Liebe hat tausend Gesichter,* Hrsg. A. Staud-Weth, Tyrolia-Verlag, Innsbruck/Wien/München 1957, S. 65
507 zit. in: *Sexualität Konkret,* Bd. 2, Hrsg. H. L. Gremliza/V. Sigusch, Gremliza Verlag, Hamburg 1980, S. 69

508 Ernst Zolligkofer: *Ehe ohne Trauschein,* Verlag Adolf Bonz, Stuttgart 1977, S. 43

509 Eugen Fink: *Grundphänomene des menschlichen Daseins,* Hrsg. E. Schütz/F.-A. Schwarz, Verlag Karl Alber, Freiburg/München 1979, S. 333

510 Morton M. Hunt: *Der siebte Himmel,* Ullstein Verlag, Berlin/Frankfurt/M./Wien 1963, S. 393

511 in: Ch. Mei/G. Reinke, *Jenseits von Mond und Mitternacht: Frauen sprechen über Liebe,* Fischer Taschenbuch Verlag, Frankfurt/M. 1983, S. 119

512 Dorothy Tennov: *Limmerenz – über Liebe und Verliebtsein,* Kösel-Verlag, München 1981, S. 283f.

513 Suzanne Brøgger: *... sondern erlöse uns von der Liebe,* Econ Verlag, Düsseldorf/Wien 1978, S. 18

514 Kurt Tucholsky: *Schnipsel,* Hrsg. M. Gerold-Tucholsky/F. J. Raddatz, Rowohlt Verlag, 2. Aufl. Hamburg 1973, S. 9

515 in: Ch. Mei/G. Reinke, *Jenseits von Mond und Mitternacht: Frauen sprechen über Liebe,* Fischer Taschenbuch Verlag, Frankfurt/M. 1983, S. 11

516 L. van der Weck-Erlen: *Das goldene Buch der Liebe,* Bd. I, Rowohlt Verlag, Reinbek b. H. 1978, S. 152

517 in: Ch. Mei/G. Reinke, *Jenseits von Mond und Mitternacht: Frauen sprechen über Liebe,* Fischer Taschenbuch Verlag, Frankfurt/M. 1983, S. 20

518 Michael Lukas Moeller: *Die Liebe ist das Kind der Freiheit,* Rowohlt Verlag, Reinbek b. H. 1986, S. 66

519 Simone de Beauvoir: *Das andere Geschlecht,* Rowohlt Verlag, 4. Aufl. Reinbek b. H. 1979, S. 630

520 Pierre Teilhard de Chardin: *Werke,* Bd. VI, Walter-Verlag, Olten/Freiburg/Br. 1966, S. 101

521 Gabriel Laub: *Denken verdirbt den Charakter,* Carl Hanser Verlag, München/Wien 1984, S. 86

522 in: *Deutsches Sprichwörter-Lexikon,* Bd. III, Hrsg. K.F.W. Wander, Leipzig 1873, S. 136 (Nr. 156)

523 Ahmad Ghazzali: *Gedanken über die Liebe,* übers. und erl. von R. Gramlich, in: *Abhandlungen der Geistes- und Sozialwissenschaftlichen Klasse, Akademie der Wissenschaften und Literatur,* Mainz 1976, S. 78

524 in: *Thomas von Aquin,* Hrsg. J. Pieper, 3. Aufl. Frankfurt/M./Hamburg 1958, S. 61

525 Gustav Teichmüller: *Ueber das Wesen der Liebe,* Leipzig 1879, S. 83

526 Justus Georg Schottelius: *Ethica,* Hrsg. J. J. Berns, Francke Verlag, München 1980, S. 142

527 zit. in: D. Tennov, *Limmerenz – über Liebe und Verliebtsein,* Kösel-Verlag, München 1981, S. 324
528 Justus Georg Schottelius: *Ethica,* Hrsg. J. J. Berns, Francke Verlag, München 1980, S. 142
529 Johann Heinrich Pestalozzi: *Ausgewählte Schriften,* Hrsg. W. Flitner, 3. Aufl. Düsseldorf/München 1961, S. 119
530 zit. in: P. Kluckhohn, *Die Auffassung der Liebe in der Literatur des 18. Jahrhunderts und in der deutschen Romantik,* Halle 1922, S. 420
531 Bettina von Arnim: *Werke und Briefe,* Bd. II, Hrsg. G. Konrad, Frechen/Köln 1959, S. 112
532 zit. in: P. Kluckhohn, *Die Auffassung der Liebe in der Literatur des 18. Jahrhunderts und in der deutschen Romantik,* Halle 1922, S. 593
533 Bettina von Arnim: *Werke und Briefe,* Bd. II, Hrsg. G. Konrad, Frechen/Köln 1959, S. 178
534 Giacomo Casanova: *Geschichte meines Lebens,* Bd. VIII, Hrsg. E. Loos, Frankfurt/M. o. J., S. 203
535 Friedrich Heinrich Jacobi: *Fliegende Blätter,* Hrsg. R. Gumpert, Heidelberg 1965, S. 79
536 Bhagwan Shree Rajneesh: *Beziehungsdrama oder Liebesabenteuer,* Sannyas Verlag, Margarethenried 1981, S. 114f.
537 Alfred Döblin: *Unser Dasein,* Hrsg. W. Muschg, Walter-Verlag, Olten/Freiburg/Br. 1964, S. 247
538 in: *Was heißt Liebe?,* Hrsg. Rabanus-Maurus-Akademie, Verlag Josef Knecht, Frankfurt/M. 1982, S. 92
539 Wilhelm Heinen: *Liebe als sittliche Grundkraft und ihre Fehlformen,* Herder Verlag, Freiburg/Basel/Wien 1968, S. 92
540 Antoine de Saint-Exupéry: *Die Stadt in der Wüste,* Karl Rauch Verlag, Düsseldorf 1978, S. 372
541 Dietrich von Hildebrand: *Gesammelte Werke,* Bd. III, *(Das Wesen der Liebe),* Verlag Josef Habbel/W. Kohlhammer, Regensburg 1971, S. 54
542 Claude Adrien Helvétius: *Vom Menschen, seinen geistigen Fähigkeiten und seiner Erziehung,* Hrsg. G. Mensching, Suhrkamp Verlag, Frankfurt/M. 1972, S. 146
543 Immanuel Kant: *Werke,* Bd. VII, Hrsg. E. Cassirer, Berlin 1922, S. 211
544 Konrad Wilutzky: *Die Liebe,* Eugen Diederichs Verlag, Jena 1920, S. 11
545 Luc de Clapiers Marquis de Vauvenargues: *Gedanken und Grundsätze,* München/Leipzig 1906, S. 172
546 zit. in: *Kribbeln im Bauch,* Hrsg. A. Wettern, Frankfurt/M./Olten/Wien o. J., S. 7

547 Alex Comfort: *Joy of Sex,* Ullstein Verlag, Frankfurt/M./Berlin/Wien 1981, S. 12f.
548 Charles Fourier: *Aus der Neuen Liebeswelt,* Verlag Klaus Wagenbach, Berlin 1977, S. 59
549 Paul Kluckhohn: *Die Auffassung der Liebe in der Literatur des 18. Jahrhunderts und in der deutschen Romantik,* Halle 1922, S. 244
550 Morton M. Hunt: *Der siebte Himmel,* Ullstein Verlag, Berlin/Frankfurt/M./Wien 1963, S. 388
551 Vladimir Solov'ëv: *Der Sinn der Liebe,* Hrsg. P. R. Blum, Verlag Felix Meiner, (Philosophische Bibliothek Bd. 373), Hamburg 1985, S. 18
552 in: *Meyers Enzyklopädisches Lexikon,* Bd. 15, Bibliographisches Institut, Mannheim 1975, S. 80
553 Cesare Pavese: *Das Handwerk des Lebens – Tagebuch 1935–1950,* Claassen Verlag, Hamburg 1956, S. 104
554 Alexander Lowen: *Liebe und Orgasmus,* Kösel-Verlag, München 1980, S. 50
555 Christa Meves/Joachim Illies: *Lieben – was ist das?,* Herder Verlag, 3. Aufl. Freiburg/Br./Basel/Wien 1972, S. 15
556 Christiane Schäfers: Nachricht vom 3. 9. 1986: okay, mag schon sein, aber bei 230 km zwischen Dir und mir wär' ich bisweilen auch gern wenigstens Dein Hund . . . (A. M.)
557 Karlheinz Deschner: *Nur Lebendiges schwimmt gegen den Strom,* Lenos Verlag, Basel 1985, S. 33
558 Hans von Hattingberg: *Über die Liebe,* Ernst Reinhardt Verlag, 3. Aufl. München 1949, S. 231
559 Zenta Maurina: *Mosaik des Herzens,* Maximilian Dietrich Verlag, 6. Aufl. Memmingen 1958, S. 125
560 Georges Bastin: *Wörterbuch der Sexualpsychologie,* Herder Verlag, Freiburg/Br./Basel/Wien 1972, S. 201
561 Jean Mouroux: *Größe und Elend des Menschen,* Herder Verlag, Wien o. J., S. 266f.
562 in: *Kindlers Enzyklopädie – Der Mensch,* Bd. IX, *(Die Liebe des Menschen),* Hrsg. H. Wendt/N. Loacker, Kindler Verlag, Zürich 1984, S. 79
563 Alexander Lowen: *Liebe und Orgasmus,* Kösel-Verlag, München 1980, S. 50
564 Konrad Wilutzky: *Die Liebe,* Eugen Diederichs Verlag, Jena 1920, S. 11
565 Diotima: *Schule der Liebe,* Eugen Diederichs Verlag, Düsseldorf/Köln 1951, S. 244
566 Ernest Bornemann: *Lexikon der Liebe und Sexualität,* Bd. II, Paul List Verlag, 2. Aufl. München 1969, S. 21

567 Erich Fromm: *Gesamtausgabe,* Bd. IX, *(Die Kunst des Liebens),* Hrsg. R. Funk, Deutsche Verlags-Anstalt, Stuttgart 1981, S. 492
568 Helmut Kentler: *Taschenlexikon Sexualität,* Pädagogischer Verlag Schwann-Bagel, Düsseldorf 1982, S. 159
569 Alexander Lowen: *Liebe und Orgasmus,* Kösel-Verlag, München 1980, S. 50
570 Diotima: *Schule der Liebe,* Eugen Diederichs Verlag, Düsseldorf/Köln 1951, S. 97
571 in: Sri Aurobindo/Die Mutter, *Über die Liebe,* Hrsg. B. P. Saint-Hilaire, Sri Aurobindo Ashram Publications, 2. Aufl. o. O. 1977, S. 17
572 José Ortega y Gasset: *Über die Liebe,* Deutsche Verlags-Anstalt, Stuttgart 1949, S. 141 f.
573 Lou Andreas-Salomé: *Die Erotik,* Verlag Matthes & Seitz, München 1979, S. 81
574 René Allendy: *Die Liebe,* Kindler Verlag, 4. Aufl. München 1975, S. 144
575 Peter Lauster: *Die Liebe,* Rowohlt Verlag, Reinbek b. H. 1982, S. 30
576 Michael Lukas Moeller: *Die Liebe ist das Kind der Freiheit,* Rowohlt Verlag, Reinbek b. H. 1986, S. 62
577 L. van der Weck-Erlen: *Das goldene Buch der Liebe,* Bd. I, Rowohlt Verlag, Reinbek b. H. 1978, S. 38
578 Ignace Lepp: *Psychoanalyse der Liebe,* Arena-Verlag, Würzburg 1960, S. 27
579 Ignace Lepp: *Psychoanalyse der Liebe,* Arena-Verlag, Würzburg 1960, S. 40
580 Alexander Lowen: *Liebe und Orgasmus,* Kösel-Verlag, München 1980, S. 62
581 in: *Deutsches Sprichwörter-Lexikon,* Bd. III, Hrsg. K. F. W. Wander, Leipzig 1873, S. 136 (Nr. 155)
582 Ovid: *Die Liebeskunst,* München 1979, S. 51
583 Ahmad Ghazzali: *Gedanken über die Liebe,* übers. und erl. von R. Gramlich, in: *Abhandlungen der Geistes- und Sozialwissenschaftlichen Klasse, Akademie der Wissenschaften und Literatur,* Mainz 1976, S. 45
584 Angelus Silesius: *Cherubinischer Wandersmann,* Hrsg. W.-E. Peuckert, Wiesbaden 1948, S. 69
585 Martin Luther: *Von der Freiheit eines Christenmenschen,* Stuttgart 1962, S. 125
586 Friedrich von Schiller: *Werke,* Bd. I, Salzburg 1980, S. 56
587 in: *Lutherlexikon,* Hrsg. K. Aland, 4. Aufl. Göttingen 1983, S. 220
588 Konrad Wilutzky: *Die Liebe,* Eugen Diederichs Verlag, Jena 1920, S. 14

589 Johann Gottfried Herder: *Mensch und Welt,* Hrsg. E. Ruprecht, Leipzig 1942, S. 162
590 Friedrich von Schiller: *Werke,* Bd. XX, Hrsg. B. von Wiese, Weimar 1962, S. 123
591 Erich Przywara: *Liebe,* Herder Verlagsbuchhandlung, Freiburg/Br. 1924, S. 101
592 Johann Peter Hamm: *Die Macht der Liebe,* Augustinus-Verlag, Würzburg o. J., S. 62
593 Paul Tillich: *Liebe, Macht, Gerechtigkeit,* Verlag, J. C. B. Mohr (Paul Siebeck), Tübingen 1955, S. 50
594 Mahatma Gandhi: *Ausgewählte Texte,* Hrsg. R. Attenborough, W. Goldmann Verlag, 2. Aufl. München 1983, S. 20
595 Erich Fromm: *Gesamtausgabe,* Bd. IX, *(Die Kunst des Liebens),* Hrsg. R. Funk, Deutsche Verlags-Anstalt, Stuttgart 1981, S. 454
596 Martin Luther King jr.: *Kraft zum Lieben,* Christliche Verlagsanstalt, Konstanz 1983, S. 71
597 in: *Wer nicht begehrt lebt verkehrt,* Hrsg. B. Heidebrecht, Verlag Kleine Schritte, Bonn 1982, S. 20
598 in: *Was ist Liebe?,* Hrsg. Vorstand des Engadiner Kollegiums, M & T Verlag, 2. Aufl. Zürich 1985, S. 61
599 Heinrich Frieling: *Das Mysterium der Liebe,* Novalis Verlag, Schaffhausen 1975, S. 111
600 Pierre Teilhard de Chardin: *Werke,* Bd. VI, Walter-Verlag, Olten/Freiburg/Br. 1966, S. 42
601 in: *Der goldene Schnitt,* Hrsg. Ch. Schwerin, S. Fischer Verlag, 2. Aufl. Frankfurt/M. 1960, S. 393
602 Sam Keen: *Die Lust an der Liebe,* Beltz Verlag, Weinheim/Basel 1984, S. 84
603 Jean Mouroux: *Größe und Elend des Menschen,* Herder Verlag, Wien o. J., S. 296
604 Emanuel von Bodman: *Tagebücher,* Reclam Verlag, Stuttgart 1960, S. 273
605 John Henry Mackay: *Die Bücher der namenlosen Liebe,* Bd. I, Mackay-Gesellschaft, Berlin 1979, S. 454
606 Gerhard Friedrich: *Was heißt das: Liebe?,* Calwer Verlag, Stuttgart 1972, S. 32
607 Franz Kafka: *Gesammelte Werke,* Bd. VII, *(Briefe an Milena),* Hrsg. Max Brod, S. Fischer Verlag, Frankfurt/M. 1965, S. 225
608 Karin Struck: *Lieben,* Suhrkamp Verlag, 3. Aufl. Frankfurt/M. 1981, S. 49

609 Mahatma Gandhi: *Ausgewählte Texte,* Hrsg. R. Attenborough, W. Goldmann Verlag, 2. Aufl. München 1983, S. 25

610 Ronald D. Laing: *Phänomenologie der Erfahrung,* Suhrkamp Verlag, 4. Aufl. Frankfurt/M. 1971, S. 63

611 in: *Der goldene Schnitt,* Hrsg. Ch. Schwerin, S. Fischer Verlag, 2. Aufl. Frankfurt/M. 1960, S. 396

612 Erik Grawert-May: *Theatrum Eroticum,* Konkursbuch Verlag, Tübingen 1981, S. 24f.

613 Pierre Teilhard de Chardin: *Werke,* Bd. VI, Walter-Verlag, Olten/Freiburg/Br. 1966, S. 99

614 in: *Der goldene Schnitt,* Hrsg. Ch. Schwerin, S. Fischer Verlag, 2. Aufl. Frankfurt/M. 1960, S. 395

615 in: *Was ist Liebe?,* Hrsg. Vorstand des Engadiner Kollegiums, M & T Verlag, 2. Aufl. Zürich 1985, S. 68

616 Werner Schneiders: *Naturrecht und Liebesethik,* Georg Olms Verlag, Hildesheim 1971, S. 297

617 Pierre Teilhard de Chardin: *Werke,* Bd. VI, Walter-Verlag, Olten/Freiburg/Br. 1966, S. 196

618 Paul Helwig: *Liebe und Feindschaft,* Ernst Reinhardt Verlag, München/Basel 1964, S. 104

619 Johannes Müller: *Die Liebe,* C. H. Beck'sche Verlagsbuchhandlung, München 1922, S. 62f.

620 Josef Rattner: *Menschenkenntnis durch Charakterkunde,* Verlag Hoffmann & Campe, Hamburg 1983, S. 377

622 Bonaventura: *Pilgerbuch der Seele zu Gott,* München 1961, S. 117

623 in: I. Shah, *Die Sufis,* Eugen Diederichs Verlag, Düsseldorf/Köln 1980, S. 132

624 Benedictus Wincler: *Principiorum juris Libri quinque,* Leipzig 1615, S. 235

625 zit. in: P. Kluckhohn, *Die Auffassung der Liebe in der Literatur des 18. Jahrhunderts und in der deutschen Romantik,* Halle 1922, S. 320

626 Sören Kierkegaard: *Der Liebe Tun,* Bd. I, Gütersloher Verlagshaus Gerd Mohn, Gütersloh 1983, S. 118

627 Diotima: *Schule der Liebe,* Eugen Diederichs Verlag, Düsseldorf/Köln 1951, S. 38

628 Friedrich Nietzsche: *Werke,* 4. Abt. Bd. II, Hrsg. G. Colli/M. Montinari, Verlag Walter de Gruyter, Berlin/New York 1967, S. 79

629 Johannes Müller: *Die Liebe,* C. H. Beck'sche Verlagsbuchhandlung, München 1922, S. 66

630 Johannes Müller: *Die Liebe,* C. H. Beck'sche Verlagsbuchhandlung, München 1922, S. 64
631 Hans-Joachim Iwand: *Nachgelassene Werke,* Bd. IV, München 1964, S. 70
632 Werner Schneiders: *Naturrecht und Liebesethik,* Georg Olms Verlag, Hildesheim 1971, S. 133
633 Emil Brunner: *Der Mensch im Widerspruch,* Theologischer Verlag, 5. Aufl. Zürich 1985, S. 77
634 Werner Schneiders: *Naturrecht und Liebesethik,* Georg Olms Verlag, Hildesheim 1971, S. 147
635 Paul Tillich: *Liebe, Macht, Gerechtigkeit,* Verlag J. C. B. Mohr (Paul Siebeck), Tübingen 1955, S. 73
636 Werner Schneiders: *Naturrecht und Liebesethik,* Georg Olms Verlag, Hildesheim 1971, S. 32
637 Erich Przywara: *Liebe,* Herder Verlagsbuchhandlung, Freiburg/Br. 1924, S. 55
638 Ernesto Cardenal: *Das poetische Werk,* Bd. IV, *(Das Buch von der Liebe),* Peter Hammer Verlag, Wuppertal 1985, S. 66
639 Fritz Leist: *Existenz im Nichts,* Manz Verlag, München 1961, S. 89
640 Diotima: *Schule der Liebe,* Eugen Diederichs Verlag, Düsseldorf/Köln 1951, S. 51
642 Gerhard Friedrich: *Was heißt das: Liebe?,* Calwer Verlag, Stuttgart 1972, S. 32
643 Max Rößler: *Liebe – Das Ja zum Leben,* Don Bosco Verlag, 3. Aufl. München 1984, S. 120
644 in: *Zeit der Kirche,* Herder Verlag, 3. Aufl. Freiburg/Br. 1962, S. 189
645 Max Rößler: *Liebe – Das Ja zum Leben,* Don Bosco Verlag, 3. Aufl. München 1984, S. 120f.
646 Theodor Bovet: *Die Liebe ist in unserer Mitte,* Katzmann Verlag, 3. Aufl. Tübingen 1968, S. 182f.
647 Gerhard Friedrich: *Was heißt das: Liebe?,* Calwer Verlag, Stuttgart 1972, S. 34
648 José Ortega y Gasset: *Über die Liebe,* Deutsche Verlags-Anstalt, Stuttgart 1949, S. 184
649 Igor A. Caruso: *Die Trennung der Liebenden,* Kindler Verlag, München 1974, S. 213
650 Wilhelm Heinen: *Liebe als sittliche Grundkraft und ihre Fehlformen,* Herder Verlag, Freiburg/Basel/Wien 1968, S. 45
652 Johannes Müller: *Die Liebe,* C. H. Beck'sche Verlagsbuchhandlung, München 1922, S. 47

653 Peter Lauster: *Die Liebe,* Rowohlt Verlag, Reinbek b. H. 1982, S. 60
654 Franz Sawicki: *Philosophie der Liebe,* Ferdinand Schöningh Verlag, Paderborn 1924, S. 3
655 zit. in: M. M. Hunt, *Der siebte Himmel,* Ullstein Verlag, Berlin/Frankfurt/M./Wien 1963, S. 171
656 Morton M. Hunt: *Der siebte Himmel,* Ullstein Verlag, Berlin/Frankfurt/M./Wien 1963, S. 159
657 in: *Lutherlexikon,* Hrsg. K. Aland, Verlag Vandenhoeck & Ruprecht, 4. Aufl. Göttingen 1983, S. 220
658 zit. in: M. Landmann, *De Homine,* Verlag Karl Alber, Freiburg/München 1962, S. 353f.
659 Jean Paul: *Sämtliche Werke,* 2. Abt. Bd. V, Hrsg. Preußische Akademie der Wissenschaften, Weimar 1936, S. 20
660 Sören Kierkegaard: *Der Liebe Tun,* Bd. I, Gütersloher Verlagshaus Gerd Mohn, Gütersloh 1983, S. 163
661 Rudolf Steiner: *Die Liebe und ihre Bedeutung in der Welt,* Rudolf Steiner Verlag, Dornach 1980, S. 10
662 Johannes Müller: *Die Liebe,* C. H. Beck'sche Verlagsbuchhandlung, München 1922, S. 84
663 L. van der Weck-Erlen: *Das goldene Buch der Liebe,* Bd. I, Rowohlt Verlag, Reinbek b. H. 1978, S. 109
664 Diotima: *Schule der Liebe,* Eugen Diederichs Verlag, Düsseldorf/Köln 1951, S. 143
665 Werner Schneiders: *Naturrecht und Liebesethik,* Georg Olms Verlag, Hildesheim 1971, S. 146
666 Robert Musil: *Der Mann ohne Eigenschaften,* Rowohlt Verlag, Reinbek b. H. 1952, S. 1135
667 Erich Fromm: *Gesamtausgabe,* Bd. IX, *(Die Kunst des Liebens),* Hrsg. R. Funk, Deutsche Verlags-Anstalt, Stuttgart 1981, S. 456f.
668 William Shakespeare: *Werke in zwei Bänden,* Bd. I, *(Sonette),* München/Zürich o. J., S. 1305
669 Giacomo Casanova: *Geschichte meines Lebens,* Bd. VIII, Hrsg. E. Loos, Frankfurt/M. o. J., S. 254
670 Emanuel von Bodman: *Die gesamten Werke,* Bd. III, Hrsg. K. Preisendanz, Reclam Verlag, Stuttgart 1951, S. 232
671 Giacomo Casanova: *Geschichte meines Lebens,* Bd. II, Hrsg. E. Loos, Frankfurt/M. o. J., S. 181
672 Jean Mouroux: *Größe und Elend des Menschen,* Herder Verlag, Wien o. J., S. 248f.
673 Novalis: *Fragmente I,* Hrsg. E. Wasmuth, Heidelberg 1957, S. 478

674 Bettina von Arnim: *Werke und Briefe,* Bd. II, Hrsg. G. Konrad, Frechen/Köln 1959, S. 256

675 Friedrich von Schiller: *Werke,* Bd. XX, Hrsg. B. von Wiese, Weimar 1962, S. 303

676 in: E. Cardenal, *Das poetische Werk,* Bd. IV, *(Das Buch von der Liebe),* Peter Hammer Verlag, Wuppertal 1985, S. 11

677 Peter Lauster: *Die Liebe,* Rowohlt Verlag, Reinbek b. H. 1982, S. 168

678 in: *Was der Mensch braucht,* Hrsg. H.-J. Schultz, Kreuz Verlag, 3. Aufl. Stuttgart 1979, S. 32

679 Emil Brunner: *Der Mensch im Widerspruch,* Theologischer Verlag, 5. Aufl. Zürich 1985, S. 224

680 Günther Küchenhoff: *Naturrecht und Liebesrecht,* Georg Olms Verlagsbuchhandlung, Hildesheim 1962, S. 75

681 Silvano Arieti: *Der Wille zur Menschlichkeit,* Klett-Cotta, Stuttgart 1976, S. 83

682 in: *Liebe hat tausend Gesichter,* Hrsg. A. Staud-Weth, Tyrolia-Verlag, Innsbruck/Wien/München 1957, S. 152

683 Gérard Bélanger: *Über das Unbehagen des Menschen,* Lahn-Verlag, Limburg 1969, S. 132

684 zit. in: *Archiv für Kulturgeschichte,* Bd. III, Köln 1905, S. 79

685 Ahmad Ghazzali: *Gedanken über die Liebe,* übers. und erl. von R. Gramlich, in: *Abhandlungen der Geistes- und Sozialwissenschaftlichen Klasse, Akademie der Wissenschaften und Literatur,* Mainz 1976, S. 58f.

686 John Owen: *Epigrammata selecta,* Nördlingen 1863, S. 41

687 zit. in: P. Kluckhohn, *Die Auffassung der Liebe in der Literatur des 18. Jahrhunderts und in der deutschen Romantik,* Halle 1922, S. 427

688 Friedrich von Schlegel: *Kritische Ausgabe seiner Werke,* Bd. V, *(Dichtungen),* Hrsg. H. Eichner, Ferdinand Schöningh Verlag, München/Paderborn/Wien 1962, S. 218

689 Bettina von Arnim: *Werke und Briefe,* Bd. II, Hrsg. G. Konrad, Frechen/Köln 1959, S. 320

690 in: *Das Buch der Liebe,* Hrsg. E. Borchers, Insel Verlag, 7. Aufl. Frankfurt/M. 1981, S. 30

691 zit. in: G. Kranz, *Was Menschen gern tun,* München 1979, S. 168

692 George Gordon Lord Byron: *Werke,* Bd. III, Leipzig/Wien o. J., S. 70

693 Nicolai Hartmann: *Ethik,* Verlag Walter de Gruyter, Berlin/Leipzig 1926, S. 492f.

694 in: *Deutsches Sprichwörter-Lexikon,* Bd. III, Hrsg. K. F. W. Wander, Leipzig 1873, S. 136 (Nr. 151)

695 in: *Deutsches Sprichwörter-Lexikon,* Bd. III, Hrsg. K.F.W. Wander, Leipzig 1873, S. 136 (Nr. 152)

696 Michael Lukas Moeller: *Die Liebe ist das Kind der Freiheit,* Rowohlt Verlag, Reinbek b. H. 1986, S. 9

697 Reinhold Ruthe: *So stell' ich mir die Liebe vor,* Herder Verlag, Freiburg/Br. 1982, S. 83

698 Stendhal: *Über die Liebe,* Zürich 1981, S. 77

699 in: *Briefe von Robert Browning an Elizabeth Barret-Browning,* ins Deutsche übertr. von F. P. Greve, S. Fischer Verlag, Berlin 1905, S. 184

700 Sam Keen: *Die Lust an der Liebe,* Beltz Verlag, Weinheim/Basel 1984, S. 84

701 Adrienne von Speyr: *Über die Liebe,* Johannes Verlag, Einsiedeln 1976, S. 36

702 José Ortega y Gasset: *Über die Liebe,* Deutsche Verlags-Anstalt, Stuttgart 1949, S. 175

703 Diotima: *Schule der Liebe,* Eugen Diederichs Verlag, Düsseldorf/Köln 1951, S. 15f.

704 Simone Weil: *Das Unglück und die Gottesliebe,* Kösel-Verlag, 2. Aufl. München 1961, S. 230

705 Dietrich von Hildebrand: *Gesammelte Werke,* Bd. III, *(Das Wesen der Liebe),* Verlag Josef Habbel/W. Kohlhammer, Regensburg 1971, S. 440

706 Diotima: *Schule der Liebe,* Eugen Diederichs Verlag, Düsseldorf/Köln 1951, S. 263

707 Adrienne von Speyr: *Über die Liebe,* Johannes Verlag, Einsiedeln 1976, S. 39

708 Hans-Joachim Iwand: *Nachgelassene Werke,* Bd. II, Christian Kaiser Verlag, München 1966, S. 122

709 zit. in: G. Kranz, *Was Menschen gern tun,* München 1979, S. 205

710 in: *Thomas von Aquin,* Hrsg. J. Pieper, 3. Aufl. Frankfurt/M./Hamburg 1958, S. 60

711 Johann Peter Hamm: *Die Macht der Liebe,* Augustinus-Verlag, Würzburg o. J., S. 158

712 in: *Thomas von Aquin,* Hrsg. J. Pieper, 3. Aufl. Frankfurt/M./Hamburg 1958, S. 57

713 Ludwig Feuerbach: *Anthropologischer Materialismus,* Bd. I, Hrsg. A. Schmidt, Frankfurt/M./Wien 1967, S. 142

714 Bettina von Arnim: *Werke und Briefe,* Bd. II, Hrsg. G. Konrad, Frechen/Köln 1959, S. 294

715 Cesare Pavese: *Das Handwerk des Lebens – Tagebuch 1935–1950,* Claassen Verlag, Hamburg 1956, S. 259

716 Hans-Jürg Braun: *Ludwig Feuerbachs Lehre vom Menschen,* Friedrich Frommann Verlag, Stuttgart/Bad Cannstadt 1971, S. 100

717 Gisbert Kranz: *Liebe und Erkenntnis,* Verlag Anton Pustet, München/ Salzburg 1972, S. 41

718 Wilhelm Heinen: *Liebe als sittliche Grundkraft und ihre Fehlformen,* Herder Verlag, Freiburg/Basel/Wien 1968, S. 20

719 Jean Mouroux: *Größe und Elend des Menschen,* Herder Verlag, Wien o. J., S. 255f.

720 Erich Fromm: *Gesamtausgabe,* Bd. IX, *(Die Kunst des Liebens),* Hrsg. R. Funk, Deutsche Verlags-Anstalt, Stuttgart 1981, S. 458

721 Theodor W. Adorno: *Minima Moralia,* Suhrkamp Verlag, Frankfurt/M. 1982, S. 253

722 Erich Fromm: *Gesamtausgabe,* Bd. IX, *(Die Kunst des Liebens),* Hrsg. R. Funk, Deutsche Verlags-Anstalt, Stuttgart 1981, S. 458

723 Karlheinz Deschner: *Nur Lebendiges schwimmt gegen den Strom,* Lenos Verlag, Basel 1985, S. 32

724 Jean-Paul Sartre: *Dramen,* Bd. II, Rowohlt Verlag, Reinbek b. H. 1966, S. 392

725 Bhagwan Shree Rajneesh: *Beziehungsdrama oder Liebesabenteuer,* Sannyas Verlag, Margarethenried 1981, S. 119

726 Gérard Bélanger: *Über das Unbehagen der Menschen,* Lahn-Verlag, Limburg 1969, S. 59

727 Giacomo Casanova: *Geschichte meines Lebens,* Bd. IV, Hrsg. E. Loos, Frankfurt/M. o. J., S. 119

728 Bettina von Arnim: *Werke und Briefe,* Bd. II, Hrsg. G. Konrad, Frechen/ Köln 1959, S. 308

729 Jill Tweedie: *Die sogenannte Liebe,* Rowohlt Verlag, 2. Aufl. Reinbek b. H. 1983, S. 280

730 Johannes Müller: *Die Liebe,* C. H. Beck'sche Verlagsbuchhandlung, München 1922, S. 83

731 Sam Keen: *Die Lust an der Liebe,* Beltz Verlag, Weinheim/Basel 1984, S. 83

732 Niklas Luhmann: *Liebe als Passion,* Suhrkamp Verlag, 2. Aufl. Frankfurt/ M. 1983, S. 99

733 Ivan Sviták: *Unwissenschaftliche Anthropologie,* Hrsg. P. Kruntorad, S. Fischer Verlag, Frankfurt/M. 1972, S. 250

734 Albert Paris Gütersloh: *Der innere Erdteil,* R. Piper Verlag, München 1966, S. 144f.

735 Ivan Sviták: *Unwissenschaftliche Anthropologie,* Hrsg. P. Kruntorad, S. Fischer Verlag, Frankfurt/M. 1972, S. 259

736 Paul Kluckhohn: *Die Auffassung der Liebe in der Literatur des 18. Jahrhunderts und in der deutschen Romantik,* Halle 1922, S. 485

737 Diotima: *Schule der Liebe,* Eugen Diederichs Verlag, Düsseldorf/Köln 1951, S. 97

738 Heinrich Frieling: *Das Mysterium der Liebe,* Novalis Verlag, Schaffhausen 1975, S. 123

739 Ivan Sviták: *Unwissenschaftliche Anthropologie,* Hrsg. P. Kruntorad, S. Fischer Verlag, Frankfurt/M. 1972, S. 167

740 in: *Therapie durch künstlerisches Gestalten,* Hrsg. K. H. Türk/J. Thies, Verlag Urachhaus, Stuttgart 1986, S. 47

741 Ivan Sviták: *Unwissenschaftliche Anthropologie,* Hrsg. P. Kruntorad, S. Fischer Verlag, Frankfurt/M. 1972, S. 259

742 in: *Führende Worte,* Bd. IV, Hrsg. A. Grunow, Berlin 1965, S. 71 f.

743 François Villon: *Die lasterhaften Balladen,* Nachdichtung von P. Zech, Deutscher Taschenbuch Verlag, 12. Aufl. München 1976, S. 16

744 Marie Luise Kaschnitz: *Gesammelte Werke,* Bd. I, Hrsg. Ch. Büttrich/N. Miller, Insel Verlag, Frankfurt/M. 1981, S. 9

745 Diotima: *Schule der Liebe,* Eugen Diederichs Verlag, Düsseldorf/Köln 1951, S. 94

746 in: *Liebe hat tausend Gesichter,* Hrsg. A. Staud-Weth, Tyrolia-Verlag, Innsbruck Wien/München 1957, S. 120

747 Friedrich von Schiller: *Werke,* Bd. I, Salzburg 1980, S. 56

748 Giacomo Casanova: *Geschichte meines Lebens,* Bd. IV, Hrsg. E. Loos, Frankfurt/M. o. J., S. 277

749 Diotima: *Schule der Liebe,* Eugen Diederichs Verlag, Düsseldorf/Köln 1951, S. 366

750 Oscar Wilde: *Das Bildnis des Dorian Gray,* 3. Aufl. München 1981, S. 187

751 Heinrich Heine: *Sämtliche Werke,* Bd. VII, Hrsg. O. Walzel, Leipzig 1910, S. 375

752 zit. in: P. Kluckhohn, *Die Auffassung der Liebe in der Literatur des 18. Jahrhunderts und in der deutschen Romantik,* Halle 1922, S. 516

753 Karlheinz Deschner: *Nur Lebendiges schwimmt gegen den Strom,* Lenos Verlag, Basel 1985, S. 33

754 L. van der Weck-Erlen: *Das goldene Buch der Liebe,* Bd. I, Rowohlt Verlag, Reinbek b. H. 1978, S. 134

755 in: I. Goll/C. Goll, *Die Antirose,* Hrsg. M. Kluge, München 1979, S. 10, (c) by Limes Verlag im Verlag Ullstein GmbH, Frankfurt/M./Berlin

756 Erik Grawert-May: *Theatrum Eroticum,* Konkursbuch Verlag, Tübingen 1981, S. 43 f.

757 Friedrich von Schlegel: *Kritische Ausgabe seiner Werke,* Bd. XVIII, *(Philosophische Lehrjahre I),* Hrsg. E. Behler, Ferdinand Schöningh Verlag, München/Paderborn/Wien 1963, S. 340

758 Tobias Brocher: *Von der Schwierigkeit zu lieben,* Kreuz Verlag, 7. Aufl. Stuttgart 1983, S. 88

759 René Allendy: *Die Liebe,* Kindler Verlag, 4. Aufl. München 1975, S. 99

761 zit. in: E. Michel, *Ehe,* 2. Aufl. Stuttgart 1950, S. 208

762 Angelus Silesius: *Cherubinischer Wandersmann,* Hrsg. W.-E. Peuckert, Wiesbaden 1948, S. 95

763 Sören Kierkegaard: *Der Liebe Tun,* Bd. II, Gütersloher Verlagshaus Gerd Mohn, Gütersloh 1983, S. 253f.

764 Hans Burkhardt: *Die unverstandene Sinnlichkeit,* Wiesbaden 1973, S. 34, (c) by Limes Verlag, München und Hans Burkhardt, München

765 Ivan Sviták: *Unwissenschaftliche Anthropologie,* Hrsg. P. Kruntorad, S. Fischer Verlag, Frankfurt/M. 1972, S. 94

766 Tobias Brocher: *Von der Schwierigkeit zu lieben,* Kreuz Verlag, 7. Aufl. Stuttgart 1983, S. 145

767 Louis Evely: *Liebe und Ehe,* Herder Verlag, Freiburg/Basel/Wien 1969, S. 11

768 Erich Fromm: *Gesamtausgabe,* Bd. IX, *(Die Kunst des Liebens),* Hrsg. R. Funk, Deutsche Verlags-Anstalt, Stuttgart 1981, S. 515

769 Gerhard Friedrich: *Was heißt das: Liebe?,* Calwer Verlag, Stuttgart 1972, S. 35

770 Suzanne Brøgger: *... sondern erlöse uns von der Liebe,* Econ Verlag, Düsseldorf/Wien 1978, S. 17

771 Richard Dehmel: *Gesammelte Werke,* Bd. II, S. Fischer Verlag, 2. Aufl. Berlin 1907, S. 11

772 in: *Was ist Liebe?,* Hrsg. Vorstand des Engadiner Kollegiums, M & T Verlag, 2. Aufl. Zürich 1985, S. 228

773 Marsilio Ficino: *Über die Liebe oder Platons Gastmahl,* Hrsg. P. R. Blum, Verlag Felix Meiner, (Philosophische Bibliothek Bd. 368), Hamburg 1984, S. 167f.

774 Dante Alighieri: *Werke,* Hrsg. E. Laaths, Berlin/Darmstadt 1963, S. 38

775 Marsilio Ficino: *Über die Liebe oder Platons Gastmahl,* Hrsg. P. R. Blum, Verlag Felix Meiner, (Philosophische Bibliothek Bd. 368), Hamburg 1984, S. 39

776 William Shakespeare: *Werke in zwei Bänden,* Bd. I, *(Sonette),* München/Zürich o. J., S. 1286

777 Angelus Silesius: *Cherubinischer Wandersmann,* Hrsg. W.-E. Peuckert, Wiesbaden 1948, S. 168

778 in: C. Bresgen, *Europäische Liebeslieder aus acht Jahrhunderten,* Fischer Taschenbuch Verlag, Frankfurt/M. 1981, S. 8
779 Franz von Baader: *Über Liebe, Ehe und Kunst,* Hrsg. E. Grassl, München 1953, S. 131
780 Friedrich Wilhelm Joseph Schelling: *Werke,* 1. Abt. Bd. VII, Hrsg. M. Schröter, München 1954ff., S. 365
781 Henry Drummond: *Die Liebe aber ist die größte,* Verlag Schulte & Gerth, 8. Aufl. Asslar 1983
782 Peter Lauster: *Die Liebe,* Rowohlt Verlag, Reinbek b. H. 1982, S. 57
783 Auguste Staud-Weth: *Liebe hat tausend Gesichter,* Tyrolia-Verlag, Innsbruck/Wien/München 1957, S. 7
784 in: *Das Buch der Liebe,* Hrsg. E. Borchers, Insel Verlag, 7. Aufl. Frankfurt/M. 1981, S. 65
785 zit. in: P. Kluckhohn, *Die Auffassung der Liebe in der Literatur des 18. Jahrhunderts und in der deutschen Romantik,* Halle 1922, S. 455
786 Luc de Clapiers Marquis de Vauvenargues: *Gedanken und Grundsätze,* München/Leipzig 1906, S. 168
787 Stendhal: *Über die Liebe,* Zürich 1981, S. 366
788 Susan Isaacs: *Liebe ist der Liebe Preis,* Ullstein Verlag, Berlin/Frankfurt/M./Wien 1986
789 Oscar Wilde: *Das Bildnis des Dorian Gray,* 3. Aufl. München 1981, S. 63
790 Sören Kierkegaard: *Der Liebe Tun,* Bd. I, Gütersloher Verlagshaus Gerd Mohn, Gütersloh 1983, S. 195
791 Rudolf Steiner: *Die Liebe und ihre Bedeutung in der Welt,* Rudolf Steiner Verlag, Dornach 1980, S. 11
792 Theodor Bovet: *Die Liebe ist in unserer Mitte,* Katzmann Verlag, 3. Aufl. Tübingen 1968, S. 8
793 Ed Wheat: *Liebe ist Leben,* Verlag Schulte & Gerth, 3. Aufl. Asslar 1986, S. 50
794 in: *Zeit der Kirche,* Herder Verlag, 3. Aufl. Freiburg/Br. 1962, S. 189
795 Hermann Hesse: *Die Kunst des Müßiggangs,* Suhrkamp Verlag, Frankfurt/M. 1973, S. 179
796 Peter Lauster: *Lebenskunst,* Rowohlt Verlag, Reinbek b. H. 1984, S. 56
797 Tobias Brocher: *Von der Schwierigkeit zu lieben,* Kreuz Verlag, 7. Aufl. Stuttgart 1983, S. 148
798 Karlheinz Deschner: *Nur Lebendiges schwimmt gegen den Strom,* Lenos Verlag, Basel 1985, S. 33
799 Diotima: *Schule der Liebe,* Eugen Diederichs Verlag, Düsseldorf/Köln 1951, S. 294

800 in: *Vom inwendigen Reichtum,* Hrsg. A. Rozumek, Leipzig 1937, S. 93

801 Bernhard Welte: *Dialektik der Liebe,* Verlag Josef Knecht, Frankfurt/M. 1973, S. 49

802 Gustav Teichmüller: *Ueber das Wesen der Liebe,* Leipzig 1879, S. 172

803 Hans-Joachim Iwand: *Nachgelassene Werke,* Bd. II, Christian Kaiser Verlag, München 1966, S. 122

804 José Ortega y Gasset: *Über die Liebe,* Deutsche Verlags-Anstalt, Stuttgart 1949, S. 98f.

805 Carl Gustav Jung: *Über die Psychologie des Unbewußten,* Fischer Taschenbuch Verlag, 6. Aufl. Frankfurt/M. 1981, S. 17

806 Otto Weininger: *Geschlecht und Charakter,* Wien/Leipzig 1903, S. 324

807 José Ortega y Gasset: *Über die Liebe,* Deutsche Verlags-Anstalt, Stuttgart 1949, S. 186

808 Dietrich von Hildebrand: *Gesammelte Werke,* Bd. III, *(Das Wesen der Liebe),* Verlag Josef Habbel/W. Kohlhammer, Regensburg 1971, S. 198

809 Walter Brugger: *Philosophisches Wörterbuch,* Herder Verlag, 13. Aufl. Freiburg/Br./Basel/Wien 1962, S. 216

810 Leo Pollmann: *Die Liebe in der hochmittelalterlichen Literatur Frankreichs,* Vittorio Klostermann Verlag, Frankfurt/M. 1966, S. 304

811 Dietrich von Hildebrand: *Gesammelte Werke,* Bd. III, *(Das Wesen der Liebe),* Verlag Josef Habbel/W. Kohlhammer, Regensburg 1971, S. 79

812 Leo Pollmann: *Die Liebe in der hochmittelalterlichen Literatur Frankreichs,* Vittorio Klostermann Verlag, Frankfurt/M. 1966, S. 164

813 Nathaniel Branden: *Liebe für ein ganzes Leben,* Rowohlt Verlag, Reinbek b. H. 1985, S. 95

814 Dietrich von Hildebrand: *Gesammelte Werke,* Bd. III, *(Das Wesen der Liebe),* Verlag Josef Habbel/W. Kohlhammer, Regensburg 1971, S. 95

815 Nathaniel Branden: *Liebe für ein ganzes Leben,* Rowohlt Verlag, Reinbek b. H. 1985, S. 311

816 Dietrich von Hildebrand: *Gesammelte Werke,* Bd. III, *(Das Wesen der Liebe),* Verlag Josef Habbel/W. Kohlhammer, Regensburg 1971, S. 118

817 José Ortega y Gasset: *Über die Liebe,* Deutsche Verlags-Anstalt, Stuttgart 1949, S. 183

818 in: *Liebe hat tausend Gesichter,* Hrsg. A. Staud-Weth, Tyrolia-Verlag, Innsbruck/Wien/München 1957, S. 140

819 Gerhard Friedrich: *Was heißt das: Liebe?,* Calwer Verlag, Stuttgart 1972, S. 31

820 Hans von Hattingberg: *Über die Liebe,* Ernst Reinhardt Verlag, 3. Aufl. München/Basel 1949, S. 262

821 Gustav Teichmüller: *Ueber das Wesen der Liebe,* Leipzig 1879, S. 147f.

822 in: *Brockhaus Enzyklopädie,* Bd. XI, F. A. Brockhaus Verlag, 17. Aufl. Wiesbaden 1970, S. 447
823 in: *Was heißt Liebe?,* Hrsg. Rabanus-Maurus-Akademie, Verlag Josef Knecht, Frankfurt/M. 1982, S. 101
824 Friedrich von Schlegel: *Kritische Ausgabe seiner Werke,* Bd. XVIII, *(Philosophische Lehrjahre I),* Hrsg. E. Behler, Ferdinand Schöningh Verlag, München/Paderborn/Wien 1963, S. 191
825 Gerhard Friedrich: *Was heißt das: Liebe?,* Calwer Verlag, Stuttgart 1972, S. 33
826 Ulrich Schaffer: *Ich will dich lieben,* R. Brockhaus Verlag, 12. Aufl. Wuppertal 1974, S. 51
827 Henry Drummond: *Die Liebe aber ist die größte,* Verlag Schulte & Gerth, 8. Aufl. Asslar 1983, S. 35
828 Peter Lauster: *Die Liebe,* Rowohlt Verlag, Reinbek b. H. 1982, S. 59
829 Ahmad Ghazzali: *Gedanken über die Liebe,* übers. und erl. von R. Gramlich, in: *Abhandlungen der Geistes- und Sozialwissenschaftlichen Klasse, Akademie der Wissenschaften und Literatur,* Mainz 1976, S. 28
830 zit. in: M. Rößler, *Liebe – Das Ja zum Leben,* Don Bosco Verlag, 3. Aufl. München 1984, S. 32
831 Thomas Hobbes: *Grundzüge der Philosophie,* Bd. II, *(Lehre vom Menschen),* Leipzig 1949, S. 32f.
832 Friedrich von Schiller: *Werke,* Bd. XX, Hrsg. B. von Wiese, Weimar 1962, S. 304
833 in: *Italiänische und englische Liebesbriefe nebst weiteren europäischen,* Hrsg. P. Seliger, Verlag Julius Zeitler, Leipzig 1908, S. 407
834 Friedrich von Schlegel: *Kritische Ausgabe seiner Werke,* Bd. XVIII, *(Philosophische Lehrjahre I),* Hrsg. E. Behler, Ferdinand Schöningh Verlag, München/Paderborn/Wien 1963, S. 126
835 Sören Kierkegaard: *Der Liebe Tun,* Bd. II, Gütersloher Verlagshaus Gerd Mohn, Gütersloh 1983, S. 294
836 Diotima: *Schule der Liebe,* Eugen Diederichs Verlag, Düsseldorf/Köln 1951, S. 367
837 Else Lasker-Schüler: *Dichtungen und Dokumente,* Hrsg. E. Ginsberg, Kösel-Verlag, München 1951, S. 296
838 Gustav Teichmüller: *Ueber das Wesen der Liebe,* Leipzig 1879, S. 85
839 Else Lasker-Schüler: *Dichtungen und Dokumente,* Hrsg. E. Ginsberg, Kösel-Verlag, München 1951, S. 298
840 Diotima: *Schule der Liebe,* Eugen Diederichs Verlag, Düsseldorf/Köln 1951, S. 21

841 Johannes Müller: *Die Liebe,* C. H. Beck'sche Verlagsbuchhandlung, München 1922, S. 8
842 Franz-Josef Nocke: *Liebe, Tod und Auferstehung,* Kösel-Verlag, 2. durchges. Aufl. München 1986, S. 60
843 Sören Kierkegaard: *Der Liebe Tun,* Bd. I, Gütersloher Verlagshaus Gerd Mohn, Gütersloh 1983, S. 119f.
844 Honoré de Balzac: *Die menschliche Komödie,* Bd. V, Berlin/Weimar 1972, S. 175
845 in: *Das Buch der Liebe,* Hrsg. E. Borchers, Insel Verlag, 7. Aufl. Frankfurt/M. 1981, S. 78
846 René Allendy: *Die Liebe,* Kindler Verlag, 4. Aufl. München 1975, S. 130
847 in: *Der große Brockhaus,* Bd. VII, F. A. Brockhaus Verlag, 16. Aufl. Wiesbaden 1955, S. 235
848 Eric Berne: *Spielarten und Spielregeln der Liebe,* Rowohlt Verlag, Reinbek b. H. 1971, S. 102
849 in: *Liebe hat tausend Gesichter,* Hrsg. A. Staud-Weth, Tyrolia-Verlag, Innsbruck/Wien/München 1957, S. 138
850 Erich Fromm: *Gesamtausgabe,* Bd. IX, *(Die Kunst des Liebens),* Hrsg. R. Funk, Deutsche Verlags-Anstalt, Stuttgart 1981, S. 453
851 Erich Fromm: *Gesamtausgabe,* Bd. II, *(Psychoanalyse und Ethik),* Hrsg. R. Funk, Deutsche Verlags-Anstalt, Stuttgart 1980, S. 84
852 Franz-Josef Nocke: *Liebe, Tod und Auferstehung,* Kösel-Verlag, 2. durchges. Aufl. München 1986, S. 114f.
853 Peter Lauster: *Die Liebe,* Rowohlt Verlag, Reinbek b. H. 1982, S. 72
854 Andreas Domke: Quintessenz einer fröhlichen Runde vom 5. November 1986 (A. M.)
855 Ernest Bornemann: *Lexikon der Liebe und Sexualität,* Bd. II, Paul List Verlag, München 1969, S. 21
856 Peter Lauster: *Die Liebe,* Rowohlt Verlag, Reinbek b. H. 1982, S. 100
857 Erich Fromm: *Gesamtausgabe,* Bd. IX, *(Die Kunst des Liebens),* Hrsg. R. Funk, Deutsche Verlags-Anstalt, Stuttgart 1981, S. 455
858 René Allendy: *Die Liebe,* Kindler Verlag, 4. Aufl. München 1975, S. 155
859 Charles Baudelaire: *Gesammelte Schriften,* Bd. Vb, Dreieich 1981, S. 88
860 Ivan Sviták: *Unwissenschaftliche Anthropologie,* Hrsg. P. Kruntorad, S. Fischer Verlag, Frankfurt/M. 1972, S. 174
861 Jean Mouroux: *Größe und Elend des Menschen,* Herder Verlag, Wien o. J., S. 249f.
862 in: F. Krenzer/M. Lay/M. Belzer, *Das glaub ich und so leb ich,* Lahn-Verlag, Limburg 1985, S. 50
863 Peter Lauster: *Die Liebe,* Rowohlt Verlag, Reinbek b. H. 1982, S. 202

864 Bernhard Welte: *Dialektik der Liebe,* Verlag Josef Knecht, Frankfurt/M. 1973, S. 23

865 in: *Lust und Liebe,* Hrsg. Ch. Wulf, R. Piper Verlag, München 1985, S. 126

866 Erich Fromm: *Gesamtausgabe,* Bd. II, *(Haben oder Sein),* Hrsg. R. Funk, Deutsche Verlags-Anstalt, Stuttgart 1980, S. 304

867 Erich Fromm: *Gesamtausgabe,* Bd. I, *(Die Furcht vor der Freiheit),* Hrsg. R. Funk, Deutsche Verlags-Anstalt, Stuttgart 1980, S. 284f.

868 Tobias Brocher: *Von der Schwierigkeit zu lieben,* Kreuz Verlag, 7. Aufl. Stuttgart 1983, S. 158f.

869 in: *Was der Mensch braucht,* Hrsg. H. J. Schultz, Kreuz Verlag, 3. Aufl. Stuttgart 1979, S. 217

870 Erich Fromm: *Gesamtausgabe,* Bd. IX, *(Die Kunst des Liebens),* Hrsg. R. Funk, Deutsche Verlags-Anstalt, Stuttgart 1981, S. 455

871 Thomas Ohm: *Die Liebe zu Gott in den nichtchristlichen Religionen,* Erich Wewel Verlag, Krailling vor München 1950, S. 2

872 Sam Keen: *Die Lust an der Liebe,* Beltz Verlag, Weinheim/Basel 1984, S. 84

873 Eric Berne: *Spielarten und Spielregeln der Liebe,* Rowohlt Verlag, Reinbek b. H. 1971, S. 101

874 Georg Simmel: *Fragmente und Aufsätze,* Hrsg. G. Kantorowicz, Georg Olms Verlag, Hildesheim 1967, S. 62

875 Gerhard Friedrich: *Was heißt das: Liebe?,* Calwer Verlag, Stuttgart 1972, S. 32

876 in: *Deutsches Sprichwörter-Lexikon,* Bd. III, Hrsg. K. F. W. Wander, Leipzig 1873, S. 136 (Nr. 159)

877 Peter Lauster: *Die Liebe,* Rowohlt Verlag, Reinbek b. H. 1982, S. 132

878 Johannes Müller: *Die Liebe,* C. H. Beck'sche Verlagsbuchhandlung, München 1922, S. 12

879 Karin Struck: *Lieben,* Suhrkamp Verlag, 3. Aufl. Frankfurt/M. 1981, S. 448

880 Sam Keen: *Die Lust an der Liebe,* Beltz Verlag, Weinheim/Basel 1984, S. 83

881 Bazon Brock: *Ästhetik als Vermittlung,* Hrsg. K. Fohrbeck, DuMont Buchverlag, Köln 1977, S. 529

882 Ahmad Ghazzali: *Gedanken über die Liebe,* übers. und erl. von R. Gramlich, in: *Abhandlungen der Geistes- und Sozialwissenschaftlichen Klasse, Akademie der Wissenschaften und Literatur,* Mainz 1976, S. 21

883 zit. in: H. Kuhn, *»Liebe«,* Kösel-Verlag, München 1975, S. 144

884 William Shakespeare: *Werke in zwei Bänden*, Bd. I, *(Sonette)*, München/Zürich o. J., S. 1305
885 Angelus Silesius: *Cherubinischer Wandersmann*, Hrsg. W.-E. Peuckert, Wiesbaden 1948, S. 175
886 in: *Das Buch der Liebe*, Hrsg. E. Borchers, Insel Verlag, 7. Aufl. Frankfurt/M. 1981, S. 28
887 Eduard Mörike: *Sämtliche Werke*, Hrsg. G. Göpfert, Carl Hanser Verlag, 2. Aufl. München 1958, S. 47
889 zit. in: M. M. Hunt, *Der siebte Himmel*, Berlin/Frankfurt/M./Wien 1963, S. 13
890 Eduard Mörike: *Sämtliche Werke*, Hrsg. G. Göpfert, Carl Hanser Verlag, 2. Aufl. München 1958, S. 50
891 Ernst Moritz Arndt: *Fragmente über Menschenbildung*, Hrsg. W. Münch/H. Meisner, Langensalza 1904, S. 207
892 zit. in: G. Kranz, *Was Menschen gern tun*, München 1979, S. 135
893 Joseph von Eichendorff: *Gedichte und Novellen*, Berlin 1955, S. 200f.
894 Friedrich von Schlegel: *Lucinde*, Hrsg. J. Fränkel, Jena 1957, S. 219
895 zit. in: G. Teichmüller, *Ueber das Wesen der Liebe*, Leipzig 1879, S. 147
896 Bettina von Arnim: *Werke und Briefe*, Bd. II, Hrsg. G. Konrad, Frechen/Köln 1959, S. 319
897 Sören Kierkegaard: *Der Liebe Tun*, Bd. I, Gütersloher Verlagshaus Gerd Mohn, Gütersloh 1983, S. 195
898 Friedrich von Schiller: *Werke*, Bd. XX, Hrsg. B. von Wiese, Weimar 1962, S. 125
899 Diotima: *Schule der Liebe*, Eugen Diederichs Verlag, Düsseldorf/Köln 1951, S. 373
900 Margarete Susman: *Vom Sinn der Liebe*, Eugen Diederichs Verlag, Jena 1912, S. 3
901 Louis Evely: *Liebe und Ehe*, Herder Verlag, Freiburg/Basel/Wien 1969, S. 214
902 Hans Rotter: *Strukturen sittlichen Handelns*, Hrsg. Universität Innsbruck, Mainz o. J., S. 75
903 Johannes Müller: *Die Liebe*, C. H. Beck'sche Verlagsbuchhandlung, München 1922, S. 80
904 Novalis: *Fragmente I*, Hrsg. E. Wasmuth, Heidelberg 1957, S. 484
905 Sam Keen: *Die Lust an der Liebe*, Beltz Verlag, Weinheim/Basel 1984, S. 9
906 Josef Rattner: *Menschenkenntnis und Charakterkunde*, Verlag Hoffmann & Campe, Hamburg 1983, S. 369f.

907 Max Picard: *Hitler in uns selbst,* Rentsch Verlag, Erlenbach/Zürich 1946, S. 56

908 Otto Weininger: *Geschlecht und Charakter,* Wien/Leipzig 1903, S. 329f.

909 Alexander Lowen: *Liebe und Orgasmus,* Kösel-Verlag, München 1980, S. 65

910 Jean Mouroux: *Größe und Elend des Menschen,* Herder Verlag, Wien o. J., S. 250

911 L. van der Weck-Erlen: *Das goldene Buch der Liebe,* Bd. I, Rowohlt Verlag, Reinbek b. H. 1978, S. 72

912 Bhagwan Shree Rajneesh: *Beziehungsdrama oder Liebesabenteuer,* Sannyas Verlag, Margarethenried 1981, S. 20

913 Joseph Ratzinger: *Einführung in das Christentum,* Kösel-Verlag, München 1968, S. 249

914 René Allendy: *Die Liebe,* Kindler Verlag, 4. Aufl. München 1975, S. 134

915 Friedrich Heinrich Jacobi: *Fliegende Blätter,* Hrsg. R. Gumpert, Heidelberg 1965, S. 79

916 Rudolf Steiner: *Die Liebe und ihre Bedeutung in der Welt,* Rudolf Steiner Verlag, Dornach 1980, S. 13

917 Sam Keen: *Die Lust an der Liebe,* Beltz Verlag, Weinheim/Basel 1984, S. 280

918 Jill Tweedie: *Die sogenannte Liebe,* Rowohlt Verlag, 2. Aufl. Reinbek b. H. 1983, S. 11

919 Michael Lukas Moeller: *Die Liebe ist das Kind der Freiheit,* Rowohlt Verlag, Reinbek b. H. 1986, S. 75

920 Albert Paris Gütersloh: *Der innere Erdteil,* R. Piper Verlag, München 1966, S. 146

921 in: *Acid,* Hrsg. R. D. Brinkmann/R. R. Rygulla, März Verlag, Herbstein-Schlechtenwegen 1969, S. 52

922 Karin Struck: *Lieben,* Suhrkamp Verlag, 3. Aufl. Frankfurt/M. 1981, S. 103f.

923 in: *Konkursbuch vier,* Hrsg. C. Gehrke/P. Poertner, Konkursbuchverlag, Tübingen 1979, S. 230

924 Helmut Kuhn: *»Liebe«,* Kösel-Verlag, München 1975, S. 164

925 Sam Keen: *Die Lust an der Liebe,* Beltz Verlag, Weinheim/Basel 1984, S. 106f.

926 Tobias Brocher: *Von der Schwierigkeit zu lieben,* Kreuz Verlag, 7. Aufl. Stuttgart 1975, S. 11

927 Bertolt Brecht: *Gedichte über die Liebe,* ausg. von W. Hecht, Suhrkamp Verlag, Frankfurt/M. 1982, S. 103

928 Gerhard Friedrich: *Was heißt das: Liebe?*, Calwer Verlag, Stuttgart 1972, S. 39
929 Ivan Sviták: *Unwissenschaftliche Anthropologie*, Hrsg. P. Kruntorad, S. Fischer Verlag, Frankfurt/M. 1972, S. 247
930 David Herbert Lawrence: *Liebe, Sex und Emanzipation*, Diogenes Verlag, Zürich 1971, S. 119
931 Denis de Rougemont: *Die Liebe und das Abendland*, Verlag Kiepenheuer & Witsch, Köln/Berlin 1966, S. 69f.
932 José Ortega y Gasset: *Über die Liebe*, Deutsche Verlags-Anstalt, Stuttgart 1949, S. 104
933 Karin Struck: *Lieben*, Suhrkamp Verlag, 3. Aufl. Frankfurt/M. 1981, S. 368
934 Bhagwan Shree Rajneesh: *Beziehungsdrama oder Liebesabenteuer*, Sannyas Verlag, Margarethenried 1981, S. 47
935 Zenta Maurina: *Sieben Gäste. Die Geschichte einer Woche*, Maximilian Dietrich Verlag, Memmingen 1961, S. 48
936 in: *Meyers Konversationslexikon*, Bd. XI, 5. Aufl. Leipzig/Wien 1896, S. 329
937 David Herbert Lawrence: *Liebe, Sex und Emanzipation*, Diogenes Verlag, Zürich 1971, S. 120
938 in: E. Bornemann, *Wir machen keinen langen Mist...*, Fischer Taschenbuch Verlag, Frankfurt/M. 1981, S. 124
939 David Herbert Lawrence: *Liebe, Sex und Emanzipation*, Diogenes Verlag, Zürich 1971, S. 117
940 Jill Tweedie: *Die sogenannte Liebe*, Rowohlt Verlag, 2. Aufl. Reinbek b. H. 1983, S. 12
941 Sören Kierkegaard: *Der Liebe Tun*, Bd. I, Gütersloher Verlagshaus Gerd Mohn, Gütersloh 1983, S. 208
942 Giacomo Casanova: *Geschichte meines Lebens*, Bd. VII, Hrsg. E. Loos, Frankfurt/M. o. J., S. 165
943 Charles Fourier: *Aus der Neuen Liebeswelt*, Verlag Klaus Wagenbach, Berlin 1977, S. 59
944 Franz Sawicki: *Philosophie der Liebe*, Ferdinand Schöningh Verlag, Paderborn 1924, S. 86
945 Morton M. Hunt: *Der siebte Himmel*, Ullstein Verlag, Berlin/Frankfurt/M./Wien 1963, S. 359f.
946 Bertolt Brecht: *Gedichte über die Liebe*, ausg. von W. Hecht, Suhrkamp Verlag, Frankfurt/M. 1982, S. 83

947 Ahmad Ghazzali: *Gedanken über die Liebe,* übers. und erl. von R. Gramlich, in: *Abhandlungen der Geistes- und Sozialwissenschaftlichen Klasse, Akademie der Wissenschaften und Literatur,* Mainz 1976, S. 23f.

948 Andreas Capellanus: *De amore,* Hrsg. A. Karnein, München 1970, S. 70

949 Ahmad Ghazzali: *Gedanken über die Liebe,* übers. und erl. von R. Gramlich, in: *Abhandlungen der Geistes- und Sozialwissenschaftlichen Klasse, Akademie der Wissenschaften und Literatur,* Mainz 1976, S. 13

950 Andreas Capellanus: *De amore,* Hrsg. A. Karnein, München 1970, S. 70

951 Giordano Bruno: *Gesammelte philosophische Werke,* Bd. II, Jena 1904, S. 428f.

952 Matthias Claudius: *Der Wandsbecker Bote,* Insel Verlag, Frankfurt/M. 1975, S. 71

953 Friedrich von Schiller: *Werke,* Bd. I, Salzburg 1980, S. 67

954 Novalis: *Fragmente II,* Hrsg. E. Wasmuth, Heidelberg 1957, S. 76

955 Wissarion G. Belinski: *Belinski. Ein Lesebuch für unsere Zeit,* Weimar 1956, S. 427

956 Friedrich Hebbel: *Der Mensch und die Mächte,* Hrsg. E. Vincent, Leipzig o. J., S. 369

957 Erich Mühsam: *Ausgewählte Werke,* Bd. II, Hrsg. Ch. Hirte, Verlag Klaus Guhl, Berlin 1978, S. 13

958 André Heller: *Die Sprache der Salamander,* Verlag Hoffmann & Campe, Hamburg 1981, S. 46

959 zit. in: E. Fromm, *Gesamtausgabe,* Bd. III, Hrsg. R. Funk, Deutsche Verlags-Anstalt, Stuttgart 1980, S. 489

960 Ivan Sviták: *Unwissenschaftliche Anthropologie,* Hrsg. P. Kruntorad, S. Fischer Verlag, Frankfurt/M. 1972, S. 166

961 John Henry Mackay: *Die Bücher der namenlosen Liebe,* Bd. I, Mackay-Gesellschaft, Berlin 1979, S. 454

962 Anaïs Nin: *Die Tagebücher der Anaïs Nin,* Bd. III, 5. Aufl. München 1980, S. 133f., (c) by Nymphenburger Verlagshandlung GmbH

963 José Ortega y Gasset: *Über die Liebe,* Deutsche Verlags-Anstalt, Stuttgart 1949, S. 170

964 Reinhold Ruthe: *So stell' ich mir die Liebe vor,* Herder Verlag, Freiburg/Br. 1982, S. 129

965 Peter Lauster: *Die Liebe,* Rowohlt Verlag, Reinbek b. H. 1982, S. 93f.

966 in: Ch. Mei/G. Reinke, *Jenseits von Mond und Mitternacht: Frauen sprechen über Liebe,* Fischer Taschenbuch Verlag, Frankfurt/M. 1983, S. 38

967 Franz Sawicki: *Philosophie der Liebe,* Ferdinand Schöningh Verlag, Paderborn 1924, S. 2

968 Nicolai Hartmann: *Ethik,* Verlag Walter de Gruyter, Berlin/Leipzig 1926, S. 492

969 Eugen Fink: *Grundphänomene des menschlichen Daseins,* Hrsg. E. Schütz/F.-A. Schwarz, Verlag Karl Alber, Freiburg/München 1979, S. 335

970 Bernhard Welte: *Dialektik der Liebe,* Verlag Josef Knecht, Frankfurt/M. 1973, S. 60

971 Johannes Müller: *Die Liebe,* C. H. Beck'sche Verlagsbuchhandlung, München 1922, S. 1

972 Morton M. Hunt: *Der siebte Himmel,* Ullstein Verlag, Berlin/Frankfurt/M./Wien 1963, S. 371

973 Helmut Kentler: *Taschenlexikon Sexualität,* Pädagogischer Verlag Schwann-Bagel, Düsseldorf 1982, S. 158

974 Reinhold Ruthe: *So stell' ich mir die Liebe vor,* Herder Verlag, Freiburg/Br. 1982, S. 9

975 in: *Kindlers Enzyklopädie – Der Mensch,* Bd. IX, *(Die Liebe des Menschen),* Hrsg. H. Wendt/N. Loacker, Kindler Verlag, Zürich 1984, S. 18

976 L. van der Weck-Erlen: *Das goldene Buch der Liebe,* Bd. I, Rowohlt Verlag, Reinbek b. H. 1978, S. 14

977 Johannes Mario Simmel: *Liebe ist nur ein Wort,* Verlag Droemer Knaur, München/Zürich 1962

978 Bob Dylan: *Texte und Zeichnungen,* 2001-Verlag, Frankfurt/M. 1975, S. 547

979 Helmut Santner: *Über allem die Liebe,* Tyrolia-Verlag, 2. Aufl. Innsbruck/Wien 1986, S. 8

980 Gerhard Kiefel: *Liebe ist mehr als ein Wort,* (c) Johannes Kiefel Verlag, Wuppertal/Gladbeck/Stuttgart 1980, S. 6

981 in: *Zeit, die Flügel zu erproben,* Hrsg. K. Amani, Verlag Bert Schlender, Göttingen 1986, S. 60

982 Antoine de Saint-Exupéry: *Die Stadt in der Wüste,* Karl Rauch Verlag, Düsseldorf 1978, S. 539

983 Pierre Teilhard de Chardin: *Werke,* Bd. VI, Walter-Verlag, Olten/Freiburg/Br. 1966, S. 196f.

984 Jill Tweedie: *Die sogenannte Liebe,* Rowohlt Verlag, 2. Aufl. Reinbek b. H. 1983, S. 11

985 Morton M. Hunt: *Der siebte Himmel,* Ullstein Verlag, Berlin/Frankfurt/M./Wien 1963, S. 5

986 Ernest Bornemann: *Lexikon der Liebe,* Bd. II, Ullstein Verlag, Frankfurt/M./Berlin/Wien 1978, S. 578

987 Robert Musil: *Der Mann ohne Eigenschaften,* Rowohlt Verlag, 10. Aufl. Reinbek b. H. 1969, S. 1130
988 Reinhold Ruthe: *So stell' ich mir die Liebe vor,* Herder Verlag, Freiburg/Br. 1982, S. 9
989 Vladimir Solov'ëv: *Der Sinn der Liebe,* Hrsg. P. R. Blum, Verlag Felix Meiner, (Philosophische Bibliothek Bd. 373), Hamburg 1985, S. 25
990 Franz Alt: *Liebe ist möglich. Die Bergpredigt im Atomzeitalter,* R. Piper Verlag, 2. Aufl. München 1985
991 Erich Fromm: *Gesamtausgabe,* Bd. IX, *(Die Kunst des Liebens),* Hrsg. R. Funk, Deutsche Verlags-Anstalt, Stuttgart 1981, S. 500f.
992 Peter Lauster: *Die Liebe,* Rowohlt Verlag, Reinbek b. H. 1982, S. 41f.
993 Thomas Ohm: *Die Liebe zu Gott in den nichtchristlichen Religionen,* Erich Wewel Verlag, Krailling vor München 1950, S. 414
994 in: E. Cardenal, *Das poetische Werk,* Bd. IV, *(Das Buch von der Liebe),* Peter Hammer Verlag, Wuppertal 1985, S. 7f.
995 George Bernard Shaw: *Zurück zu Methusalem,* Artemis Verlag, Stuttgart 1947, S. 135
996 in: *Als die Surrealisten noch recht hatten,* Hrsg. G. Metken, Reclam Verlag, Stuttgart 1976, S. 132
997 Jill Tweedie: *Die sogenannte Liebe,* Rowohlt Verlag, 2. Aufl. Reinbek b. H. 1983, S. 27
998 Lothar Dithmar: Gedrechseltes vom September 1986 (A. M.)
999 Dieter Duhm: *Der Mensch ist anders,* Kübler Verlag, 2. Aufl. Lampertheim 1976, S. 107
1000 Suzanne Brøgger: ... *sondern erlöse uns von der Liebe,* Econ Verlag, Düsseldorf/Wien 1978, S. 147
1001 Heinrich Heine: *Sämtliche Werke,* Bd. II, Hrsg. O. Walzel, Leipzig 1912, S. 264

Register

Die Ziffern beziehen sich auf die Nummern der Zitate.

DuMont Taschenbücher

Stand Herbst '88

Band 2
Horst W. und Dora Jane Janson
Malerei unserer Welt

Band 3
August Macke Die Tunisreise

Band 4 Uwe M. Schneede
René Magritte

Band 6 Karin Thomas
DuMont's kleines Sachwörterbuch zur Kunst des 20. Jahrhunderts

Band 8 Christian Geelhaar
Paul Klee

Band 12 José Pierre
DuMont's kleines Lexikon des Surrealismus

Band 13 Joseph-Émile Muller
DuMont's kleines Lexikon des Expressionismus

Band 14 Jens Christian Jensen
Caspar David Friedrich

Band 15 Heijo Klein
DuMont's kleines Sachwörterbuch der Drucktechnik und grafischen Kunst

Band 18 Horst Richter
Geschichte der Malerei im 20. Jahrhundert

Band 23 Horst Keller
Marc Chagall

Band 25 Gabriele Sterner
Jugendstil

Band 26 Jens Christian Jensen
Carl Spitzweg

Band 27 Oto Bihalji-Merin
Die Malerei der Naiven

Band 28 Hans Holländer
Hieronymus Bosch

Band 29 Herbert Alexander Stützer
Die Etrusker und ihre Welt

Band 30 Johannes Pawlik (Hrsg.)
Malen lernen

Band 31 Jean Selz
DuMont's kleines Lexikon des Impressionismus

Band 32 Uwe M. Schneede
George Grosz

Band 33 Erwin Panofsky
Sinn und Deutung in der bildenden Kunst

Band 35 Evert van Uitert
Vincent van Gogh

Band 38 Ingeborg Tetzlaff
Romanische Kapitelle in Frankreich

Band 39 Joost Elffers (Hrsg.)
DuMont's Kopfzerbrecher
TANGRAM

Band 44 Fritz Baumgart
DuMont's kleines Sachlexikon der Architektur

Band 45 Jens Christian Jensen
Philipp Otto Runge

Band 47 Paul Vogt
Der Blaue Reiter

Band 55 Kurt Schreiner
Kreatives Arbeiten mit Textilien

Band 56 Ingeborg Tetzlaff
Romanische Portale in Frankreich

Band 57 Götz Adriani
Toulouse-Lautrec und das Paris um 1900

Band 58 Hugo Schöttle
DuMont's Lexikon der Fotografie

Band 59 Hugo Munsterberg
Zen-Kunst

Band 60 Hans H. Hofstätter
Gustave Moreau

Band 62 Karl Clausberg
Die Manessische Liederhandschrift

Band 63 Hans Neuhaus
Werken mit Ton

Band 65 Harald Küppers
Das Grundgesetz der Farbenlehre

Band 115 Angelika Hofmann
Ton

Band 116 Sara Champion
DuMont's Lexikon archäologischer Fachbegriffe und Techniken

Band 117 Rosario Assunto
Die Theorie des Schönen im Mittelalter

Band 119 Joachim Petsch
Geschichte des Auto-Design

Band 120 Gabriele Grünebaum
Buntpapier

Band 121 Renate Berger
Malerinnen auf dem Weg ins 20. Jahrhundert

Band 122 Horst Schmidt-Brümmer
Wandmalerei zwischen Reklamekunst, Phantasie und Protest

Band 123 Fritz Winzer
DuMont's Lexikon der Möbelkunde

Band 124 Walter Dohmen
Die Lithographie

Band 125 Ulrich Vielmuth / Pierre Kandorfer (Hrsg.)
Fachwort-Lexikon Film · Fernsehen · Video

Band 126 Christian Kellerer
Der Sprung ins Leere
Surrealismus, Objet trouvé, Zen

Band 127 Peter-T. Schulz
Rapunzel

Band 128 Lu Bro
Wie lerne ich Zeichnen

Band 130
Bettina Gruber / Maria Vedder
DuMont's Handbuch der Video-Praxis

Band 131 Anneliese und Peter Keilhauer
Die Bildsprache des Hinduismus

Band 132 Reinhard Merker
Die bildenden Künste im Nationalsozialismus

Band 133
Barbara Salberg-Steinhardt
Die Schrift:
Geschichte, Gestaltung, Anwendung

Band 134 Götz Pochat
Der Symbolbegriff in der Ästhetik und Kunstwissenschaft

Band 135 Karlheinz Schüssler
Die ägyptischen Pyramiden

Band 136 Rainer Harjes
Handbuch zur Praxis des Freien Theaters

Band 137 Nikolaus Pevsner
Wegbereiter moderner Formgebung

Band 139 Peter-T. Schulz
Guten Tag! Eine Gulliver-Geschichte

Band 140 Horst Schmidt-Brümmer
Alternative Architektur

Band 141
Herbert Alexander Stützer
Die Kunst der römischen Katakomben

Band 142 Rudolf Wittkower
Allegorie und der Wandel der Symbole in Antike und Renaissance

Band 143 Martin Warnke (Hrsg.)
Politische Architektur

Band 144 Miriam Magall
Kleine Geschichte der jüdischen Kunst

Band 145 James F. Fixx
Rätsel und Denkspiele mit Seitensprung

Band 146
Rose-Marie und Rainer Hagen
Meisterwerke europäischer Kunst

Band 147
Astrid und Joachim Knuf
Amulette und Talismane

Band 148 Renée Violet
Kleine Geschichte der japanischen Kunst

Band 149 Lawrence Treat
Detektive auf dem Glatteis

Band 150
Alexandra Lavizzari-Raeuber
Thangkas Rollbilder aus dem Himalaya

Band 151 Hartmut Kraft
Psychoanalyse, Kunst und Kreativität heute

Band 152 Peter F. Dunkel
Schattenfiguren – Schattenspiel

Band 153 Ingeborg Ebeling
Masken und Maskierung

Band 154 Hans Biedermann
Höhlenkunst der Eiszeit

Band 155 Ulrich Namislow
Oktagram

Band 156 Herbert Alexander Stützer
Kleine Geschichte der römischen Kunst

Band 157 Paul Maenz
Die 50er Jahre

Band 158
Jack B. Rochester/John Gantz
Der nackte Computer

Band 159 Anita Rolf
Kleine Geschichte der chinesischen Kunst

Band 160
Felix Freier / Norbert Sarrazin
Fotos: Selbst entwickeln – Selbst vergrößern

Band 161 Wilhelm Fraenger
Von Bosch bis Beckmann

Band 163 Harald Küppers
Die Farbenlehre der Fernseh-, Foto- und Drucktechnik

Band 164 Nora Gallagher
Wohnzimmerspiele – alt und neu

Band 165 Renate Berger
Der Garten der Lüste

Band 166 Karl Graak
Künstler-Spielkarten des 20. Jahrhunderts

Band 167 Eckhard Neumann (Hrsg.)
Bauhaus und Bauhäusler

Band 169 Wolfgang Kemp (Hrsg.)
Der Betrachter ist im Bild

Band 170 Hans Sedlmayr
Die Revolution der modernen Kunst

Band 171 Ernst H. Gombrich
Eine kurze Weltgeschichte für junge Leser

Band 172 Peter Schickele
Die endgültige Biographie des P. D. Q. Bach

Band 173 Eve Marie Helm
555 Teekessel

Band 174
Abbie Salny/Marvin Grosswirth
mit den Mitgliedern von Mensa
Phantastische Mensa-Rätsel

Band 175
Beatrice Frehn/Thomas Krings
Afrikanische Frisuren

Band 177 Vittorio Lampugnani
Architektur als Kultur

Band 178 Michael Koulen
Go

Band 179 Ingeborg Kappler
Gestalten mit Sand

Band 180 Walter Dohmen
Der Tiefdruck

Band 181 Stephan Schmidt-Wulffen
Spielregeln

Band 182 Martin Schuster
Kunsttherapie

Band 183 Brock/Reck/Internationales Design Zentrum Berlin e. V. (Hrsg.)
Stilwandel

Band 184 Wilfried Hansmann
Balthasar Neumann

Band 185 Manfred Görgens
Kleine Geschichte der indischen Kunst

Band 186
Veruschka und Gábor Bódy (Hrsg.)
Video in Kunst und Alltag

Band 187 Michael Laver
Jeder gegen jeden

Band 188 Ralph Tegtmeier
Tarot

Band 189 Marie Luise Syring
Kunst in Frankreich

Band 190 Peter Bolz/Bernd Peyer
Indianische Kunst Nordamerikas

Band 191 Abbie Salny/Marvin Grosswirth m. d. Mitgliedern von Mensa
Das endgültige Mensa-Quiz-Buch

Band 192 Karl-Heinz Koch
... lege Spiele!

Band 193 Gerald Kahan
$E = mc^2$

Band 194 Bernhard Streck (Hrsg.)
Wörterbuch der Ethnologie

Band 195 Wolfgang Hautumm
Die griechische Skulptur

Band 196 Wolfgang Max Faust
Bilder werden Worte

Band 197 Andreas Mäckler (Hrsg.)
Was ist Kunst ... ?

Band 198 Veruschka Bódy/Peter Weibel (Hrsg.)
Clip, Klapp, Bum

Band 199 Ingeborg Tetzlaff
Romanische Engelsgestalten in Frankreich

Band 200 Peter-T. Schulz
Ein Glück!

Band 201 Ernst Kitzinger
Kleine Geschichte der frühmittelalterlichen Kunst

Band 202
Lucius Burckhardt/Internationales Design Zentrum Berlin e. V. (Hrsg.)
Design der Zukunft

Band 203 Wolfgang Müller
Kleine Geschichte der altamerikanischen Kunst

Band 204 John Sladek
Auf heißer Spur ...

Band 205 Joachim Knuf
Unsere Welt der Farben

Band 206 Peter Sager
Unterwegs zu Künstlern und Bildern

Band 207 Klaus Lankheit
Revolution und Restauration

Band 208 Robert Wolf
Konfliktsimulations- und Rollenspiele: Die neuen Spiele

Band 209 Hinnerk Topf
Rätsel-Reime Reim-Rätsel

Band 210 Alfred Stolz
Schamanen – Ekstase und Jenseitssymbolik

Band 211 Marion Milner
Zeichnen und Malen ohne Scheu: Ein Weg zur kreativen Befreiung

Band 212 Toshihiko und Toyo Izutsu
Die Theorie des Schönen in Japan

Band 213 Scot Morris
Rätsel für Denker und Tüftler

Band 214 Karlheinz Schüssler
Kleine Geschichte der ägyptischen Kunst

Band 215 Andreas Mäckler
Was ist Liebe ...?

Band 216 Internationales Design Zentrum Berlin e.V. (Hrsg.)
Simulation und Wirklichkeit